作者简介

尚新力 1957年出生于北京市。现任中国青年政治学院中国马克思主义学院副教授，硕士研究生导师。主要从事《西方经济学》、《马克思主义基本原理》等课程的教学工作。主要著作包括：《凯恩斯传》、《企业怎样走出困境》、《大论争——建国以来重要论争实录》、《世界哲学宝库——世界225篇哲学名著评述》（译著）《工业文明的衰亡——经济增长的极限与发达工业社会的重新政治化》（译著）等。另有数篇学术论文在国内期刊发表。

中国书籍·学术之星文库

永恒的思想
对斯密思想的解析和判断

尚新力◎著

中国书籍出版社
CHINA BOOK PRESS

图书在版编目（CIP）数据

永恒的思想：对斯密思想的解析和判断/尚新力著．
—北京：中国书籍出版社，2016.5
ISBN 978-7-5068-5588-4

Ⅰ.①永… Ⅱ.①尚… Ⅲ.①斯密，A.（1723-1790）—经济思想—研究 Ⅳ.①F091.33

中国版本图书馆 CIP 数据核字（2016）第 112844 号

永恒的思想：对斯密思想的解析和判断

尚新力　著

责任编辑	张　文
责任印制	孙马飞　马　芝
封面设计	中联华文
出版发行	中国书籍出版社
地　　址	北京市丰台区三路居路 97 号（邮编：100073）
电　　话	（010）52257143（总编室）　　（010）52257153（发行部）
电子邮箱	chinabp@vip.sina.com
经　　销	全国新华书店
印　　刷	北京彩虹伟业印刷有限公司
开　　本	710 毫米×1000 毫米　1/16
字　　数	237 千字
印　　张	16.5
版　　次	2017 年 1 月第 1 版　2017 年 1 月第 1 次印刷
书　　号	ISBN 978-7-5068-5588-4
定　　价	68.00 元

版权所有　翻印必究

前　言

亚当·斯密的《国富论》到今天已经发表整整235年了，而他的《道德情操论》也更有250多年了，以斯密思想形成的以自然自由为根本的公序良德和市场经济已经在我们的人类世界遍地开花，生根结果。斯密成为了马克思之前的近现代文明社会的思想奠基人和伟大开创者之一。尽管这200多年来风风雨雨，跌跌宕宕，但在一定程度上可以说，我们仍然前行在斯密所指引的道路上，每一次的经济危机，每一次的道德拷问，我们都是在对斯密的怀疑和误解的缥缈不定中更加坚信斯密思想的正确和睿智，斯密所呈现在我们人类面前的自由与富裕的逻辑，总是在紧紧地扼住我们命运的灵魂，使我们宁静、沉思和反省。

斯密作为情感主义的道德哲学家，作为创立经济科学体系和经济自由主义的经济学家，作为其思想代表的一生中仅有的两部著作《道德情操论》和《国富论》，为他赢得了极高的光荣和辉煌，使他成为举世闻名的伟大思想家。可是关于这位思想巨人，我们却存在太多的误解，在现实社会的困境中又有着太多的疑问——斯密是自由主义还是自由放任主义？斯密是个人主义还是极端个人主义？斯密是只讲利己而不言利他？斯密强调"看不见的手"就意味着无政府主义？斯密崇信自然法则就是放弃了国家法制？斯密尊重人的本性就是轻视社会规则和公共秩序？斯密赞扬人类美德就会淡化社会道德准则？我们重温斯密，只是希望把一个真实的斯密从我们编织的谜团中剥离出来，把一个清晰和正确的斯密从我们臆造的误解中摆脱出来。我想，我所看到的斯密，既不是一个神秘化的，也不是一个简单化的，而是一个真实和客观的斯密。

无论世界怎样变化，无论中国怎样发展，我们要相信斯密，因为斯密的思想在我们探索马克思主义中国化的进程中，在推进中国特色社会主义市场经济建设的进程中，给我们带来了许多有益的启发和思考；我们要相信斯密，因为斯密的思想给我们带来了现代市场经济的繁荣与富强，促进了现代人类社会的文明与和谐。相信斯密，就要敬畏市场和那只"看不见的手"；相信斯密，就要坚持道德准则和社会正义；相信斯密，就要尊重自由和平等；相信斯密，就要爱戴自然、自由和我们每一个自己。我呈现给大家的斯密，就是一个可以给我们带来幸福和美好生活的斯密。

目录
CONTENTS

前　言 ……………………………………………………………… 1

绪论　再读亚当·斯密 …………………………………………… 1
 一、斯密生平中的两部巨著 / 1
 二、斯密思想从何而来？ / 5
 三、今天的我们为什么要再读亚当·斯密 / 32

第一章　斯密《道德情操论》的解读 ………………………… 38
 一、我们每个人都有同情心 / 41
 二、同情的合宜性——公正的旁观者 / 48
 三、人类美德的源泉 / 56
 四、怎样看待我们的激情 / 61
 五、幸运或不幸下的同情 / 74
 六、对富人或穷人的同情以及由此形成的社会秩序 / 76
 七、崇富嫌贫是人类的劣德 / 80
 八、我们既需要仁慈更需要正义 / 87

九、命运对我们道德情感的影响　　／113
　　十、我们如何评判自己的情感和行为——论人的良心　　／123
　　十一、道德意义上的社会规范以及我们的义务　　／151
　　十二、我们能以效用来作出道德判断吗　　／162
　　十三、习惯和风气对道德情感的影响　　／169
　　十四、我们应该如何评判个人德行的美德品质　　／173
　　十五、践行美德的自我控制　　／185
　　十六、美德的本质是什么　　／195

第二章　斯密《国富论》的判断 ………… 198
　　一、交换分工与国民财富　　／201
　　二、国民财富应该给谁　　／204
　　三、国民财富再产出财富　　／208
　　四、人类在历史上如何创造自己的财富　　／211
　　五、国民财富不断增长的机制
　　　　——自由的市场以及干预可以增加我们的财富吗　　／212
　　六、政府在财富的创造中应该做什么　　／216
　　七、《国富论》的最伟大财富
　　　　——人的自由与自由社会　　／220

第三章　斯密思想的现代启示 ………… 225
　　一、政府与市场——我们更需要谁　　／225
　　二、经济上的利己与道德上的利他　　／235
　　三、建立我们可行的社会　　／242

参考文献 ………… 251

后　记 ………… 253

绪 论

再读亚当·斯密

一、斯密生平中的两部巨著

1723年6月5日，亚当·斯密出生于苏格兰港口城市柯科迪（又译卡柯尔迪）。

1737年，在斯密14岁时进入格拉斯哥大学学习（当时14岁上大学属于比较正常的年龄）。大学期间深受道德哲学家弗朗西斯·哈奇森的影响，哈奇森教授对自由、理性和实用主义的追求，坦陈直言的个性以及挑战权威的精神，都深深地影响了斯密。此间，哈奇森还把16岁的斯密介绍给了当时正在写作《人性论》的哲学家大卫·休谟，由此，休谟成为了斯密学说得以创立的又一重要领路人。

1740年，17岁的斯密获得了牛津大学斯内尔学院奖学金，同年赴牛津大学求学，历时六年之久，但是英格兰的教育体制并没有给他留下很好的印象，在牛津大学当然也就未获得良好的教育，唯一的收获是大量阅读许多格拉斯哥大学缺乏的书籍，包括拉丁语和希腊语的古典著作、休谟的《人性论》以及古代重要思想家的一系列作品，因此，在斯密头脑中建立了坚实的古典和当代哲学的基础，为他以后写作《道德情操论》和《国富论》积累了丰富的知识，特别是其经济学素养得到很快提高。

1746年，斯密在奖学金期满时离开了牛津，回到了自己的故乡柯科迪，在家乡，斯密进行了两年时间的写作，论述了有关文学、物理学、逻辑与科学方法的问题。

1748年，斯密接受当时英国著名律师和思想家凯姆斯勋爵的邀请，在爱丁堡大学讲授英国文学和法国哲学。从斯密的授课讲义中，我们可以看出，那时20多岁的斯密已经形成了许多重要的思想，比如劳动分工，这为其多年以后问世的经典著作《国富论》奠定了重要的基础。

1751年，27岁的斯密回到了格拉斯哥大学教授逻辑学、道德哲学以及文学等。其道德哲学课程当时涉及神学、伦理学、法学和公共政策（有学者认为即是政治学）四大部分，其中有关法学与公共政策学又包括了当时所称的政治经济学。据与斯密同代人的回忆，斯密的道德哲学课程主要分为三个部分：第一部分为自然神学，主要讨论上帝存在的证据和上帝的特性，考察了作为宗教基础的人类大脑活动所必须遵守的各项原则；第二部分为严格意义上的伦理学，讲义则是后来的《道德情操论》中所表达的主要理论内容；第三部分则较为详尽地论证与正义有关的一部分道德学内容并成为后来的"法学讲义"，同在第三部分中还包括了后来《国富论》的基本思想，诸如价格体系的运行机制、保护主义的缺陷、政府机构与经济制度的设计等，这些都几乎原封不动地出现在后来的《国富论》中，可见，那时的斯密已经成为自由贸易学说的坚定信奉者，已经基本形成了《国富论》中经济自由主义的思想体系。斯密在回忆从1751年到1764年在格拉斯哥大学的13年时，说是他"一生中最有用和最幸福"的时期，因为在此期间斯密以《道德情操论》为题出版了他的伦理学著作，且以此为基础深入了经济学的研究并在格拉斯哥大学发表了关于法律、警察、岁入及军备的演讲，此演讲后被埃德温·坎南根据其学生的听课笔记整理成《关于法律、警察、岁入及军备的演讲》一书于1896年出版。

1759年，斯密将自己有关伦理方面的著述与讲义结集出版，这就是使他一举成名的原创性著作《道德情操论》。后来，斯密的朋友、世人皆知的哲学家大卫·休谟又把此书送给了自己的一位朋友政治家查尔斯·汤申德，此人读后不胜感慨，立即表示以每年300英镑（终身享有）的高薪聘请斯密担当其继子、年轻的巴克勒公爵的私人教师。

1764年3月，斯密辞去格拉斯哥大学的教职，和他的学生巴克勒公爵开始了法国游学之旅。游学是当时每一位年轻贵族接受教育的普遍内容。在巴黎，大卫·休谟的陪伴给他们的游学旅行增添了令人兴奋的元素。在整个国外旅行的两年半时间里，无论是在图卢兹，还是在巴黎、日内瓦，或者是法国的广大南部，斯密记录了大量有关欧洲文化、政府、商业、管制及经济生活的事实，并将其与英国国内的情况进行对比。此外，更为重要的一点是，斯密在法国与欧洲著名思想家的讨论和交流，其中法国古典经济思想家们，诸如魁奈、杜尔阁——重农主义学派对其影响更为深刻，获益颇丰，并对《国富论》的写作产生深远影响。正如斯密1764年7月在法国图卢兹给休谟的信中所说，我已开始写一本书。这本书应该就是十多年后出版的举世经典《国富论》。

1766年11月，游学结束，斯密返回伦敦。在伦敦停留的半年中，斯密利用建立不久的大英博物馆藏有的丰富资料，继续进行《国富论》所要论述问题的进一步研究。1767年5月，斯密又重新回到了家乡柯科迪，购买住所并接母亲及堂妹同住，终身不婚，一直悉心侍奉母亲直至她1784年去世。1767年后的斯密大多时间居住柯科迪，忙于《国富论》的写作，1773年携《国富论》原稿赴伦敦，意于最后稍加润饰即行出版。但在其伦敦的研究工作和与许多重要人物的交流探讨中，不少重要性的问题超出了他的预料，包括法国重农主义者杜尔哥寄给他的新资料《关于课税的备忘录》，当时北美殖民地反抗英国殖民统治的活动日益加剧，1775年美国爆发独立战争等等，由此促使斯密有必要继续研究有关问题而不急于发表《国富论》。后来，斯密对《国富论》进行了广泛修改和补充，有时是整章整章地改写，甚至是重新审定自己原来的一些主张，直至1776年《国富论》成功出版。

1776年3月，经济思想巨著《国富论》最终出版，使得斯密成为经济科学的鼻祖。

1776年5月到12月，斯密除了偶尔去爱丁堡等地外，主要还是住在家乡柯科迪。

1777年的大部分时间斯密住在伦敦,原因是再版他的著作《国富论》,虽然直到1778年才再版。年底,斯密被任命为苏格兰的海关专员,于是住到了苏格兰的首府爱丁堡。

1778年1月底,斯密正式接到了海关专员的委认书,担任了年薪500英镑的苏格兰海关专员和年薪100英镑的苏格兰盐税专员,同时每年仍从巴克卢公爵那里领取300英镑的年金,金钱未必代表成功,但在斯密身上则是例外,证明了当时人们对斯密思想的信赖和对斯密品格的爱戴。这位对英国专断低效的海关体制的重要批评家,终于获得了可以有所作为的职位。斯密生活无忧且工作勤奋,兢兢业业,一丝不苟,从未缺勤或迟到,被公认是一位责任心很强的行政官员,因此,在任何时候都能休假一星期而不会受到任何责怪或议论。斯密同时发现税务专员的公务对经济学研究大有帮助,《国富论》第二版中的大部分增补和订正都与公共事业有关则证实了这一点。此外,斯密还就其他问题,诸如反对对爱尔兰实施贸易限制、美洲殖民地的"动乱"等,向政府提供政策建议,后来,英国在一些内外政策的制订上都采纳了斯密的意见。

1778年到1790年,斯密居住在爱丁堡他租下的"潘穆尔府邸",同住的还有他的母亲及其亲属。其间,1783年参与创建爱丁堡皇家学会以促进各门科学知识的发展;1784年《国富论》在初版、再版的基础上加入新的增补部分以第三版发行;1786年在《国富论》的前言略有增加又出版了第四版,这是斯密生前审订的最后一个《国富论》版本;同年4、5月在伦敦治病休养,并且被邀参与了作为斯密学说信徒的英国首相皮特提议的税务改革;1787年至1789年斯密被任命为格拉斯哥大学校长;1790年斯密在《道德情操论》问世30年重印五版后对其加以增补和删节发行新版本,其中最重要的是增加了一章:"论道德情操的堕落。堕落的原因是我们倾向于有钱有势的人,而鄙视贫穷卑贱的人",新版《道德情操论》是斯密出版的最后一部著作。

1790年7月,斯密的健康状况不断恶化,当他预感到自己的时日已不多时,恳求他的朋友销毁了自己的16册手稿。在斯密临终前的一个星期天,他向最后一次聚会的朋友们告别,"诸位,我很喜欢和你们待在一起,但我不得不和你们分手,到那个世界去","我们不得不在另一个地方聚会了"。1790年7月17日星期六,斯密与世长辞,安葬在苏格兰的斯密故乡柯科迪镇的卡农加蒂教堂墓地,享年67岁。在他简朴的墓碑上写着:亚当·斯密,《国富论》作者,安眠于此。"亚当·斯密为现代世界的发展做出了杰出的贡献。他论证了我们今天称之为自由市场经济的内在稳定性和发展趋势,而这种稳定性和发展趋势的思想又是源于斯密发现的黄金法则——看不见的手",2005年2月6日,美联储主席格林斯潘在斯密墓前的一席话表达了我们后来人对斯密的感激和崇敬之情。

二、斯密思想从何而来

斯密所处的时代,正是一个近代哲学的发端点,此时在17世纪欧洲文艺复兴运动的影响下,迎来了18世纪欧洲的资本主义兴起、启蒙运动活跃的时代,也是继文艺复兴运动后近代人类的第二次思想大解放,并由此最终建立了现代文明的新政治、新文化、新经济的人类社会。在英国的启蒙运动中,最为显明的特性是纯粹理论哲学让位于世俗哲学,人们开始在文艺复兴时期所形成的新世俗人生观基础上,思考人类自身的本性和地位,开始更加深入地研究人生问题,也更加深入地关注人类内在本性的反省,从经验的发展观点来考虑人类的精神生活。众所周知,启蒙运动发端于英国,然后传播至法国,而后者更胜于前者的是,法国的启蒙运动的理想追求产生了对社会现实、政治现实的猛烈反对,而且更加勇猛地攻击教会和政府的现存制度,最终引发了资产阶级大革命,将法国领入了资本主义的市民社会。德国接受启蒙运动思想的影响开始来自法国,后来直接来自英国,而德国的显著特点是在德国人缜密思维的传统下,人文主义的思想达到了炉火纯青、心灵净化的深刻境界。在此不得不提的是,作为苏格兰人的斯密所处于的苏格兰启蒙运动所具有的独到特点,这就是苏格兰启蒙运动的思想家们明确了我们所有的现在都是由所有的过去的自生自发而来,我们所有的惯例、规则、制度等秩序都是人类行为的结果而非人类设计的结果,这一切都发源于每个人自然自由的起点又达致于每个人有序自由的终点。苏格兰启蒙运动的这一自由哲学思想被理解为人类科学的研究纲领,更被理解为探讨个人与国家关系的政治哲学。由此,人的自由、平等和正义成为了我们人类最基本、最普遍、最一般的价值理念。

霍布斯与斯密

对亚当·斯密直接影响最大的,当推托马斯·霍布斯,而在霍布斯的 1651 年发表的《利维坦》、1655 年和 1658 年发表的《论物体》和《论人》这三部著作中,当属前者和后者对斯密影响甚深。古希腊哲学家们的道德教诲渐进形成了欧洲君主统治下的强制性的美德社会,基督教对罗马帝国的征服逐渐在中世纪取得了精神权威,进而形成了权威性的宗教美德。虽然文艺复兴与随之而来的新教运动对独于一尊的罗马教会和专断独行的君主之治带来了巨大的冲击和前所未有的挑战,但一国之君的绝对权力仍在,旧教对人的钳制也并未松懈,正是在这样的时代背景下,霍布斯的《利维坦》成书。霍布斯首先排斥古典哲学对人性的假设,其次反对唯心和唯理而强调唯物和经验,最后是批判君权神授和规避宗教谕示的神学观。霍布斯直面人类社会的现实,针对我们人类相互敌对的特性,思考我们为什么会有这么多的纷争,我们为什么总是存在于艰难的、经久不息的战争与和平的问题之中,我们能否和如何避免它们的发生。

霍布斯的经验主义之路。尽管规避了人们之间不同的道德和神学观点,人们在解决战争与和平问题的路径上仍然是千差万别的,霍布斯为了使其阐明的观点得到更广泛的受众的支持和接受,采取了两条途径来论证其观点——理智之路和经验之路,前者霍布斯称为"科学的方法",后者称为"审慎的方法"。由此通过这两种方法加以推论并在理论上达成一致,从而让更多的人支持和接受他的观点。作为理智之路,霍布斯深受几何学公理方法之引导,通过有序的逻辑来推导其结论,一旦最初的公理被认可,随着严谨的逻辑推导而来的一切,就不会被否定。这就如同建筑物上层的稳固取决于基础的坚实，我们从一开始就提出无可争议的公理，层层推进，不论他人是否喜欢，有理解力的人都会接受在更高层次上提出的论断。霍布斯就是据此建立像欧几里得几何学那样有力的公理体系或逻辑体系，以在高层次上完善自己的学说体系，揭示战争的原因，获得建立和平的方法。正如其所言："你所不同意的陈述是建立在更基础的陈述之上，依次类推，可以直达你根本无法否定的基础处，在那里，无论喜欢与否，你都必须放弃你的不同意见。"① 作为经验之路，霍布斯深知不是所有人都是有理性的，因而只有通过一种通晓易懂的方式提出自己的观点，以得到所有人的接受和支持。而这较次一级的、较低层次的方法只能依赖于每个人的经验。经验是这一方法的基础。在经验的方法中，一是运用我们可获得的方式即主要是观察行为的方式发现与人类相关的批判性的重要事实，领悟到存在于他们之中的模式并依此作出预判；二是自身的有限度的内省，也就是记住我们内在状态的效果，我们所记住的就是我们自身之内发生的一系列事件，而我们行为的起因就在于这些内在状态。或者说，以这种自身的有限度的自省作为一种范型，拿自己与他人作比较，把不同的环境因素考虑进去，以在这样的基础上去判定他人的所思所想。作为理智之路当然要比经验之路可信得多，这就是理性的力量，但不是所有人都具有理性，而且理性也不是无处不在、无所不能的，就是说我们不可能认知所有的理性，同时有很多的事物是理性不及的，而且绝大多数人是不能走这条路的，它只适用于那些具有语言概括和推理能力者；虽然经验之路未必可靠，但它是绝大多数人都可以循走的路，它是一条普通和宽广之路，在人们的实践和现实中大得裨益，因而经验之路适用于绝大多数的理性欠缺者。

霍布斯在对这两条方法路径上的阐述中，值得我们合理地联系斯密思想的形成而所关注的是：

第一，强调经验之路而促成了斯密的经验主义的思想脉络。霍布斯强调的经验之路在其著作中可见一斑：经验是作为公理性推理体系的基

---

① 霍布斯：《利维坦》，商务印书馆，1985年版。

础定义之基础,没有经验也就失去了明确定义的基础;经验在理智之路的阐述并检验其逻辑推理之结论时是必不可少的,或者说是两个方法路径的彼此对应以达致逻辑的抽象推理与经验的具体证实而实现其殊途同归的一致性结论;经验作为一种具体的方法是绝大多数人可以运用的,因而是普通的、广泛的和直接的,也是所有人可亲可近的,它可以提供给我们所需要的一切。虽然我们不能肯定霍布斯是一位经验论者,但显而易见的是,他是那个时代将理性论和经验论加以综合运用的开创者,以致其后产生了一系列经验论哲学大家如英格兰的洛克、爱尔兰的贝克莱、苏格兰的休谟,他们成为斯密经验主义思想的源泉,直接或间接引导着斯密的经验论的认识观。当然,经验论者也是相信理性的,但是经验先于理性以及理性来源于经验或以经验为基础的,这是经验主义者的最为基本的哲学观。斯密正是在以经验为基础的认知上,得出了人类道德伦理的社会心理机制和经济运行的社会市场机制,我们可以称之为自然法则或自生自发的社会秩序,只不过后来人将其加以逻辑的推导和证明,得以形成一种理式的必然真理。

第二,建立在唯物主义基础上的理智之路和经验之路而促成了斯密的唯物观的思想主体。由于深受伽利略天体运动理念的启发而形成了霍布斯的唯物主义的观念:所有的存在物都是在空间中移动的物质碎片,这些物质碎片彼此依附、相互作用而按照一定的机械运动原理发生运动,或者是大的推着小的,或者是一些碎片结合一起,形成了我们可以看到的物理客体;同样的道理,我们的身体也是这样聚合而成的,我们的行为活动也是适用于这样的运动规律——我们的一切行为可以理解为微粒彼此撞击、相互融合的一种机械运动过程。我们所有的感觉是我们身体器官的作用使然,由外界的颗粒对我们的身体器官产生冲击,如对我们的听觉、视觉、嗅觉等,进而形成了一种瀑布似的运动效果,并与我们的大脑发生了一个因果链的效应,从而在我们的头脑中形成了对物体或事件客体的影像,霍布斯称为"幻象",后来称之为一种观念。不仅我们的客体是细微的物质,就是我们的影像也是由一些特别细微的物质组成的。霍布斯认为这一唯物主义观点是一个基本公理,是我们关于人类行为动机观点的基础，是我们关于世界的一个基本的事实。在霍布斯的理智之路中，外在的物质客体引发了我们的感觉，感觉形成了大脑中的幻象，正是由于外物的多样性使得我们拥有了一个可以命名和整合幻象的巨大宝库，在这个整合和命名中产生了人类的词汇，由词而形成句，句的整合产生了推理，逻辑的理智之路得以形成。在霍布斯的经验之路中，同样是外在的物体产生了一系列内在的幻象，它们中的某些部分会引发我们记忆中的其他幻象，通过观察、比对、筛选这一系列幻象，我们就可以发现并形成一种关于客体的预期模式，正像我们看到乌云就想到带上雨伞、听到鸣笛就想到避让一样。这种经验的不断重复形成了内省的经验之路。在斯密的《道德情操论》中的"人的合宜性"显然是建立在一种个人与外在他人的物化行为的幻象自省的基础上的，在《国富论》中更是将人之生产物质的使用价值之多寡、人之物质生产性劳动之增减视作为富国裕民的真实基础。显然，在斯密的道德哲学和经济哲理中具有充分的客观性、现实性、物质性的成分，他把人的一般性或现实性存在及其存在之目的作为其所有研究的出发点，摒弃那种只是在形式上的人可能变得如何优越的观念，扬弃那种把自然和人本视为一种形态或目标而非实质事物的传统学说，而是将注意力直指人的实实在在的行为上，探讨"人如何活"而非"人是什么"。我们虽然不能妄加斯密是唯物主义者，但他的所有思想均隐含于他的唯物观基础，我们的道德情操最终归结于对人之行为的合宜性校正，我们的生活富足最终归结于人所使用的物质财富的不断增长。我们的世界是一个自然的物质性世界，因为在我们存在的这个世界上，无论是人之道德秩序，还是人之生活秩序，无非就是人的行为和物质资源的不断调适过程。这个调适过程是一种内在的自然的决定一切物质运动的序列安排，我们称为"规律"或"真理"。可以确切地讲，斯密的思想体系在本质上就是一种唯物主义式的自然哲学。

第三，理智之路和经验之路的方法论引发了斯密思想的方法体系的完整和完善。我以为，在斯密的著作中从一种解释方法到另一种解释方法的自然的游刃有余，显然是有其深刻基础的。似乎在斯密的论述和分析方法上不仅是借鉴了霍布斯的两分法，而且比霍布斯提供了更为有益的扩展，这就是马克思所说的斯密"一方面，他探索各种经济范畴的内在联系，或者说，资本主义经济制度的隐蔽结构。另一方面，他同时又按照联系在竞争现象中表面上所表现的那个样子……把它们联系起来。这是两种理解方法。一种是深入研究资本主义制度的内在联系，可以说是研究资本主义制度的生理学，另一种则只是把生活过程中外部表现出来的东西，按照它表现出来的样子加以描写、分类、叙述并归入简单概括的概念规定之中"①。显然，在斯密那里，实际上就是理性主义的演绎法与经验主义的归纳法的一种结合，只不过斯密更看重更有兴趣于经验而轻视理性。后来，这一两分法在李嘉图那里得到了进一步的演进——纯粹的形式主义的演绎和纯粹经验主义的归纳相结合，到了马克思那里则上升为纯粹理性即抽象的演绎和历史经验的归纳两方法在理论上的融合和统一并达到其一致性，所以，我们把马克思的政治经济学的哲学观称为辨证和历史的唯物主义。

人之激情是霍布斯阐明战争和和平问题的出发点，这种从人之本性的剖析而演绎或经验地推论出人类战争与和平问题的根源并进而在实践上提出制止其发生的具体方式，而在斯密那里关于人之道德社会的完美形成和人之经济社会的完善运行的论述，与其相比具有很大的相形相似之处。在霍布斯以前的古典哲学中都是以人为理性动物或社会性动物为基本前提，柏拉图认为人天生的理性可以指导人寻找正义，亚里士多德认为人作为一种社会性动物也必然是政治动物，因而天生具有社会性的利他本质。由古希腊哲学传统下来的止于霍布斯的哲学理念无不坚持地教诲人们，人之有异于禽兽，在于人有灵魂；而人之美德正是其灵魂或者说崇高的心智即理性之实践。我们每一个人都受到这一自然的指引，而且我们每一个人也应该遵循这一指引方向以达致最高境界——我们生命的本质——追求理性、玄思真理。这种教诲，即使到了今天仍为我们很多人奉为圭臬，由此形成了我们认同的惟一可行的社会，即一种强制

---

① 马克思：《马克思恩格斯全集》第 26 卷第一册，人民出版社，1972 年出版（第一版）

性的美德社会，加之宗教对人类精神的征服以致中世纪的宗教美德具有了极高的权威性，进而形成了国家统治的强制性的社会美德和宗教教会的权威性的宗教美德之双重压迫。

霍布斯对上述古典哲学坚决地予以排斥，因为他认为，人非生而有理性的，但人生而有激情；人并非自然而然的是理性动物，自然只安排人有器官而与其他动物无异；人只有凭借感官来认识事物，理性是经由感官获得的经验并通过后天的努力学习以对外界事物进行分析和整合而形成的；激情居先，有激情才学习，激情必定在理性之前。所以，霍布斯首先将人之本能定位于人生而有之的激情，它是推动人之行动的原动力。人之本质如同自然是存在于其自身所具有的运动原理，而人之运动在于人之激情，激情是我们人之运动的方向和速度的最初决定因素。什么是激情？霍布斯解释到，人类任何心里的感受（经验的）乃至于心灵的概念（理性的）都是产生于我们身体的感官，当外界对象对我们相应的感官产生压力时便形成了感觉，这种感觉进而形成了我们的欲望、爱好或厌恶、憎恨的情绪，前者引起我们亲近的激情，后者引起我们嫌弃的激情，正如贪婪和野心是两种愿望但却是一种激情取向——想得到的亲近的激情，只不过贪婪的目标是财富，野心的目标是权力，即它们运动的目标不同；而所有激情都可以包含在我们内心的"快乐"和"不悦"之中，这是一种内在的运动，是我们所能够体验到的一种激情意向，正如某件有益的事物打动了我们时在我们内心视其为快乐，而我们远离我们认为有害的事物时在我们内心体验到不快。无论是外在的还是内在的，直接的还是间接的，我们身体的所有运动都根源于我们的激情。

霍布斯不仅以经验主义的方式表述情绪或激情，还进一步以理智方法定义激情或情绪的基本概念——"好"或"善"与"坏"或"恶"，进而讨论了与情绪相关的一些重要概念——怀疑、恐惧、幸福、权势、宗教，并由此发现在人类的天性中造成我们争斗的三大原因——竞争、猜疑、荣誉，而这三大原因导致人们追求自身的利益、自身的安全、自身的名誉，为达到如此之目的不惜以暴力侵犯。霍布斯依据上述而指出，在没有一个共同权力使得大家慑服的时候，人们便处于战争状态中，而且这种战争是一个人对每一个人的战争、一切人对一切人的战争。如何从这种人人争斗的困境中解脱呢？霍布斯再一次从人的自然本性中引申出解决之路——人生而自由，每个人要想得到什么以满足自己生命存在和维系的自然欲望而不存有任何障碍即为自由，正如亚当和夏娃在伊甸园中可以随心所欲地取其所需，但只有不可摘取特定树木上的果实是唯一限制；在这样自由概念的基础上，我们每个人可以按照自己愿意的方式运用自己的力量保全自己生命的权利即为自然权利，这是因每个人天然具有的保护自己生命的愿望而为实现这一愿望所拥有的一切权利；权利与权利的对抗依然会导致我们人类的毁灭，所以，自然地生成一种我们在理性上可以认知的自然法则。生命的自由是我们存在的核心，自由的正义即为自然权利——是我们自我保护的必须，自由的反义即为自然法则——是我们自我约束而避免走向毁灭的戒律。仅从自然权利来看，由于每个人对每件事物都有着自然权利，也就是说我们每一个人可以采取任何他认为是继续其生命的行为，且不承认在行为上应受任何约束而使自己的境况得到改善，所以，必然导致人与人之间的冲突和战争的发生。人们因战争和冲突丧失了生命，因丧失了生命而产生了恐惧，进而自然地生成了彼此相互约束以求和平的激情倾向，进而在冲突的各方达成协议而共同分享，这样就产生了具有约束和戒律性质的自然法则。可见，自然法则就是为实现和平而理智地放弃我们对事物的自然权利或者是有约束地使用我们对事物的自然权利的一种内在的否定性规则，这是我们一种理性的发现和认知。然而不幸的是，在具体和经验的现实中，我们能相信对方的自我约束吗？我们能相信对方会一直遵守契约或协定吗？霍布斯认为，在自然状态下的人们所订之契约或协定是无效的，因为自然状态下的人性不具有信任他人的本能，在没有信任基础上的契约或协定当然是无效的。承诺遵守协定可能就是一个谎言，一旦有利可图就会背弃协定，在执行协定的未来时间里会有不同意图和愿望的出现而抛弃有所障碍的协定和自我的约束。信任在这里成为问题的关键，猜疑是人之本能，而信任却是人之创造、人为的产物，绝非天生所具有的。如何创造出信任呢？必须创造一种力量，一种恐怖的力量，来强制人们实施协定和约束自己，而这种力量产生效应和得以运作又在于人的本能——恐惧，恐惧成为整体运作的关键且自然的机制。霍布斯随之提出这种力量的承担体——社会契约下的国家——一个伟大的利维坦。

结合上述对霍布斯思想脉络的解读，当我们阅读斯密的《道德情操论》和《国富论》时，无不感受到其对霍布斯的自然论原理的承继。任何科学性学说的成立有赖于其对研究对象在性质上的认定，而这种认定实则就是对研究对象之本质的认知。任何科学所研究对象之事物无一不是自然整体中的一个物质组成部分，事物之本质也就必然从属于自然整体的运动原理这一自然本质之中，但又作为其组成部分独特地形成或存在着自身的运动原理之本质。无论是霍布斯还是斯密，从人之自然性出发建立了自己的体系化学说，就在于他们意识到人之本性问题与自然本质问题是不可分割的。斯密对自然本质的阐述是："……在所有动物的形成过程中，自然似乎在策划自我保护与物种的繁殖，做它的终极目标。人类得自自然的禀赋，会渴求达到这些目标，面对与这些目标相违背的东西则怀有抗拒；人会喜爱生命而害怕它的瓦解；人会追求物种继续永恒地生存下去，而对物种彻底灭绝的念头会感到厌恶。但尽管上天赐予我们这样的天赋，让我们对这些目标抱有强烈的欲望，它却不曾把寻找达致这些目标的恰当手段，交托在我们那迟钝并且摇曳不定的理智手中。为要满足那些欲望的大部分，自然把我们指向人的原始和直接的本能之上。饥饿、口渴、两性交合的激情、热爱享乐和畏惧痛苦等天生的本能，驱使人们把那手段应用在满足这些本能之上，并没有考虑到，用上这自我保存的手段，会引向有利的结果；虽然，这结果却是自然的伟大指挥者（指上帝）存心导致的。"[①] 显而易见，在斯密那里的自然就是一种内发的原理，是一种内在的推动力，一种激发所有生命体活动或行事的内在力量，使得各类生物体成为活的生命物体。所以说，自然本身或本质就是所有个别和独特的生命都在追求的、恒久自我保护的原理，而作为人类而言，人之本性就是存在于生命体本身的一种运动原理，由这种生

---

① 斯密：约·克罗普西：《国体与经体》，上海世纪出版集团，2005年5月版，第31–32页

命自身所给我们呈现出的最大好处和快乐，在激情的驱使下引向我们对生命的追求，我们由此产生的一切活动就是为了生命本身而不是任何其他的东西。自然之目的及其所涵盖的人之本能的欲望就是对生命在各种活动上的形式加以延续、保存和扩展。所以，在斯密看来，人的所有天性必然以符合追求自我生命和生命的自由活动为原则，而自我保存或保全生命支配着由人的天性自然生出的所有欲望，成为我们人之本性的自然目的。不仅如此，斯密还进一步指明，人的本性也包含着达到或实现其目的的途径——激情或本能，人必须依靠激情或本能才能得到对他最有利的东西，尽管它们本身的存在并不牵涉到引动人趋向人性之目的。可见，人对生命的渴求高于一切，而灭绝生命就是最大的罪过，正像斯密所说，一个人能加诸另一个人的最大罪恶，乃是死亡。霍布斯也同样地说过，违法杀人比保留生命的其他伤害罪恶更大。

依次而来的问题是，斯密为什么没有提到人的理性呢？在有可能指示人们行动的两个功能——理性与激情，斯密认为理性是不可靠的，仅凭理性不足以辨明事物的本质，由理性开启的人之心智于我们行事没有什么帮助，它所使人知悉的各事物本质也是不存在的。正如斯密在《国富论》中讲到，作为理性的哲学，"各不同作家，给予自然哲学及道德哲学以各种不同的体系。但是支持他们那些体系的议论，往往全无根据，至多不过是极其无力的盖然论罢了。有时，他们的议论，不过是诡辩，除不正确的、暧昧的日常说法外，没有其他根据。不论在何时代，思辨体系的采用，都只是关于琐细得不能对有常识的人的意见起决定性作用的推论，也就是关于没有什么金钱上利害的事情。"① 对于理性在现实中的作用和意义，斯密表示了极大的失望，"罗马教会组织，可以说是反对政府权力和安全，反对人类自由、理性和幸福的旷古未有的可怕团结。在这种制度下，极愚蠢的迷信幻象，得到如此多数私人利己观念的支持，以致任何人类理性的攻击，都不能动摇它。因为，理性虽然也许能够揭穿某些迷信妄想，使普通人也能明白其无稽，但理性决不能瓦解那基于

---

① 斯密：《国民财富的性质和原因的研究》（以下简称《国富论》）（下），商务印书馆，1974年版，第328页

利己心的结合。设使教会组织没有碰到其他对头,只有无力的人类理性对之施展攻击,它是一定会永远存在的。然而这个广大牢固的组织,这个为一切人类智慧德性所不能动摇,尤其不能颠覆的组织,却由于事物的自然趋势,先变成了萎弱,然后部分毁灭,而照现在的倾向,不到几百年,恐怕还要全部瓦解。"[1] 可见,斯密并不同意这样的传统观点:我们人类的各种感觉,是理性不可或缺的附属物或副手,而借着这天赋能力的合作,理性可达到理解事物的整体;反过来,斯密却认为上天把人的各种感觉自然而然地给安排去辅助激情,尤其是对生命渴求的激情本身。结果是,人能希冀追求的,顶多只是实用的知识,不是极其真确的知识。所以说,在斯密看来,人类自然而然地追求保存生命作为生命的目的,并且对这一人性目的的认识和行动,是基于人的激情而不是人的理性。作为激情的自然而来的生命是人的积极责任的履行,作为理性的思索型的生命是人的知性的积极活动,而哲学家最高超的理性之玄思决不能补偿他对具体而细微的积极责任的疏忽。所以,斯密的全部思想都是建立在人的本性——社会的本质——这一自然原理之上的。

斯密的《道德情操论》中以人的同情天性,在《国富论》中以人天然具有的交换偏好为起点,展开他的道德哲学体系和政治经济学体系,并且在其中始终如一地贯彻人类自然生命的目的,进而使这两大思想体系构成了斯密一个完整的社会构架——人类生命得以存续的美德社会和美满社会,美德社会来自道德德性而非理智德性,美满社会来自自然的利己而非理性的利他。不仅如此,如同霍布斯运用人之恐惧的激情这一自然机制来实现他的利维坦,斯密则运用人之同情的激情这一心理机制、人之欲求满足而交换的这一市场机制,实现他的美德和富裕社会的理想。尽管二人对于人性的取向不同,但最终自然地导向和归于人性所使然的且符合善的人性的人类社会。

---

[1] 斯密:《国富论》(下),商务印书馆,1974年版,第361页

洛克与斯密

显而易见,在那个时代的英国已经走在了世界的前列,对英国现实社会乃至欧洲大陆最具影响力的思想家首先应该是洛克,他于1689年发表了《论宗教宽容》、1690年发表了《人类理解论》和《政府论》具有划时代意义的巨著,使其成为宗教宽容主义的倡导者、经验主义的奠基人和自由主义的集大成者,他的名言"我的茅草屋,风能进,雨能进,国王不能进"成为当今全世界自由主义者和人权至上主义者的强有力的辩护词。

第一,洛克经验主义的认识论对斯密具有极为重要的影响。洛克的《人类理解论》就是要探索人类知识的起源、确定和范围,试图警示和告诫人们避免那个时代盛行的形而上学的玄思和不合实际的怀疑主义。从17世纪初起始,中世纪的亚里士多德的宇宙观受到巨大的冲击,那种认为宇宙是一件由上帝制造的类似有机物的工艺品、地球被描述成宇宙的不动的中心的观念,逐渐被新的机械论和原子论的宇宙观所取代。人类对自然界的研究第一次以直接的观察和实验为基础,而不是以《圣经》和亚里士多德的权威为基础,新的科学思想首先产生于伽利略、培根,并在他们倡导下发生了人们的宇宙观和人生观的根本变化。洛克正是站在这样的历史关头去捍卫这些新思想以终结亚里士多德的宇宙观,进而为新科学提供一个系统的认识论基础,所以,他说自己是科学道路上的清扫地基和清除垃圾的劳动者。虽然那个时代并无经验主义与理性主义的分类,但从洛克著作中的精神本身来看,却是我们今天分类为的经验主义,因为他始终主张我们的使命就是要揭示所有知识的材料是如何可能从我们日常的感觉经验获得的。洛克认为人类所有的知识都是基于观念的,而观念都来自人类的感官经验,人的心灵最初只如一张白纸,而在白纸上所能书写的内容只能来自经验,而人类的经验只有感觉和反省两种,感觉来自感官对外部世界的感受,反省来自心智观察本身。我们所有的观念都来源于感觉和反省,当我们运用大脑对最初形成的简单观念加以连结、重复和比较后便形成复杂观念,经验→观念→知识,最初的经验是我们人类知识的唯一来源。洛克对感觉的进一步论证构成了他的知觉论,对反省的进一步论证构成了他的心智论。可见,洛克的这个思想路径,一方面否定了天赋观念论,另一方面从对观念起源的解释得出了一种新的知识论——经验主义的认识论哲学。洛克对天赋观念论的否弃,在宗教意义上是否定了"天赋的知识和观念是上帝给予的"教条,在政治意义上是摈弃"基于天赋观念的所有做法是神圣而权威的"戒律。另外,在道德主张上,洛克认为没有普遍接受的道德原则,所有的道德原则可能随着接受者的不同而发生变化;而且我们的道德规则都不是与生俱来的,我们之所以把有些道德规则解释为天生的,是因为我们忘记了在我们小时候被灌输了一些道德观念,而且毫不置疑地接受了它们。斯密显然接受了洛克的这一主张,强调了人的情感或激情是生而俱有的,而道德原则则是由这种激情的社会性的心理机制而自生自发地形成并由人们在后来加以确立的,它是经验的或是理性的,但理性也是源于经验的。我们各个社会存在的所有道德原则都是具体和个别的,而普适性的道德原则是我们聚焦于这些个别原则的某一方面而运用心智得出的一般性或普遍性的共同特征的结果,就像我们集中你、我、他和她的共同特征而获得"人"的一般概念或解释的原则。同时,我们看到斯密继承洛克的道德思想而将情感与道德视为两个不同的领域,而将这两个领域联系在一起的就是我们的一种社会性的心理机制,情感及同情心是天赋的且无善恶之分,因而是非道德的;如果将同情心理解为一种良心,那就是大错特错了,因为良心是道德的范畴,它有善恶、对错的指向,是我们关于道德原则的一种知识,决不是生来俱有的,因而也就不是天赋的。而这些思想充分地体现在斯密的《道德情操论》中,并且始终根植于斯密的认识论哲学观。不仅如此,洛克的这一反对天赋观念论的经验认知论哲学思想对后来的欧洲哲学产生了重大影响,特别是形成了贝克莱具有强烈联想主义色彩的经验主义哲学和休谟具有强烈怀疑主义色彩的经验主义哲学,而先于斯密的爱尔兰经验论者贝克莱、同于斯密的苏格兰经验论者休谟,几乎与英格兰经验主义大师洛克一样对斯密思想的形成产生着不可低估的作用。

第二,洛克关于第一性的质和第二性的质的理论对斯密正确认知和清晰把握客体对象起到了举足轻重的方法论作用。洛克认为，我们对客体所感知和思维的直接对象是观念，却不是客体本身；而客体的性质属于我们外在的对象，或者是对象本身固有的，或者是对象能够引起我们头脑中产生某些观念的能力。我们认知一个客观的事物客体，无非是认识事物的本质，即事物本身的内在性质，和由此可能形成的我们头脑中的观念，正如我们看到的物质"水"，它的内在性质是什么呢？我们可以回答它是由氢原子和氧原子构成的以及水本身固有的那些性质；而当我们将手伸到水里时，水作用于我们感官，引起我们产生了关于冷与热的温度的观念，这就是说水具有一种产生观念的能力。洛克明确指出，客体所固有的性质，就是第一性的质，不论客体处于什么状态下，这些性质都不会完全脱离客体而存在，而且不论我们能否感觉到；客体通过第一性的质作用于我们身上而产生各种感觉的能力，就是第二性的质，它不是客体本身所固有的。无论第一性或第二性的质，都会产生与此相应的观念，只不过第一性的质的观念与客体本身的性质极为相似，第二性的质的观念与客体性质根本不同。正如"水"的第一性的质的观念与水本身的性质相似，由于水的第二性的质仅仅是使我们产生温度这样观念的能力，所以，温度这样的观念与水具有的产生这个观念的能力的性质是完全不同的。不仅如此，洛克还告诉我们，第一性的质是客体的内在性质和本质，第二性的质则是能力；前者是后者所产生的第二性的质的观念的基础，但其又与前者并不一样；第一性的质是主要的，因为不论其是否被感觉到都是存在于客体中的，而且是第二性的质的基础。在对客体性质的这种分类的阐述基础上，洛克对此作了进一步的论证，还解释了我们应该如何理解第一性的质的观念与第一性的质本身相似、第二性的质的观念与第二性的质本身不相似中的相似问题，并且提出了一种知觉的表象主义理论。接下来的问题是，洛克的这种关于事物性质的分类理论在斯密那里是如何体现和运用的呢？最显著的体现和运用就是斯密的价值或价格理论，尽管斯密并没有提及这是洛克分类方法的一个运用，但确实是极为相近相似的。斯密认为，劳动是衡量一切商品交换价值的真实尺度，正如他说的劳动是第一性价格，这就是说劳动是商品

18

第一性的质,由此产生了商品劳动的观念,这就是说商品劳动的观念是商品第一性的质的观念。斯密之所以这样认定为第一性,还因为不论商品发生什么样的变化,物化在商品中的劳动是不变的,它是商品内在和本质的性质;即使我们没有感知商品的劳动性质,劳动的性质依然存在于商品之中;而且,商品劳动的观念作为商品第一性的质的观念与商品的第一性的质极为相似,劳动决定它的交换价值,商品的劳动越多,用于交换的商品所交换而取得对方的物品就越多,反之,则越少。所以,斯密认为这就是商品的真实价格或自然价格。在这个基础上,斯密进一步揭示了商品的第二性的质,即产生价格观念的能力。商品的交换使得劳动的第一性的质发生了表现形式的变化,最初的商品与商品的交换即物物交换,以一定的商品实物体及数量表现另一商品的劳动及数量;然后发生了以货币为媒介的商品交换,以一定的货币及数量表现商品的劳动及数量,此时,商品的交换是按照货币量来计算的,因而取得了交换的价值这个商品第二性的质,即可以使我们产生商品价格观念的一种能力。在贵金属作为货币形态时,一只羊以金的0.1磅来表示,这实际上是生产一只羊的劳动与生产0.1磅金的劳动在质和量上均是等同的,此时0.1磅即为商品的价格,但这个价格仍然等于他的劳动的交换价值,还是一种与真实价格相一致的货币价格,与此同时第二性的质的观念开始发生。当货币价格背离真实价格时,由交换的价值这个第二性的质便形成了商品价格观念这个第二性的质的观念,而市场交换的商品的货币价格恰恰不同于真实价格或交换的劳动价值,这是由于市场的供求、货币因素的关系破坏了我们本可以发现或看到的价格与价值相互关系的因果机制。在这里,第二性的质的观念完全不相似于它的性质,也与其本身根本不同。也正是由于此形成了斯密对商品价值的不同认识,我们以为在斯密那里出现了关于价值的并立且相互矛盾的结论。

第三,洛克的政治哲学观对斯密的社会学说和国家学说的影响和作用。

首先,洛克开宗明义地批判天赋君权思想。天赋君权论的核心是君主的统治权是上帝赋予的,即天赋的权利,我们每个人不是他或她自己生命的所有者，自己不能决定自己的命运，也不能选择自己的统治者或自己的代理人。在西方，因为自杀是错误的，所以禁止自杀表明了每个人不是自己生命的所有者。在东方，因为在观念上崇信人的命运是天注定的，所以信命表明了每个人不能自己决定自己的命运，既然如此，君主的统治权显然是不可能从人民那里获得的，而只能从对一切都拥有所有权的上帝、对一切都拥有决定权的上天那里获得。君主的统治权是上帝的礼物，是上天的赋予。洛克认为，人民当然应该有义务服从统治者，因为人民出于和平和秩序的需要而必需地服从；然而，统治者在只有他们的命令值得人民尊敬和服从时，统治者才有统治的权利，而当这些命令威胁到和平和秩序时，人民有权利不服从甚至进行反抗。所以说，政治权威不是基于从上帝或上天那里继承或赋予的权利，而是基于人民对和平和秩序的需要。至于禁止自杀并不表明上帝赋予统治者对人民的所有权，反而表明上帝昭示我们尊重和善待自己的生命、显示了人类生命的伟大价值。天赋君权论暗示着人民是统治者的奴隶和财产，进而否定每个人生命的价值，所以，洛克认为这是违背了上帝的命令。

其次，洛克进而阐明统治者的权力来自合法性的同意原则，统治者的权力和人民的权利都要服从法律的统治。问题是我们应该服从和同意什么样的法律呢？洛克在这里做出了一个伟大的贡献，这就是他在权利理论上的突破。洛克通过对权利的基础和重要性的探寻，引出他对自然法的阐述。在原始的、非政治的自然状态下的人，天生就是平等和独立的，每个人根据自己的愿望行动，受自己理智的约束，服从于自然的道德律。由此，洛克就赋予了神圣起源的个人权利以先验的重要性，据此将自然状态下的契约社会合理而必然地转化为由法律统治的公民社会，同时将法律梳理为一个层级体系，诸如，任何与承认个人权利的自然法相违背的国家法律都不应当也可以不予遵守，这表明自然的道德律重于人定的成文法。在这里洛克第一次系统提出"天赋人权"的学说——人自然拥有的生存权利、享有自由的权利以及追求自身幸福的财产权利。为了实现和保障个人的这些天赋权利以及个人生命的安全和和平，在个人之间订约同意便形成了契约性的社会。洛克认为，通过个人订约形成的契约社会仍不是一个长治久安的社会,因为每个人都有可能惩罚违约的他人,而且如何使契约能够对数代人长久地约束,需要通过政治权力来实施的法律予以解决;从另一个角度看,只有存在公开的、可执行的法律,个人的权利才能获得安全和平的支持。这样人们就将自己执行道德的权利予以让渡,政府由此而来。洛克在这里的第二个重要贡献就是提出了政府的政治权力只能源于人民的同意的原则。法律实则就是一部在人民同意下人民让渡自己的政治权力予政府以得到一个政府保障每个人生命、自由和财产的双方签订的契约。至此,洛克就得出了这样的结论:政府的目的不是控制或统治而是服务;政府不是一个征服的问题而是契约的问题;政府背弃国家与公民之间的契约,人民有革命的权利;为了预防政府的无为或无能或无力,公民对自己权利的放弃应降至最低限度以利于社会成员的自我和相互的保护。洛克进一步申明,政府权威不是通过征服和暴虐而来,而是因为它的公正执法得到人民的信任和尊重而来。一个利用政治权力为自己谋利而不是为公众谋利、无权威即在法律之上使用暴力的政府就是一个专制的政府,其统治者就是一个暴君。人民让渡的政治权力是什么权利呢?这就是洛克第三个重要贡献——国家政治权利学说。洛克认为,政治权力可以定义为,"制定死刑以及所有比之较轻的刑罚的法律的权力,调整和保留财产,用国家军队执行这些法律并保护公共财产不受外国的侵害的权力,并且所有这些仅仅是为了公共福利"[①]。在这里可见,一个国家的政治权力实际上包括立法权、行政权和对外权,由于洛克是以契约思想引发出政治权力的起源,所以在这其中的立法权高于其他两权,其权力的行使也要受到人民的制约和同意,这就是说人民拥有最高权力以罢免或更换立法机关。在洛克那个时代,立法权属于议会,而后两权属于国王。后来这一思想由法国法哲学家孟德斯鸠在《论法的精神》中发展成为立法、司法、行政三大权力并且三权相互分立、相互制衡的政治学说。洛克的第四个重要贡献就是论证和阐明了个人财产权是天赋权利即为一个自然权利,绝不是由社会

---

① 洛克:《政府论》,商务印书馆,2008年版

契约而来的，所以说任何法律都必须承认和保护个人所有和使用财产的自然权利。个人所有权是如何而来的呢？洛克认为，它是基于我们每个人都有生存的自然权利并保证其得以实现而延伸出的两个天然的权利——劳动的权利和自由行动的权利，所有人在这两个权利上都是平等的。每个人自由地将劳动施加于劳动的对象和其他尚无归属的东西之上，人便使得这些东西成为他或她的私有财产，这就是说通过劳动获得了对土地与其蕴藏和衍生物的个人所有权。同时，在承认个人财产权时也就必然地生成自然法则所内含的义务，所有权利的使用必然要受到与此并存的道德义务的约束，于是我们就有了保护我们财产的责任，有不浪费财产的责任，有促进我们人类整体存续和福利的义务。这里必须强调的是，洛克这一思想中所蕴含的三点政治意义，一是一个社会的政治应以自然法则为基础，所有的立法只有建立在自然法的基础上才是正确的，也只有通过自然法才能够有理地阐释和调整我们的成文法；二是一个社会的政治不能以君主或政府的权威来合法征税，必须得到人民或者他们的合法代表的同意；三是一个社会的政治必须由法治来保障人权，最高权力绝不能操纵一种制度以攫取和剥夺个人的财产权，更不能侵犯那些天赋的人权。

洛克的这些崭新的政治哲学思想将英国的启蒙运动逐渐推向了高潮，直接辐射到欧洲大陆，扩展到世界的每一个角落，成为了欧洲资产阶级革命和北美殖民地独立运动的思想源泉。当然，在英国启蒙运动中还有道德哲学家莎夫茨伯利、曼德维尔等等，他们的思想锋芒无一不是在呼唤民主、自由而反对专制的封建统治，崇尚人性、科学而反对世俗迂腐的宗教禁锢，倡导人的自然本性、人的自然权利和人的自然道德而反对天启、神授的迷信观念。解放人类、探求人性、重建人道成为那个时代摆脱蒙昧的思想核心。这些启蒙运动之前和初期的思想观念直接影响着斯密，促使斯密在苏格兰启蒙运动在继承洛克思想的同时，提出了自己独到的国家和社会学说的思想见解。第一，斯密在洛克自然社会和政府形态学说基础上，以一个独特的视野阐述了他的社会学说，这里包括社会或国家形态形成的原理，并依此前提展示一个新的国家体制。洛克是以自然的契约社会由政治权力的让渡而推论出法治的公民社会的形成，构成了洛克关于社会和政府的政治哲学理论的重要组成部分。从斯密的论著中我们发现，他是认同这种广义的社会形成和政府起源的观点，但是他的原则和标准是不同于洛克的，因而使得他另辟蹊径地完善和充实了洛克的思想主旨。斯密认为，不同阶段社会的判别原则和划分标准在于人们取得生存手段的方式，也就是我们所说的这个社会的经济组织形式，这显然不同于洛克的论证是以自然权利与政治权力的相互关系即政治组织形式的原则。斯密是讲不同的社会就是人们为维护物质生命的生存所必需的手段或方式的不同，洛克是讲不同的社会是人们为实现政治生命的最高目标所必需的统治权力归属和分配的手段或方式的不同。在斯密那里，一种社会经济组织形式或者他说的生存方式或者马克思说的生产方式实际上就是一种社会形态，二者是同一的；前者的变化就是后者的变化，其变化过程就是社会优劣层次的变更。由此斯密得出了一个缜密和清晰的政治经济学意义上的社会学说：最初的也是最底层的，最低级、最野蛮的社会形态是狩猎民族的社会，在这个社会中既无君主也当然无国家，即自然状态的社会；比这较高一级的是游牧民族的社会形态，在这个社会中有了酋长或君主；更上一级的是农业社会，这个社会"没有对外贸易，除了几乎全在各自家中制造为自己使用的粗劣用品的制造业外，没有其他制造业……"[①]；最高等级，最为进步的是农业、制造业、商业等各业最为齐全的社会，这就是文明的社会，即近现代的西方社会。在斯密看来，这个最高的也就是最好的社会且是最后的国家，洛克称其为公民社会，因而更具政治的含义，其中的自由也更显是政治自由；斯密称其为市民社会或商业社会，因而更具经济的含义，其中的自由也更显是经济自由，但却是最原初而自然的自由，正确的理解就是文明的自由社会。第二，斯密延续洛克的国家权力的思想，进一步明晰了国家职能和赋税原则，建立了他的国家学说，给我们提供了一个自然自由的国体和制度。在洛克的三大国家权力中，斯密在立法权已然明了

---

① 斯密：《国富论》（下），商务印书馆，1974年版，第256页

即法治社会的前提下,特别强调了洛克的司法权和对外权,并扩展了洛克所没有的公共权力,由此归结了一个与商业社会最为同一和一致的理想制度,而且是一种永恒的自由秩序,于此之中凸显了他的自由哲学的主体思想。在斯密的《国富论》最后一篇第一章"论君主或国家的费用"中的第一节"论国防费",提出国家义务"首在保卫本国社会的安全,使之不受其他独立社会的暴行与侵略"[1],即为洛克的对外权;在第二节"论司法经费",提出国家的第二个义务是"为保护人民不使社会中任何人受其他人的欺侮或压迫……就是设立一个严正的司法行政机构"[2],即洛克的司法权;在第三节"论公共工程和公共机关的费用"和第四节"论维持君主尊严的费用",提出国家的第三个义务是"建立并维持某些公共机关和公共工程……对于一个大社会当然是有很大利益的"[3],这包括提供便于私人一般商业和便利私人特殊商业的公共基础设施、提供人们教育文化的公共设施和经费、提供只是维护其尊严的政府行政的经费,即洛克所没有明确的政府行政权。随后,斯密考察了实现上述国家权力的费用的来源问题,提出了赋税的公平、确定、便利和廉洁的四项原则。虽然斯密在这里只是以财政的支出和收入的经济层面来表明他的国家学说,但无处不显示其反对国家干预经济、主张私人产权基础上的个人经济自由的思想,这与洛克的自由哲学思想是完全一致的,且有异曲同工之效。至此,形成了斯密最为完整的社会学说,这就是自由的市场经济体制、公正的国家政治体制、道德的社会伦理秩序。

哈奇森与斯密

在斯密的成长过程中,他的第一位最直接的思想启蒙者是哈奇森。哈奇森是斯密1737年到1740年在哥拉斯格大学学习期间遇到的,对其一生影响最深最大最直接的伦理学教授。哈奇森作为英国启蒙运动著名的道德哲学家,以他的思想智慧启发着斯密的良知,指明着斯密的思想

---

[1] 斯密:《国富论》(下),商务印书馆,1974年版,第254页
[2] 斯密:《国富论》(下),商务印书馆,1974年版,第272页
[3] 斯密:《国富论》(下),商务印书馆,1974年版,第284页

方向。哈奇森是英国启蒙运动的一位具有重要影响的哲学家，当然他也是斯密出生地苏格兰启蒙运动的标志性人物，他于1725年发表的《美与德行的观念根源的研究》在启蒙运动中极具影响，是我们至今在论述英国启蒙运动时不可或缺的重要方面。第一，哈奇森认为，人不仅具有感官的感觉，而且还拥有上升到精神层面上的道德感受，人会内生出由外在感受而升华的爱与憎、美与丑、正义与邪恶的评价。人的道德伦理由此形成，它是一种自然而然的情感，是人们判断他人与自身行为的唯一标准。这就是哈奇森具有独到见解的情感伦理观。哈奇森的这一重要道德哲学观直接影响着斯密的《道德情操论》，也直接影响着休谟的《人性论》，斯密和休谟都是以同情说为核心构建了自己的道德伦理学说，最终形成了情感主义伦理学派而不同于唯理主义伦理学派。第二，哈奇森不仅强调人性本质的道德情感，把仁爱情感凌驾于理性之上，而且还把人的道德情感同增进人们的利益和大多数人的幸福联系起来，表现出了功利主义的思想倾向。哈奇森第一个提出实现尽可能最大多数人的尽可能最大幸福是最好的行为的观点，后来由边沁和密尔加以发展，最终建立了古典功利主义学说。同样，斯密也是在人性具有同情、仁爱的强调中，发现了合乎情感的利己主义并补充了理性的利己主义，因此也就奠定了《国富论》的思想基础，使斯密的伦理观和经济观有机地融合起来。

关于哈奇森对斯密之影响的更加具体和通俗的阐述是约翰·雷的《亚当·斯密传》：

首先，在格拉斯哥大学教授中，哈奇森的讲课给人印象最深。他是格拉斯哥大学第一个停止用拉丁语而改用本国语讲课的人，而且，他讲课从来不带笔记，不拘泥于陈规，讲课生动有趣。使学生们感到振奋的不仅仅是他的雄辩，还有他的思想本身。正如我们在他的著作中所感受到的，无论他论述什么问题，总是能够鲜明地提出自己的独到见解，无拘无束地阐明自己的观点。每个人都会被他的新思想所触动，而他的自由精神，正是斯密这一代年轻人所认为最宝贵、最有力量的东西。在哈奇森来到格拉斯哥大学的不多几年中，校墙外的守旧的人们就把他的思想当作对传统的信仰有危险的"新思想"而进行激烈的攻击,而校墙内的年轻人则感谢他带来了思想,喜欢它的新颖的内容。哈奇森属于新的时代,在这个时代,人们根据人类的本性来寻求上帝的指引,发现18世纪的上帝是善良而仁慈的。上帝只是为了人类的福祉而诞生,上帝的意志不是可以从神秘的奇迹和神意中知晓的,而只能通过对于人类的更大利益也就是哈奇森的"最大多数人的最大幸福"的广泛考察中来理解。哈奇森强调人学而淡化神学,他向学生们灌输了以下两种看法:第一,道德上的善的标准在于增进他人的幸福;第二,我们即使不知道上帝,或者在知道上帝以前,也能够识别善与恶。毫无疑问,斯密无论是在学校听哈奇森讲授自然神学的课程,还是在哈奇森家中听他讲授某一神学问题,他都相信哈奇森宣传的宗教乐观主义,并受这种思想的影响,一直到生命的最后一刻。

其次,在政治方面,哈奇森也对斯密的思想产生了重大的实际影响。哈奇森鼓吹宗教自由和政治自由等项原则,这在当时被视为一种叛逆行为。而这恰恰是哈奇森的擅长之处,他以他的博才雄辩深刻地阐明了自由的基本原则,使每一位学生都受到了极大的感染,都像他那样热爱自由。斯密当然也不例外,他深切而强烈地热爱一切合乎理性的自由,这正是他追求自由情感和自由经济社会的思想泉源。斯密的这种热爱自由、捍卫自由的性格显然来自同哈奇森教授的接触,或者由此而萌发,或者因此而被大大地促进。

最后,哈奇森教授还在其他方面对斯密产生了影响。其一,斯密后来在格拉斯哥大学讲授法学时提出的关于财产权的理论,就是从哈奇森那里得到启发的。斯密的财产权理论认为,财产权的基础在于人们和财产占有者的感情是一样的,都合理地期望享有自己获得或发现的物品而不受侵害。其二,斯密的整个《道德情操论》是在哈奇森教授的启发下提出来的,这一说法的根据是,哈奇森在讲课中曾明确提出并论述过这样一个问题:我们是否能够把道德情操全部归之于共同的感情?哈奇森作出了否定的回答,其理由是,我们常常赞同与我们没有共同感情的人(例如敌人)的行为。而斯密则克服了这一理论的不足,在《道德情操论》中独具匠心地提出：人们一般同公正的第三者怀有相同的感情，从而完善了哈奇森的理论。后来人们还发现，斯密《道德情操论》中的"行为与行为判断；行为判断理论基础是同情心；自然的行为；效用的影响；风俗习惯"等章节的内容明显具有哈奇森道德思想的烙印。其三，哈奇森把政治经济学作为法学的一个分支进行了系统的论述，而这正是斯密后来在授课讲义上所做的那样。在论述有关契约的问题时，需要考察价值、利息、通货等方面的原理，哈奇森对这些方面的论述虽然不尽全面，但仍不失为具有对经济问题的非凡理解力，他的这些理解和看法深深地影响了斯密。在货币问题上，哈奇森没有陷入当时流行的重商主义的谬误，而这正是引导了斯密掀起对重商主义革命的狂飙。在价值学说的某些内容上，哈奇森的理解可以作为斯密有关使用价值和交换价值的著名论述的原本来阅读。哈奇森认为劳动是财富的伟大源泉和价值的真实尺度，而斯密与此相同。哈奇森声称，在不对他人的身体或财产造成损害、不违反公共利益的情况下，每个人都享有这样的天赋权利，即有权根据自己的意愿，为了达到自己的目的而运用自己的才能去从事任何工作或娱乐活动，这正是斯密在产业理论方面提出的天赋自由学说，而且，哈奇森和斯密一样，都提出为了公共利益要在某些方面限制这种自由，至于在哪些方面具体实行或废除哪种限制，哈奇森与斯密却不尽相同。哈奇森的学说，实际上就是与斯密的名字联系在一起的经济自由学说。毋庸置疑的是，斯密最初接触到的经济思想就是从哈奇森那里得到的，斯密在格拉斯哥大学受益于哈奇森远远先于二十年后的法国重农主义者。而且，哈奇森包含着自由、劳动和价值等学说的萌芽是具有旺盛生命力的萌芽，在斯密的思想中根深蒂固，后来，斯密正是根据这些萌芽中的学说建立了他的整个理论体系——经济自由主义理论体系。

重农学派与斯密

斯密尽管对重农学派有这样或者那样的批评，但依然认为重农主义运动提出了"在已经发表的关于政治经济学的论述中也许是最接近真理的思想"。斯密在1764年2月启程赴法国，除了其间的1764年年末在日

永恒的思想　>>>

内瓦考察其共和制度的两个月外，一直到1766年的11月都居住于法国的巴黎和图卢兹。在法国的斯密结识了当时法国启蒙思想家爱尔维修、狄德罗、孔狄亚克、卢梭等，更具有意义、也对斯密产生重要影响的是与法国重农主义经济学家杜尔哥、魁奈等人的相识，与他们的思想交流和交锋，促使斯密产生了构建并阐发自己政治经济学思想体系的想法，最终形成了在1776年发表的《国富论》。正如马克思所说，"斯密深受重农主义观点的影响，在他的著作中，往往夹杂着许多属于重农学派而同他自己提出的观点完全矛盾的东西。"① 由此可见，斯密一方面承继了重农学派接近于真理的思想并将其作出新的拓展，另一方面又在对重农学派思想的批判和反思中提出了他自己的与其相异的思想。

斯密认为，"被看作政治家或立法家的一门科学的政治经济学，提出两个不同的目标：第一，给人民提供充足的收入或生计，或者更确切地说，使人民能给自己提供这样的收入或生计；第二，给国家或社会提供充足的收入，使公务得以进行。总之，其目的在于富国裕民。"② 而要实现政治经济学的这一目标，在斯密看来就必须具备充足的"国民财富"，即供给一国国民每年消费的一切生产必需品和便利品，而能实现国民财富的不断递增和合理分配的社会就是一个优秀的社会。所以，研究国民财富的性质及其不断增加之源泉，就成为斯密的《国富论》研究的对象和主题。在斯密以前的所有政治经济学的研究中，把财富起源和不断增加的研究从流通领域转到直接生产领域的，唯有重农主义的政治经济学，它为分析斯密所处的资本主义生产奠定了基础。

首先，重农学派是如何实现这种转变的呢？他们提出了这样一个基本论点：只有创造剩余价值的劳动，即只有劳动产品中包含的价值超过生产该产品时消费的价值总和的那种劳动才是生产的。由于哪个生产部门都不如农业这个最初的生产部门表现得这样显而易见、这样的无可争辩——劳动者逐年消费的生活资料总量，或者说消费的物质总量，小于

---

① 马克思：《马克思恩格斯全集》第26卷第一册，人民出版社，1972年出版（第一版），第47页
② 斯密：《国富论》（下），商务印书馆，1974年版，第1页

他所生产的生活资料总量。这里需要注意的是，作为劳动者逐年消费的生活资料的总量，就是重农学派认定的劳动者的劳动能力的价值，即劳动者的最低限度的工资，只不过在重农主义者眼中，它不是以货币的价值形式而是以实物的使用价值的形式表现的。作为分析资本主义生产的现代政治经济学的基础，就是要把劳动能力的价值看作某种固定的东西，已知的量。所以，最低限度的工资理所当然地构成重农学派的学说的轴心。虽然他们不了解价值本身的性质，但仍能把劳动能力的价值理解为一定的量，确定为最低限度的工资概念，这是因为劳动能力的价值表现为必要生活资料的价格，因而表现为一定使用价值的总和，而农业就是以这种生活资料的使用价值量最为直接、最为简单、最为明显地来表现劳动能力的价值的。由此，问题就变得极为简单，因为劳动者生产的生活资料的使用价值量即总价值大于他所消费的生活资料的使用价值量即劳动能力的价值，因而产生了一个余额即剩余价值——在重农主义者眼中依然以使用价值量表现的地租。在这里，虽然重农主义者把这个最低限度的工资看作不变的量，在他们看来，这个量完全决定于自然，而不决定于本身就是一个变量的历史发展阶段，但这并不影响他们的结论的抽象正确性。因为剩余价值即地租的多少，与我们假定的劳动能力的价值是大是小毫无关系，只是与劳动能力的实际运用即劳动和由劳动开发和带动的自然力发生关系。所以，我们可以清楚地理解到，重农学派将关于财富（物质资料总量）及其增加（物质资料余额量）的视域从流通领域转为生产领域即农业生产，着实是因为重农学派直接看到的是，农业生产出的使用价值超过劳动者消费的使用价值，这个超过的余额直接地表现出来，所以，不分析价值，不弄清价值的性质，也能够理解这个财富创造及其增加的过程。在他们把价值归结为使用价值，把使用价值归结为一般物质的情况下，仍然能够理解这个过程。所以，在重农学派那里就很自然地把农业劳动看成是唯一的生产劳动，这个余额变成了地租也就被看成了剩余价值的唯一形式。所以说，重农学派的伟大功绩和根本特征在于：不是从流通中而是从生产中引出价值和剩余价值，从最为直观的可以与流通、交换脱离开来，并且只是以人与物或自然之间的交换为前提的农业生产部门引出价值和剩余价值的，尽管它们没有真正意义上的劳动的价值概念及其劳动的剩余价值概念。而在工业中，我们看不到工人生产自己的生活资料，也看不到他还生产超过这个生活资料的余额，所以，劳动者消费的物质总量小于其所生产的生活资料总量的这个过程被以买卖为中介、以各种流通行为为中介的过程所掩盖，要想理解前者之过程，唯一的方式就要分析价值——而这就是留待斯密所继承性地破解和发展的思想领域，由此建立了斯密的劳动价值理论——关于财富的性质的学说，回答什么是财富，财富由何而来，财富大小或多少如何尺度。

重农学派如何理解工业劳动呢？为什么不是生产性劳动呢？因为在工业中，工人并不增加物质的量，只是改变物质的形式。工业的物质总量是农业供给的，工业生产诚然可以将价值加到物质上，但不是靠劳动，而是靠他在劳动期间所消费的、等于他从农业得到的最低限度工资的生活资料总额（劳动的生产费用）。工业劳动不会创造出余额，也就是不会增加物质总量，当然也就不会是生产劳动。接着的问题是，资本家的收入即利润从何而来呢？重农学派认为，这只是一种较高的工资，它是由土地所有者支付，并由资本家作为收入来消费的；同时，它完全像工人的最低限度工资一样加入到生产费用中，而这是通过增大原料的价值来实现的。那么，货币的利息又是从何而来呢？重农主义者杜尔哥认为，利息是正当的，因为货币资本家本来可以购买土地，即购买地租，所以，他的货币资本应当使他得到他把这笔资本变成地产时所能得到的那样多的剩余价值。所以，利润、利息都不是新创造的价值，也就不是剩余价值，只是土地所有者地租的一种转化形式，是地租在不同的资本形式中的一种分配。农业劳动是唯一的生产劳动，地租是剩余价值的一般形式。而斯密与此相反，把工业利润看成剩余价值最初为资本占有的形式，从而看成剩余价值的最初的一般形式，而把利息、地租解释为由工业资本家分配给剩余价值共同占有者各阶级的工业利润的分支。斯密的这一观点完全仰仗于他对重农学派上述观点的反思而来的，引发了他在对重农学派理论的批判性继承基础上，建立了他自己的工资、利润、地租的理论——关于财富的分配的学说，回答财富是如何在不同的阶级之间进行分配的，分配的原则是什么，决定各自分配的标准是怎样决定的。

在重农学派那里，作为资本最先得到独立发展的工业部门，却成了非生产的劳动部门，成了农业的附庸，并且将资本主义的大农业视为资本主义生产方式的主体和根本，将农业劳动视为真正而唯一的生产性劳动，将农业的生产者和经营者视为真正而唯一的生产者阶级。为达其论点的充分正确性，重农学派还提出了其他支撑性的论据：在一个纯粹的即封闭的经济体中，从事工业等等而完全脱离农业的工人数目，取决于农业劳动者所生产的超过自己消费的农产品的数量；而要实现这一点就必须以一定的农业劳动生产率为基础，不仅能够生产和再生产出他本人的生活资料，而且能够生产出超过这个必需的更多的生活资料；这个生产率必定首先存在于农业之中，通过运用和开发自动发生作用的自然力来提高农业的劳动生产力，这在农业一开始就具有广大的规模，所以，农业的发展是资本发展的基础；而这个生产力却是自然的生产力，这个余额即剩余价值是自然的赐予，在自然力的作用下，劳动者才能生产出更多的使用价值量，所以，劳动是财富之母，土地是财富之父。斯密继承并从中发现了，如果财富作为使用价值而言，且生产的物质实体唯有土地及其相关的生产资料，重农学派无疑是正确的；而作为价值的增殖而言，则是不当的，因为作为财富的价值及其大小来源于劳动及其耗费的多少，且与生产的物质方面并无直接关系。斯密对此的分析构成了他的生产和非生产性劳动的理论——关于财富的生产的学说，回答我们怎样可以更大量生产出财富，通过什么途径实现社会财富的最大化。

重农学派认识到，在那个时代即资本主义的初期，财富的不断充裕即不断生产出更多的农业纯产品——我们后来称为的剩余价值——必来自其特有的生产条件的前提，这个生产条件就是资本的形成。重农主义者指出了生产条件作为一定阶级的财产同劳动能力分离的过程是怎样发生的，诚然，他们还没有把这个产生过程直接理解为资本的产生过程，但是仍然把这个过程看成是资本主义大农业存在的条件，并且正确地认为，只是因为农业中发生了这个分离过程，真正的制造业才产生出来。

在斯密的著作里，是以这个分离过程已经完成为前提的。重农学派的另一重大功绩在于，他们还在资产阶级视野内对资本进行了分析。首先，他们分析了资本在劳动过程中借以存在并分解成的各种物质组成部分。对于他们而言，生产的资本主义形式必然以生产的自然形式出现，他们把这些形式看成社会的生理形式，即从生产本身的自然必然性产生的，不以意志、政策等等为转移的形式。这是物质规律。由此把这样的生产形式看作为生产的一种永恒的自然形式。其错误在于，他们把社会的一个特定的历史阶段的物质规律看成同样支配着一切社会形式的抽象规律。其次，他们还研究了资本在流通中所采取的形式（固定资本和流动资本，只不过不用此术语），并且一般地确定了资本的流通过程和与生产过程之间的联系。斯密继承了上述重农主义者的思想遗产，不仅对这些思想加以延伸，而且以历史事实和逻辑论证互为经纬地阐明资本的由来，及其所形成的超越重农学派仅局限于农业资本化的更新更典型的社会形态，斯密对此的阐述构成了他的分工、交换和货币理论以及资本积累的理论——关于财富的生产、分配的前提和条件的社会学说——回答什么样的社会才能够带来更多的财富，这样的社会即商业社会或我们称为的资本主义社会，以及在此社会中的经济组织形式是如何形成的并且恒久地保持下去。

三、今天的我们为什么要再读亚当·斯密

自从亚当·斯密为我们人类提出了在以同情的社会机制基础上可以形成有道德情操的社会，和在以"看不见的手"的市场机制基础上可以形成有民富国强的社会的革命性思想之后，我们的世界就在不断地变革和进步，北半球的绝大部分国家都实现了工业化的现代文明，南半球的绝大部分国家也正在变革，向着现代化的目标前进，然而，在这200多年的人类历史上，我们付出了极大的代价，终究我们发生了两次世界大战和一次世界冷战，人类各种冲突所导致的地区间战争从未中断过，仁慈、谨慎和正义的道德准则和普世价值观面临着持续的挑战。在这200

多年的人类历史上，我们终究发生了20世纪30年代的世界性经济危机，发生了20世纪80年代的拉美经济危机，宣告了拉美模式的破产，发生了20世纪90年代的东南亚经济危机，宣告了东南亚模式的破产，进入21世纪我们又经历了2008年的世界金融危机和2010年后显现的主权债务危机，"看不见的手"的市场经济制度也面临着持续的挑战。是斯密错了，还是我们背离斯密带来了斯密的复仇？重读斯密的意义就在于此。

然而不可置疑的是，从斯密时代以后的所有变化似乎都是我们在以斯密思想为中心的偏离或回归的波动中发生正向和负向的变化。18世纪英国取代荷兰成为了世界的中心，20世纪美国取代英国成为了世界霸主，18世纪的转移恰恰是产生在斯密思想在英国的鼎盛时代，20世纪的转移又恰恰来源于美国从英国主流思想文化中的大量借鉴，这是一组相互联系的系统性传导效应，绝非偶然性就可以解释的，也绝非历史的某一个横断面就可以证明的。20世纪30年代的世界经济危机可能就是"看不见的手"对人类不当行为的一个教训，使每一个生产者在痛苦中反思而更加稳健和克制，自此不再有这样的经济危机。但是，那些政治家们似乎没有意识到这些，在战胜经济危机和挽救人类社会的口号下，开始了国家对经济的干预和管制，更有凯恩斯的国家干预主义的理论支持，以及在战争中经济管制的有利经验，世界经济的道路愈行愈远地偏离了斯密。当我们在一时的胜利中得意时，潜在的矛盾就在孕育和发展中，果不其然，货币政策的矛盾积累带来了金融风暴，财政政策的矛盾积累预示着主权债务危机，"看不见的手"再一次让人们幡然悔悟，斯密再一次来到了我们面前。我们在混沌的世界中反思，斯密到底告诉了我们什么？我们到底错在哪里？我们应该如何去做？重读斯密的意义就在于此。

已故的著名经济学家萨缪尔森曾经指出，在人类经济科学的历史上发生了三次巨大的思想革命，斯密是创立经济学科学体系并否定重商主义的第一次革命，随后马克思在对斯密思想继承的基础上创作了批判资本主义制度的《资本论》则标志着第二次革命，在20世纪30年代大危机之后的凯恩斯在批判和否定萨伊定律的基础上提出国家干预主义的思想可以称之为第三次革命。这样，就在经济思想体系上形成了赞扬和坚持市场经济制度的西方经济学体系与批判西方或者我们称为的资产阶级经济理论并坚信资本主义经济制度必然灭亡的马克思主义经济学体系。而在西方经济学体系中又形成了以斯密为基础、马歇尔为主导、弗里德曼的货币主义学派和卢卡斯的理性预期学派为发展、哈耶克为极致的自由主义经济思想体系，与此相对立的则是以凯恩斯为基础、以萨缪尔森的新古典综合派和以琼·罗宾逊的新剑桥学派为主导和发展的国家干预主义经济思想体系，这两大经济思想体系构成了当代的主流经济学——自由主义和国家干预主义。自从20世纪30年代大危机之后，国家干预主义几乎成为西方所有国家的绝对的主流思想和政治家们的绝对的经济指导思想，国家干预主义甚嚣尘上，赞誉之声不绝于耳，然而70年代的石油危机引发的西方经济滞胀使凯恩斯的国家干预主义陷入窘态，幸运的是，在供给学派和货币主义学派的帮助下使得西方滞胀经济转危为安，国家干预主义逃脱厄运，由此，经济自由主义也日渐名望。可是，在德国的社会市场经济与日本的政府主导性的市场经济取得巨大成功的刺激下，在世界经济转型全面地走向全球化、国际化和一体化的巨大作用下，西方各国政府重操旧业，纷纷扬起了"看得见的手"以财政政策和货币政策再次强力干预经济，国家干预主义自然地再成为西方各国的囊中锦玉。日积月累，过度的宽松货币政策和过量的赤字财政政策所导致的恶果终于在21世纪爆发了，这就是我们今天看到的从2008年开始的世界金融危机和主权债务危机，无论是发达的市场经济国家，还是新兴的市场经济国家无一幸免。当经济萧条和危机发生时，我们高呼马克思复活了，资本主义走向灭亡了；当以国家宏观调控把经济从萧条和危机中一时摆脱出来时，我们高呼凯恩斯主义胜利了，国家干预主义挽救我们于危难之中；而当经济频现危机，长期萧条或明显凸现"看得见的手"的错误所致时，我们就振臂高呼凯恩斯主义破产了，让我们回归自由主义吧。我们该冷静下来了！斯密的自由主义市场经济与凯恩斯的国家干预主义市场经济，哪一个更符合经济的自然发展呢？哪一个更符合人类的自由、平等和公正的自然本性呢？重读斯密的意义就在于此。

哈耶克的政府命令的计划经济是通向奴役之路、完全自由的市场经济是通向解放和自由之路的预言，在20世纪后期有幸言中。中国作为世界上最多人口、最大发展经济体的国家，选择了从计划经济向市场经济的转向。改革开放的三十年来，市场经济本身所具有的对生产力的解放自由的内在属性带来了中国举世瞩目的成绩，从一个封闭到开放、集权到放权、压抑到解放、专制到自由所诱发出的初始激情带来了中国从未有过的发展和进步。然而，进入到21世纪，这种促进中国社会发展的内在动力与初始激情却没有成为我们不懈的源泉并且正在趋于耗尽、衰退，使我们难以持续地发展进步，我们中国正走在向何处去的十字路口。所以，我们一致承认中国社会发展的不稳定、不平衡、不协调和不可持续的现实。

我们可以明显看到的事实是，以政府投资主导和出口导向的经济增长实在是难以为继，不仅投资和出口占经济增长的贡献率畸高不下，而且不可避免地产生了投资效益不高、政府债务风险加重、房地产泡沫过大、对外依赖程度过高、贸易摩擦愈演愈烈，使得本以不堪重负的经济更加脆弱，甚至固化为一种结构性的困境。可以想象，一个依赖于国外需求而不是国内需求、依赖于投资而不是消费、依赖于政府而不是民间的经济增长怎么可能持续下去呢！

即使现有的经济增长也是粗放型和数量扩张式的经济增长，中国已经成为世界上污染最为严重的国家之一，灰尘和烟雾笼罩着中国的各个城市，国内主要河流均遭到不同程度的污染，砍伐森林和沙漠化的情况仍然十分严重，干旱、洪水和泥石流的爆发日渐频繁，无情的掠夺性的开采正在迅速地耗尽中国的资源储备，可以想象，即使是一个经济巨人也经受不了这样的资源耗费，还侈谈什么可持续发展呢！

在所有制结构上，为数不多但特权巨大的与市场经济不尽相容的国有经济，在竞争性产业占据着高度垄断地位，使得市场经济本应必备的要素荡然无存，公平竞争变成独占垄断，市场价格变成垄断价格，正常利润变成超额利润，自愿自由的供求变成管制供求。由此造成了极其低效的经济水平，一旦力不能支，或者通过政府提高价格以牺牲消费者的利益而攫取利益，或者通过政府补贴和投资以牺牲纳税人的利益而夺取利益，政府与国有企业正像父与子，虽已分家自立，但仍割不断千丝万缕的血脉之情，父亲以他特有的父权不时地关照和庇护儿子，儿子也心知肚明地投桃报李，然而，不可能成器的儿子最终会拖垮来之不易的祖上基业。可以想象，一个保护垄断窒息竞争抑制活力、扼杀创新的经济，怎么可能在日益加剧的全球化私有化的竞争环境下持续存在呢！

过度膨胀的政府权力成为中国公众的众矢之的，自以为是的过度宏观调控不仅埋下一个又一个经济困境的陷阱，而且大有倒退到命令主义的计划经济之倾向。由于政府拥有强大的资源配置权力，过分保护和偏袒自己的国有企业，致使市场竞争处于完全不公正的境遇，民营经济的发展遭遇到前所未有的障碍和困境，在很多重大领域，民营经济既不能也不敢参与其中。政府权力过大和随意越权以及很少约束制衡，引发了人们最为痛恨的官商勾结，寻租设租，正如阿克顿所说，权力导致腐败，绝对权力导致绝对腐败；而中国此类之现状被我们称之为"权贵资本主义"，权贵即经济寡头与政治官僚的"罪恶联盟"业已成为中国经济政治社会的一大顽疾。更令人忧虑的是，我们的一些所谓政治精英也已经被谄媚与犬儒的政治文化所腐蚀，我们的一些所谓教育精英也已经被利益和仕途的社会现实所俘虏。可以想象，在一个集权而不是分权、滥用权力而不是规制权力、强化政权而不是捍卫人权的社会怎么会有正义和谐地持续进步呢！

不仅如此，由此造成的地区之间、行业之间、国民之间、身份之间等的非均衡状态渐进地形成为收入分配的过分悬殊，在改革成效的增量推进中，收入分配差距愈加地扩大和恶化，加之基本社会保障的不广泛、不完善、不规范，使得相当数量的民众生活在相对甚至是绝对贫困的状态之中，家庭生活的不确定性和风险性日益增大，社会矛盾和冲突更加激化。为此，在道德、教育和政治上就必然采取高度的统一性和强制性。不是引导形成基本的道德规范准则，而是把道德政治化和非人性化，强调国家而忽视个人，夸大利他而贬低利己，强制仁善而不尊自强，在一个没有基本的道德准则而又无法达到我们要求的美德品质的状况下，就只有依赖于我们传统的守旧的道德伦理,因而就经常地与现代文明发生价值冲突和道德缺失甚至是道德沦丧;教育更是缺乏独立性和自主性,教育资源的配置严重失衡,基础教育的国家投入严重不足,高等教育更是成了趋炎附势和急功近利的御用工具,大学精神早已名存实亡,既无科学创新精神又无批判现实主义,难怪乎钱学森临终喊出"为什么我们的学校总是培养不出杰出人才"的疑问,可想而知,一个没有灵魂、精神和信仰的民族何以屹立在世界民族之林;政治上的法治建设任重而道远,东方专制主义的自然基础依然存在,行政权力和政治组织支配社会的一切方面,以权代法,干涉司法,贪赃枉法,而且在政治民主建设中的激进的人民民主大有走上民粹主义的运动道路,民主政治有可能蜕变为威权主义的领袖专制和多数人的暴虐,建设一个宪政民主的政治体制的大门至今仍未开启,政治体制改革已经成为中国社会经济发展的最为根本和紧迫的约束条件。可以想象,在一个滞后的守旧的迂腐的权力结构、意识形态和知识体系的约束下,怎么可能稳定均衡协调持续地前行呢!

坚定不移地深入改革而最终建立完善全面的市场经济体制和与其相适的政治、文化、道德、教育制度,是我们中国走向文明、健康和幸福的唯一道路。我们为什么要作出如此必然的选择呢?这样的选择就一定正确吗?重读斯密的意义就在于此。

第一章

斯密《道德情操论》的解读

斯密在1759年创作的《道德情操论》最重要的科学突破是提出，人类的道德思想和行为方式是我们作为社会动物自身天性的产物，由社会存在所决定的天性德行的探究相对于智慧教育是更好的道德行为向导，而审慎和正义是人类社会得以存续的必然的基本道德准则。

什么是道德？何又为情操？简单讲，道德就是基于承认和保证人类社会存续的一种理念，其存在的意义旨在限制或倡导人们行为的规范。也可以说，道德是社会意识形态长期进化而形成的一种制约，是在一定社会关系下调整人与人之间以及人与社会之间关系的行为规范的总和。情操即为人的情感倾向和操守方式以及在情感意识下的行为方式与品行。人类社会必然存在人与自然和人与人的相互关系，而道者即为自然、社会的客观发展和变化规律，人们顺应而不背"道"而行就是"德"，只有遵循"道"的"德"下的情感和品行，自然才会长足存在，社会才会和谐发展，人类才会健康幸福。非正式的道德规范和正式的法律约束，均属于社会制度的范畴，但道德规范远远居先和内胜于法律。

人们往往重于《国富论》而轻于《道德情操论》，这是人们至今不能全面正确地理解领悟斯密思想全貌的主因，于是肢解了斯密的完整思想体系，生出了众多的斯密问题和误断。其实，在斯密的一生中对《道德情操论》倾注了其主要精力和大部时间，远远过于《国富论》。这是因为：

第一，《道德情操论》是斯密于1759年出版的第一部著作，也是他辞世前的1790年最后定版的一部著作。在这31年间，斯密五次修补，构成了《道德情操论》的六个版本。第一次是对1759年出版的《道德情操论》的修订，最为重要的修改是他延伸了有关公正的旁观者的理论，鲜明指出良心是一种社会关系的产物。1767年在斯密着手撰写《国富论》之时，他又修订出版了《道德情操论》第三版，其中最引人关注的是将他的《论语言的起源》作为附录附在该版书后。1774年，当斯密即将完成一套有关国民经济完整理论的《国富论》时，再一次修订出版了《道德情操论》的第四版，其中包括一些实质性和非实质性的修改，包括若干用词现代化方面的修改。1781年，斯密又修改了《道德情操论》中一些不尽如人意的细节，以使其文字和阐述更加完美，由此形成了《道德情操论》的第五版。1789年，这是斯密在其一生的最后一年修订《道德情操论》的，由于年事已高，重病压身，斯密预感来日无多，意识到这是最后的定型版，因而非常仔细，直至1789年12月完成修订，在1790年斯密逝世前几个月才出版，这就是后来人们称为最完美的《道德情操论》1890年版，也就是第六版。《道德情操论》的最后版本的最重要修订是增加了我们现在所看到的第一卷第三篇第三章《论由钦佩富人和大人物，轻视、怠慢穷人和小人物的这种倾向引起的道德情操的败坏》（又译为《论道德情操的堕落。堕落的原因是我们倾向于羡慕有钱有势的人，而鄙视贫穷卑贱的人》）。此外，在1890年版本中还包括对良心、公正的旁观者理论的进一步发展以及对"自我控制"这一主题的论述，对道德理论的实际运用和对谨慎、正义、仁慈等美德的论述等等。由此可见，《道德情操论》问世三十年间，虽然重印五版以表明了斯密对此倾注有加，但只有1790年的最后版本才可称得上是真正的修订，1790年7月斯密与世长辞，最后的《道德情操论》蕴涵着他对人类未来的美好祝愿和寄托，这是斯密提出富国裕民的根本所在——那是比现世更美好，由正直、人性和正义支配的世界。在那里，他们的不白之冤终将得到昭雪，美德终将得到报偿，而且那唯一能使人对骄奢的恶德感到战栗的伟大原则将有效地安慰被侮辱与被损害的无辜者。

第二，《道德情操论》是斯密《国富论》的人性根基，为我们勾画的人类前景。我们应该知道，人们生来就面对着一个现存的世界，当人在成长过程中也就产生了意识，进而产生了对事物在道德上的是非观念并据此引导人的行为操守，这些观念显然不是来自教育而是来自社会生存习惯，因此，我们把这些称为生而俱有的天然而来的。由于社会存在的联系性和历史性，也就形成了人类共有的基本道德和自然天性，只不过在不同的国家和民族身上表现的强弱程度不同罢了；又由于社会存在的复杂性，也就形成了人类本性的多元化甚至是表象的对立性。斯密在《道德情操论》中认为，人类的天然本性是支配人类行为的动机和源泉，人类天性具有利己主义的自爱也有利他主义的同情，还有追求自由平等的欲望以及正义感等等，人类的自爱本性是与同情心相伴而生的，爱己和爱他均为人之本能。而在斯密的《国富论》中则认为，个人利益是人们从事经济活动的出发点，每一个现实的人都是从利己出发从事经济活动的，这就是斯密所假设的"经济人"，由此也成为后来人们一致认同的经济科学得以建立的理论前提即理性经济人。正如斯密在《道德情操论》中所讲：毫无疑问，每个人生来首先和主要关心自己，人们改善自身生活条件是每个人的人生的伟大目标。斯密的这一观念在《国富论》中则发展成为了——我们每天所需要的食物不是出自生产者的恩惠而是出于他们自利的打算——实际上是利己主义动机所使然。由此可见，源于《道德情操论》中利己主义的自爱本性成为了《国富论》的出发点，斯密就是从这种"经济人"行为的利己主义本性出发，探讨了人类社会追求财富的原因。同时，我们似乎感觉到，人的利己本能会不断地驱使人们追求自己的利益，从而有可能妨碍和抵触利他的同情心。然而，出乎人们意料的是，人的自利的经济行为却得到利他的社会结果，而实现这一结果的正是斯密在《道德情操论》和《国富论》中提出的"看不见的手"的作用。在这只"看不见的手"的自然指引下使每个人在追求自身的私利目的时，却始料未及地实现了增进人类福利的更大的社会目的，利己出发的个人导致了利他结果的社会，个人利益的追求促进了社会的繁荣，自利的或者说"对我们自己个人幸福和利益的关心"的人性动机实现了《道德情操论》所憧憬的充满同情和爱心以及正义的人类社会。

自利是美德，自私是劣德，当人们追求自利而走入自私的歧途时，必然有民主和正义的法治，也必然有社会评判和谴责的德治，更有社会发展和市场运行之"道"的惩罚。

一、我们每个人都有同情心

同情是斯密《道德情操论》的核心概念和理论基点，也是斯密伦理学体系的出发点。从斯密的《道德情操论》可见，它的每一部分都是以同情心为讨论主线的，它的逻辑进程也是以同情心为基础的，它的社会道德目标也同样以同情心为取向的。

斯密的"同情"是什么？我们应该如何理解斯密的"同情"？"人的天赋中总是明显地存在着这样一些本性，这些本性使他关心别人的命运，把别人的幸福看成是自己的事情……这种本性就是怜悯或同情，就是当我们看到或逼真地想象到他人的不幸遭遇时所产生的感情。""在其固有的和最原始的意义上，对他人的苦难所表现出来的同胞感情。"[1] 这就是斯密在《道德情操论》第一卷第一编"论同情"中给出的"同情"概念。从《道德情操论》的上述以及相关概念中，我们可以得到的理解，一是同情来自人的天性，是人自然具有的，是人类初始状态下日积月累而固化在人性中的，且深深地植根于作为社会人的我们身上，因而我们理解的同情就应该是直接、自然和真实的。二是同情是人在换位思考和互动状态下引发出来的，只有我们面临他人的快乐或痛苦时才会诱发出我们自己的同情。同情是人之本性而蕴藏在人的心中，当我们面对他人的行为时通过换位思考来发动同情的引擎，表现出我们真诚的同情情感。因而，现代人类就可以通过再现或复制人的不同状态来引导和深化人的同情，进而构成具有人类同感的和谐社会。三是同情必须借助于人的想象力。斯密所说的同情是指那种伴随者想象力活动的人类自然情绪，是指我们想象当我们处在当事人的位置上而自然而然产生

---

[1] 斯密：《道德情操论》，商务印书馆，1997年版，第5-6页

的一种情感。同情是我们通过想象我们自己身在其中而发生的一种情绪，而不是我们自己的亲身感受和体验，所以，我们常常用"感同身受"来解析同情之心，由此就告诉我们，可以通过丰富人们的想象力来增强人类社会的同情心。四是同情是人类的美德基础。同情是我们通过想象进行换位思考而自然产生的一种情感，是人们的一种心理机制，因而从这个角度看，它是中性的，不属于道德的范畴。但是，我们又不得不看到，由这种中性的"同情"机制引发出了对他人充满友善的"同情"操守。当我们看到他人高兴或悲伤时，我们也会感到高兴或悲伤，彼此同感，因而同情就具有了社会性，道德就源自我们的社会本性——我们每一个人都清楚地了解哪些行为对别人来说是可以接受的，而哪些则是不可接受的。当我们进一步表现出对他人的关心和爱护，帮助他人解脱痛苦时，其他富有"同情"的公正旁观者也会对此表示赞许，由此在人类社会的经验历程中逐渐建立起了一个合宜和和谐的行为准则体系——道德。道德的根基就是同情。

下面我们还要在斯密的《道德情操论》中去进一步发现关于"同情"的一些特质。

第一，同情的普遍性。斯密在《道德情操论》中的第一句话就是："无论人们会认为某人怎样自私，这个人的天赋中总是明显地存在着这样一些本性，这些本性使他关心别人的命运，把别人的幸福看成是自己的事情，虽然他除了看到别人幸福而感到高兴以外，一无所得。这种本性就是怜悯或同情，就是当我们看到或逼真地想象到他人的不幸遭遇时所产生的感情。我们常为他人的悲哀而感伤，这是显而易见的事实，不需要用什么实例来证明。这种情感同人性中所有其他的原始感情一样，绝不只是品行高尚的人才具备，虽然他们在这方面的感受可能最敏锐。最大的恶棍，极其严重地违犯社会法律的人，也不会全然丧失同情心。"[①] 由此可见，在斯密那里，同情心是一种人类普遍具有的基本感情，它并不仅仅为仁慈善良的高尚绅士所特有，即使是我们认为最邪恶的罪人也同样具有，只不过在他们身上的同情情感的敏感程度、蕴藏多寡不同罢了。同情作为一种全人

[①] 斯密：《道德情操论》，商务印书馆，1997年版，第5页

类的普遍情感,同人性的其他天然感情一样,生来就存在于我们每一个人的心中,只是在我们认为的宽宏大度、德行仁厚的君子身上拥有得更为发达、丰富和敏锐。因此,人类总是赞美君子以成为我们的人世楷模,也因此去循循善诱地感化另类人以使他们的铁石心肠引发出脉脉人情而走向人间正道。

第二,同情的自然性。斯密认为同情是人类不需实例证明的自然本性,是人生而具有的自然禀赋。从这里我们可以领悟到两点,一是人所具有的同情是天然而来的,人一来到世间就面对着具有同情的他人也因此将同情埋入了自己幼小的心灵,所以,每一个活着的人天然地具有同情本性。二是人所发生的同情是自然而然的,无论是对他人悲伤的同情,还是对他人快乐的同情,既不产生于利己的考虑,也不产生于利他的考虑。因此,直接和真实的同情是身不由己的,也是有感而发的。正如斯密认为的那样,当我们看到在松弛的绳索上的舞蹈者时,我们的身体也会不自觉地扭动起来;当我们看到对准一个人的腿或手臂的一击将要落下来时,我们也会本能地缩回自己的腿或手臂。同情产生在人的这种本能或本性上,是不自觉地自然而发。由此,我们可以定论,斯密的同情概念是自然主义的,它同哈奇森的道德感觉概念一样,都是从人的自然禀赋角度来解释同情和道德的。值得我们注意的是,斯密谈论的是天然禀赋的同情,而哈奇森则是天然禀赋的道德感觉。斯密的同情概念是指人类自然产生出来的一种情绪,当然也包括人的自利心,而哈奇森指的是自然赋予人类的一种特殊的道德能力,社会道德伦理可以在这种自然的道德感觉下自然地形成。正是在这样不同的理念下,斯密更强调构建正义的社会制度以引导人类的各种本性走向一个和谐和美好的社会,更强调人类的自然本性无善恶无好坏之分而只有合宜性之说。我从中得到的启发是,我们可以对人的行为进行道德上的谴责,而不能进行本性上的谴责,谴责自然禀赋的本性是毫无意义的。

第三,同情的想象性。斯密阐明了同情是每一个人"在其最固有的和最原始的意义上,对他人的苦难所表现出来的同胞感情"[1],而这种同情是

---

[1] 斯密:《道德情操论》,商务印书馆,1997年版,第52页

基于想象的立场,在交换状态也就是在换位思考状态下得以形成的产物。正如斯密所言:"由于我们对别人的感受没有直接经验,所以除了设身处地的想象外,我们无法知道别人的感受。"① 因而,我们可以说,斯密的同情意味着我们必须借助于自己的想象力,是站在当事人的立场去想象他的感受,在想象的感同身受中自然产生了一种情绪,这就是同情。简单讲,同情就是伴随人类想象活动中的一种自然情绪。斯密在这里告诉我们,同情不产生于感受,只产生于想象。当我们的兄弟在受拷问时,我们自己则是自由自在的,此时,我们不可能感觉到我们自己兄弟所受的痛苦,因为我们自己并没有受到拷问,因而也就无感官的感觉,此时只有借助想象,我们自己才能形成有关我们兄弟感觉的概念。想象告诉我们,如果我们自己身临其境,我们将会有什么感觉,所以,同情是一种想象的感觉。"通过想象,我们设身处地地想到自己忍受着所有同样的痛苦,我们似乎进入了他人的躯体,在一定程度上同他像是一个人,因而形成关于他的感觉的某些想法,甚至体会到一些虽然程度较轻,但不是完全不同的感受。"② 接下来,我们要问的是想象力来自何处呢?最原始的、最初始的想象来自人的自然体,人天生具有疼的痛苦感和乐的欣喜感,因而就依此产生了想象他人处境的感同身受;而更丰富的、充分的想象则来自人的心智和理智,由此就产生了更为健全和细致的想象力。前者使我们每一个人都具有想象力,因而具有天然的同情,后者使我们每一个人的想象力大小不同,因而具有与想象力成比例的同情。所以,我们可以通过丰富和提升每一个社会成员的想象力而增强全社会的同情感,造就一个人类美好和谐理智的社会。

第四,同情的中立性。就同情本身的性质而言,斯密认为,这只是人们的一种自然能力,或者说是人的一种心理机制。当人们产生同情的情绪时,既不是出于利己,也不是出于利他,只是人的天性使然。斯密在《道德情操论》中举例说明,男人对分娩中女人的同情,人们对死者的同情,肯定不是出于自私自爱导致同情,因为男人不可能分娩,活人不可能即成

---

① 斯密:《道德情操论》,商务印书馆,1997年版,第5页
② 斯密:《道德情操论》,商务印书馆,1997年版,第6页

死人，而人们产生的同情只有源于天性的想象。由此斯密说："一个男人可能同情一位正在分娩的妇女，即使他不可能想象自己承受那妇女所受的痛苦。然而，据我所知，从自爱推断出一切情感和感情，即耸人听闻的有关人性的全部阐述，从来没有得到充分和明白的解释，在我看来，这似乎是源于对同情体系的某种混乱的误解。"斯密还说："我们甚至同情死者，但我们的同情不会给死者以安慰，似乎更加重了死者的不幸。想到我们所能做的一切都是徒劳的，想到我们无论怎样消除死者亲友的悲哀，无论怎样消除他们对死者的负疚和眷恋之情，也不会给死者以安慰"①。斯密实质上是确立了同情的中立性质。在这一重大问题上，斯密不同于霍布斯、曼德维尔等学者从自爱的出发点阐释其全部道德哲学理论。在他们看来，人的一切行为动机无不源于自私、自爱、自利，同情也不例外，这个观点在今天的经济学界得到了广泛的认可，经济学家们正是在自利的经济人假说前提下，来解释人类经济行为发生的缘由和结果，进而构成了当今全部的经济学理论。如果我们结合斯密的《国富论》来探讨此问题，就可以看到斯密本人并不反对人的经济行为一般地产生于人的自利本性，他反对的是把人的全部行为都归于来自人的自利本性的观念，他更加否定的是把同情的本质说成是自利的、自爱的和自私的，就在这一点上，斯密是完全不同于霍布斯、洛克和休谟的道德哲学观的。斯密认为，同情绝对不能简单地看成是一种自爱心，更不能看成是自私的结果，而人的很多行为是同情心的结果。斯密在《道德情操论》中写到：

"同情在任何意义上都不可能看成一种自私的本性。确实，当我同情你的痛苦或愤怒时，它可能被误认为我的情绪源于自爱，因为它产生于我了解你的情况，产生于设身处地地考虑问题，并由此怀有在相同的环境中产生的情绪。但是，虽然同情被极为恰当地说成是产生于同当事人有关的某种设想的处境变化之中，然而这种设想的变化并不假定偶然发生在我们自己的身上，而是发生在我们所同情的那个人身上。当我为你失去独生子

---

① 斯密：《道德情操论》，商务印书馆，1997年版，第10页

而表示哀悼时,为了同情你的悲伤,我不必考虑,如果我有一个儿子,并且这个儿子不幸去世,我——一个具有这种品质和职位的人——就会遭受什么;而是考虑,如果我真是你(我不仅跟你调换了环境,而且也改变了自己的身份和地位),我会遭受什么。因此,我的悲伤完全是因你而起,丝毫不是因我自己而起。所以,这根本不是自私。以我自己本来的身份和地位感受到的这种悲伤,甚至并不产生于对那种已经落到我自己的头上,或者同我自己有关的任何事情的想象之中,而完全产生于同你有关的事情之中,这怎么能看成是一种自私的激情呢?一个男人可能同情一位正在分娩的妇女,即使他不可能想象自己承受那妇女所受的痛苦。然而,据我所知,从自爱推断出一切情感和感情,即耸人听闻的有关人性的全部阐述,从来没有得到充分和明白的解释,在我看来,这似乎是源于对同情体系的某种混乱的误解。"①

由此可见,同情决不产生于自私或利己,而恰恰产生于忘我,产生于自我的暂时消失,是通过把自己转换为他人来考虑问题。同情也决不产生于爱他或利他,而恰恰是他人进入了自己的感情或自己进入了他人的感情,是通过人的换位思考的本能所在。因而,我们的结论是,同情作为人类生来具有的一种能力是中性的,既不产生于纯粹的利己也不产生于纯粹的利他。但是,我们不能忽略的是,同情这种天赋人性可以产生出利他的结果,当这种中性的同情作为一种情绪发生并引导人们在一定的情境下进一步采取行动时,通常是带来利他的社会效应,构成一种社会存续机制和协调机制。人类社会正是凭借着这种天然能力所产生的效应,得以形成秩序、构建社会、促进互利。而这种由同情产生的社会机理的制度设计和安排就成了斯密思想的核心内容。

第五,同情的情境性。斯密讲,同情与其说是因为看到对方的激情而产生的,不如说是因为看到激发这种激情的境况而产生的。一方面,斯密指出,有一些人的情绪表露,在我们不知道这种情绪产生的原因之前,引起我们的往往不是同情,反而是厌恶和反感,诸如发怒者的狂暴行为,更

---

① 斯密:《道德情操论》,商务印书馆,1997年版,第419－420页

可能的是激怒我们反对他本人而不是他的敌人。人们为什么会对发怒者产生这样的反映呢？因为人们不知道他发怒的原因，但却清楚地看到他对其发怒的那些人的境况，以及那些人由此可能遭受的伤害。由此我们可以这样理解，我们的同情在不知道别人悲伤或高兴的原因时总是不充分、不可靠和不确定的，而是更多地来自表象的和浅显的。即使我们是由当事人的激情所引起的情绪，也只是具有它的一般性，只是来自人的原始天性。只有当我们一旦知道了其原因和情节之后，我们的同情才会充分和确定——判断当事人情绪的正当性以及我们恰当和可靠的同情或者厌恶。因此，"同情与其说是由于看见别人的激情而产生的，还不如说是因为了解到引起这种激情的情境而产生的。"①

另一方面，斯密还指出，我们有时会同情那些对自己处境全然无感或对别人的同情麻木不仁的当事人，这是因为我们单方面地把自己置身于当事人的境况中，凭借想象而产生出当事人所没有的激情。显然，这种同情不可能来自换位思考，也不可能来源于对当事人体验的想象，只能是来自自我设身处地的一种想象，是假设将自己置于这样的情境下的心中想象，因此，我们可以说同情可能来自我们想象中情境的一种情感。这种同情完全出自同情人自身的自我想象，而不是与当事人换位思考的想象，因而完全是单方面的而且是自省的，所以又是更加深刻的。斯密列举了数个事实来证明这一点：一个做出了无耻和粗鲁行为的当事人并不以此而感到羞耻，但我们却不能不因我们如果做出如此荒唐的行为而感到窘迫，这是因为我们总是想象地将自己置于这样的境况中而油然升起一种对自身如此行为的厌恶和耻辱感；一个可怜的人当他面临丧失理智的不幸毁灭时，也许是又说又笑而根本不觉得有什么不幸，但理智的我们会想象，如果自己处于这样的境况该是多么的痛苦和悲伤，这是因为我们所表现的同情心并不是对当事人感情的反映，而是想象如果自己处于如此悲惨境地并以健全理智和判断力去思考时，自己应该是什么样的感觉，由此引起了我们对丧失理智的人的深刻怜悯，因而丧失理智在斯密看来是人类社会的最可怕的一

---

① 斯密：《道德情操论》，商务印书馆，1997年版，第9页

件事情，一个具有人性的社会会以更强烈的同情心来怜悯人类的这种最大的不幸；一个死去的人放在我们的面前，我们也会对死者表示出同情，但我们只是在正视我们所处的环境下而感动，而这样的环境对死者的幸福不会产生任何丝毫的影响，我们会动情地认为，死者不能享受阳光，隔绝于人世之外，埋葬在冰凉的坟墓中腐烂变蛆，在这个世界上销声匿迹，很快在最亲密的朋友和亲属的感伤和回忆中消失，这是多么的不幸啊！如此的同情无一不是来源于我们把自己同死者身上发生的变化连在了一起，来源于我们自身对这种变化的自我感觉之中，来源于我们自己将活的生命置于死者无生命的躯体中，进而设想我们在这样的情况下会有什么样的感觉或者具有怎样的情绪。

在上述斯密的例证中，斯密给予我们的意识是，我们既不能做无耻之徒，也不能丧失理智，更不能走向死亡。虽然我们可以对上述没有情感知觉能力的人深表同情，但我们却应该避免自己处于被同情者的境况。所以，同情自然产生了人类社会的某些习性，如斯密在这里提出了人类天赋中最重要的一个原则：恐惧死亡——既是人类幸福的巨大破坏者，又是人类不义的巨大抑制者——对死亡的恐惧在折磨和伤害个人的时候，却捍卫和保护了人类社会。

二、同情的合宜性——公正的旁观者

由于上述同情的特性，斯密继而将思路引向了同情的合宜性探讨上，同情是人生而具有的情感能力，但如何判断同情的道德性，斯密认为只有在一定的社会境况下才能实现。无论是公德还是私德，对于同情心而言，只有通过在社会机理的运行下得以形成，在社会的情境中得以实现。我们每一个人都是社会人，都是在人与人彼此之间相互关系的社会环境下发生着情感的沟通和交融，因此，同情的合宜性和道德性也同样来自人类的社会性。

人们之间的相互同情具有增加快乐、减轻痛苦的功效，所以，斯密认为"不管同情的原因是什么，或者它是怎样产生的，再也没有比满怀激情地看到别人的同感更使我们高兴,也没有比别人相反的表情更使我们震惊"①。由此可见,一个社会的同情之心的充裕可以增加社会的快乐或减轻社会的痛苦,相反,一个对他人漠不关心和冷淡无情的社会也必然是一个行将毁灭的社会,虽然同情不是人的快乐和痛苦的全部原因。斯密在"论相互同情的愉快"一章中,有两个见解是值得我们欣赏的,一是同情可以增加快乐也减轻痛苦,但有否同情却不是快乐和痛苦的原因。"同伴的欢乐使我们高兴,他们的沉默也的确使我们失望。虽然这在一种场合给我们带来了愉快,而在另一种场合给我们带来了痛苦,但是,任何一个都决不是愉快或痛苦的唯一原因;而且,虽然我们的感情与别人相一致看起来是愉快的一个原因,它们之间的相背似乎是痛苦的一个原因,但是不能由此说明产生愉快和痛苦的原因。"② 因而,我们是否可以这样认为,合宜的同情可以很大程度上增加人的愉快而减轻人的痛苦,但不能消除人类的痛苦之源。于是乎,道德的力量便是强大的,但又是有限的。二是我们每个人更倾向对别人诉说自己不愉快的情绪而不是愉快的情绪,由此在人类情感的理解程度上,我们总是对别人予以自己的同情而感到的满足一定是前者甚于后者。我们人类似乎总是在悲剧中而不是在喜剧中易于得到情感的升华和理性的反思,即使是艺术大师卓别林表演的无与伦比的精彩喜剧也同样是喜中有悲,悲中生情。我把斯密的这一发现称之为人类情感规则。斯密对此解释道:我们"对同伴的高兴显得无动于衷只是失礼而已,而当他们诉说困苦时我们摆出一副不感兴趣的神志,则是真正的、粗野的残忍行为。……爱和快乐这两种令人愉快的激情不需要任何附加的乐趣就能满足和激励人心。悲伤和怨恨这两种令人苦恼和痛心的情绪则强烈地需要用同情来平息和安慰"③。当我们每一个人都充满着对弱者的同情和关爱时,则是一个多么美好和温馨的世界,尽管它不能消除产生弱者的根源。

然而,同情总是具有一定的约束和适度,这构成了我们同情的社会标准,斯密称其为同情的合宜性。正如斯密所说,"如果我们听到一个人为

---

① 斯密:《道德情操论》,商务印书馆,1997年版,第11页
② 斯密:《道德情操论》,商务印书馆,1997年版,第12页
③ 斯密:《道德情操论》,商务印书馆,1997年版,第13页

自己遭到不幸大声痛哭,而设想这种不幸落在自己身上时不可能产生如此剧烈的影响,我们就会对他的悲痛感到震惊;并且,因为我们对此不能体谅,就把它看作胆小和软弱。另一方面,另一个人因交了一点好运而过于兴奋和激动,按照我们的看法就会对此表示愤怒。我们甚至对他的高兴表示不满;并且,因为我们不能赞同它,就把它看作轻率和愚蠢。如果同伴们听到一个笑话大声笑个不停,超出了我们认为应有的分寸,我们甚至会大发脾气。"① 虽然是否值得同情与同情到何种程度是不同的,但它们又是相互联系的。正像斯密上述所讲,一个人遭受不幸的痛苦是值得同情的,但他对不幸的痛苦反应却出乎我们意料的程度,由此,我们予以他人痛苦的同情便不能使其得到期望的满足和安慰,甚至产生我们对其痛苦过度反应的反感。如果我们感觉他人在某些事情上属于反应过度,他人就会不满意甚至失去我们的理解和同情。因此,只有我们与他人取得值得同情和程度相近的一致前提下,同情才是最适宜和最恰当的。人们正是在这样情感的和谐一致下,才形成了我们社会的和谐与文雅。由此,斯密就把我们引入到了同情的正当和合宜的论题之中,并从同情程度的不一致上揭示出形成同情合宜性和产生人类道德的社会机制。

斯密认为同情的合宜性是以"通过别人的感情同我们自己的感情是否一致来判断它们是否合宜的方式"的。所谓合宜性就是"在当事人的原始激情同旁观者表示同情的情绪完全一致时,它在后者看来必然是正确而又合宜的,并且符合它们的客观对象;相反,当后者设身处地发现前者的原始激情并不符合自己的感受时,那么,这些感情在他看来必然是不正确而又不合宜的,并且同激起这些感情的原因不相适应。因此,赞同别人的激情符合它们的客观对象,就是说我们完全同情它们;同样,不如此赞同它们,就是说我们完全不同情它们"②。显然,斯密在这里告诉我们,同情的合宜性是通过同情者与被同情者二者之间的情感比对而得以产生的,别人的情感就是用来判断自己情感的标准和尺度。"如果我的仇恨超过了朋友相应能有的义愤,如果我的悲伤超过了朋友们所能表示的最亲切的体恤之

---

① 斯密:《道德情操论》,商务印书馆,1997年版,第14页
② 斯密:《道德情操论》,商务印书馆,1997年版,第14-15页

情，如果我对他的赞美太高或者太低以致同他本人不相吻合，如果当他仅仅微笑时我却放声大笑，或者相反，当他放声大笑时我却仅仅微笑；在所有这些场合，一旦他在对客观对象的研究中开始注意到我是如何受此影响的，就必然会按照我们感情之间的或多或少的差别，对我产生或多或少的不满：在上述所有场合，他自己的情感就是用来判断我的情感的标准和尺度。"[1] 斯密在此指明了同情合宜性的产生途径，而没有指明其产生的过程。当我与他出现感情的差别时可以肯定是不合宜的，因此只有通过感情的调整实现其合宜性，或者是我或者是他或者是我们双方调整以实现合宜性，或者是我们自己都自认为自己的感情是合宜和适度的而导致双方的不一致或不合宜的延续，因此就需要某种中立和客观的社会机制以使我与他的比对合理有效，以使我们每一个人都成为公正的旁观者。

斯密认为，作为公正的旁观者的情感通常同它一致的我们以前的经验中得到一般标准，并且以这个经验的标准纠正我们不合宜的情绪。这就是说，由于存在着一般和通常的经验或者感受，所以自然地成为我们对他人状况的同情程度或合宜性的确立依据。只要我们存有人性，就必然会对他人的不幸表示同情；即使我们可能由于各种原因而没有同情的表示，但我们会根据经验的推断来纠正我们的情绪，进而毫无疑问地表示我们的应尽的同情。然而，我们应该清楚斯密对以经验为依据的合宜性标准只是一种表面和现象的，或者说只是一般的人情世故，因而，不是真正确立合宜性的本质解释。斯密认为，要真正确立和实现情感的合宜性，就必须从产生各种行为和决定全部善恶的内心情感或感情中探寻。

斯密对内心情感或感情的研究是从两个方面进行的，第一方面，从它同产生它的原因或同引起它的动机之间的关系来研究；另一方面，从它同它意欲产生的结果或同它往往产生的结果之间的关系来研究。对于第一方面而言，"这种感情相对于激起它的原因或对象来说是否恰当，是否相称，决定了相应的行为是否合宜，是庄重有礼还是粗野鄙俗。"对于另一方面而言，"这种感情意欲产生或往往产生的结果的有益或有害的性质，决定

---

[1] 斯密：《道德情操论》，商务印书馆，1997年版，第15页

了它所引起的行为的功过得失,并决定它是值得报答,还是应该受到惩罚。"① 斯密认为,尽管哲学家们注重于感情与其产生的后果关系之间的考察,但在日常生活中,"当我们判断某人的行为和导致这种行为的情感时,往往是从上述两个方面来考虑的。……假如引起某种激情的原因从各方面来说与它都是相称的,我们就会迁就或可能赞同他的激烈情绪。"② 斯密在这里告诫我们,仅仅从感情所产生的后果来判断感情的合宜性,实质上是忽略了人们真实的内心感情,这就必然导致人们注重于以外在的感情表现及其后果作为道德判断的标准,进而缺失了对内在情感的理解和关心,损害了人类社会的伦理秩序和人性关怀。"当我们责备别人过分的爱、悲伤和愤恨时,我们不仅要考虑它们产生的破坏性后果,而且还要考虑激起它们的那些微小原因。"③ 感情合宜性的判断不仅取决于其导致的后果,还必须考虑其产生的原因,只知其果而不知其因的误判一定是人们情感之间的差异甚至是对立。我以为这可能就是斯密在道德判断上所要求的人性的完美性。

除了先前斯密提出的以经验作为合宜性判断的一般原则外,这里又提出了在知道其原因基础上的以自身感官感受作为合宜性判断的原则。"判断任何感情与激起它们的原因是否相称的时候,除了它们和我们自己的一致的感情之外,几乎不可能利用其他的规则或标准。……一个人的各种官能是用来判断他人相同官能的尺度。我用我的视觉来判断你的视觉,用我的听觉来判断你的听觉,用我的理解来判断你的理解,用我的愤恨来判断你的愤恨,用我的爱来判断你的爱。我没有、也不可能有任何其他的方法来判断它们。"④ 问题是,经验来自感官,感受也来自感官,那么斯密提出的以经验和感官的两个合宜性判断原则不是同义反复吗?其实不然,无论是从经验中还是从感官中来判断感情的合宜性,只是人们判断的不同层面而已。作为经验的判断是指人们习以为常的一般原则,作为感官的判断则

---

① 斯密:《道德情操论》,商务印书馆,1997年版,第17页
② 同上
③ 同上
④ 斯密:《道德情操论》,商务印书馆,1997年版,第17-18页

是人们心灵深处的内生原则。作为后一原则是由人们的内心情感而生成的,诸如我们理解的爱与恨,显然不能归结为一种经验,而只能来自我们内在的心灵感受;同时,斯密在这里是通过内心情感去探寻合宜性的判断原则,因而我们有理由认为它并不属于一般意义上的感官经验判断,却是指内在情感的心灵判断。进一步说,我们对于感情的合宜性判断是依据于常规经验还是依据于心灵感受呢?斯密这种基于二元化的道德判断标准似乎给我们带来了理解上的困惑,虽然斯密没有正面地回答这个问题,但他在《道德情操论》第一卷第一篇第四章的字里行间中无不在帮助我们解惑释疑。

在第四章中,斯密考察了两种场合下判断情感的合宜性问题。一是激起我们感情的那个对象或事情与我们没有什么特殊关系的场合,第二则是有着某种特殊或影响关系的场合。作为第一种场合,比如美丽的田野、雄伟的山峰、精巧的科学成果、壮观的宇宙变幻等,这些科学或鉴赏方面的一般对象都是与我们没有任何特殊关系的。在这样的场合下,以我们经验的一般原则容易达成一致的感情,尽管感情的程度是有所差别的。在感情一致性的前提下,斯密提出了两个观点值得我们关注:

一个是感情一致性下的程度差别显然是由于我们内心智能的天赋敏锐感不同而造成的。我以为,斯密虽未明言但似乎意识到了人们以经验获得的情感判断只是一般和普通的,也就是通过直接的感官而得到的,由此构成了人们情感的一致性;但是人们以天赋的心灵感知来获得的情感判断则是深刻和理智的,是我们以直接的感官感受所无法得到的,又由于心灵感知是天赋的生来具有的,因而在人们之间就具有了差异性,由此构成了人们情感程度上的差别性。正如斯密所说:"一个人断定如花的美人比最难看的畸形者好看,或者二加二等于四,当然会为世人所赞同,但肯定不会令人钦佩。只是那种具有欣赏力的人的敏锐和精确的鉴别能力——他们能识别美人和畸形者之间那种几乎察觉不到的细微差异;只是那种熟练的数学家多方面的精确性——他们能轻易地解答最错综复杂和纠缠不清的数学比例;只是那些科学和鉴赏方面的泰斗——他们引导着我们的感情,他们广博和卓越的才能使我们惊讶得瞠目结舌,只是他们才激起我们的钦佩,看来应该得到我们的称赞；我们对所谓明智睿见的赞扬，很大一部分就是建立在这一基础之上。"① 我们对他人的赞同意味着我们感情的一致性，我们对他人的称赞则意味着我们感情的差别性并由此调整我们自己的感情。

接着就引申出另一个问题，斯密认为我们对他人卓越的判断才能的称赞和钦佩，并不是因为这种才能具有效用，而是"因为其恰当正确、符合真理和实际情况"。我认为这就是说，一方面我们对他人情感的称赞和钦佩不是以其产生的结果或者是否有用作为我们判断的最主要标准，进一步讲，在道德判断上我们绝对不会是功利主义者；另一方面，具有卓越判断能力或鉴赏力的人，他的判断更符合真理，更接近真实，用心去判断远远胜于用经验去判断。我们赞同别人的判断是源于我们与他的感情一致性，我们赞扬和钦佩别人的判断是源于一致性前提下别人感情的更精确、更真实。"很显然，我们认为别人的判断富有才能不是因为其他理由，而是因为我们发现自己的判断跟它是一致的。同样，起初鉴赏力表示赞同，也不是因为其有用，而是因为其恰当和精确，同鉴赏的对象正好相称。有关这一切才能的有用性概念，显然是一种事后的想法，而不是最先赢得我们称赞的那些东西。"②

而在第二种场合——以某种特殊方式影响我们或我们判断其情感的人的那些客观现象或者说激起我们情感的事情是与我们有着某种特殊关系——要保持如同上述第一种场合那样的和谐一致就不那么容易了，而且又是极为重要的。正如斯密说的，当我自己遭遇了不幸或伤害时，我的同伴不会对这种不幸或伤害作出像我一样的相同和一致的判断和评价，因为这种不幸或伤害对我自己的影响更为密切。这不同于我们"在观察一幅画、一首诗或者一个哲学体系时所站的一样的位置来观察它们，因此我们容易受到极其不同的影响"③。斯密接着分析到，当某一事件与我与他都无关时，也就是在第一种场合下，尽管我与他对此事件所具有的感情判断或评价不一致，我们多半是会宽容和忍让的；但是，一旦我们其中一人成为

---

① 斯密：《道德情操论》，商务印书馆，1997年版，第19页
② 斯密：《道德情操论》，商务印书馆，1997年版，第20页
③ 同上

了事件的当事人,也就是在第二种场合下,则不大会宽容和忍让了,甚至由这种感情判断或评价的不一致导致我们之间感情的决裂。因为"如果你对我遭到的不幸既不表示同情也不分担一部分使我发狂的悲伤;或者你对我所蒙受的伤害既不表示义愤也不分担一部分使我极度激动的愤恨,我们就不能再就这些题材进行交谈。我们不能再互相容忍。我既不会支持你的同伴,你也不会支持我的同伴。你对我的狂热和激情会感到讨厌,我对你的冷淡寡情也会发怒"①。

面对这样的场合,斯密认为,具有同情心天性的旁观者必定会尽可能地把自己置于对方的处境之中,设身处地地考虑受难者痛苦的来龙去脉和细枝末节,全部接受受难者的一切事实,力求在想象中完全和严密地复原受难者的情境并依此换位思考,由此,旁观者与当事人之间就有可能在感情上达到和谐一致。但是,即使如此,旁观者的情绪仍然不可能达到受难者那样的激烈程度,这一方面来自旁观者的想法:自己终究是安全的,终究不是真正的受难者。虽然这一想法不会妨碍旁观者在想象上与受难者的感情一致性,但会妨碍他们之间感情程度的一致性。另一方面,受难者在这样的状态下还是强烈地渴望旁观者更加充分的同情,渴望在感情一致性上的程度一致的更多宽慰,"看到旁观者内心的情绪在各方面都同自己的情绪相符,是他在这种剧烈而又令人不快的激情中可以得到的唯一安慰"②。斯密发现,只要我们具有这种感情上的一致性,尽管程度上不尽相同,但仍然会促进社会的和谐一致。斯密这一发现的重要基点就是人们之间是互为对方情感的旁观者,自然具有同情之心的互动关系。这是理解斯密全部道德伦理思想的根基。

或者说,斯密在这里认为,人与人之间当情感发生共鸣时会相互之间进行动态调整,使人们之间在感情程度上得以接近达到和谐。每当我们的感情与受难者的感情在程度上不一致时,受难者会感到难过,这会促使受难者克制自己过于强烈的初始情感,以使自己的情感与我们旁观者所表现出的情感在程度上更加接近。同样,作为我们在对他人表现出关爱时,其

---

① 斯密:《道德情操论》,商务印书馆,1997年版,第21页
② 斯密:《道德情操论》,商务印书馆,1997年版,第21–22页

他的旁观者也会对我们表示赞许，我们也因此得到快乐。在人类漫长的发展历史中，我们每一个人学会了这种自我克制和相互促动，构成了人类社会和谐共处的道德机制。天性使然的同情心，感同身受的人性，以及人们自然养成的自我克制和互换互动，最终使我们建立了一个人类的行为准则体系——道德，推动着人类社会走向和平昌盛。

斯密强调："为了产生这种一致的情感，如同天性教导旁观者去设想当事人的各种境况一样，天性也教导后者在一定程度上去设想旁观者的各种境况。如同旁观者不断地把自己放在当事人的处境之中，由此想象同后者所感受到的相似的情绪那样，当事人也经常把自己放在旁观者的处境之中，由此相当冷静地想象自己的命运，感到旁观者也会如此看待他的命运。如同旁观者经常考虑如果自己是实际受难者会有什么感觉那样，后者也经常设想如果自己是他处境唯一的旁观者的话，他会如何被感动。如同旁观者的同情使他们在一定程度上用当事人的眼光去观察对方的处境那样，当事人的同情也使他在一定程度上用旁观者的眼光去观察自己的处境，特别是在旁观者面前和在他们的注视下有所行动时更是这样；并且，因为他作了这样的设想以后，其激情比原来的激情大为减弱，所以在他面对旁观者之后，在他开始想到他们将如何被感动并以公正而无偏见的眼光看待他的处境之后，他所感觉的激烈程度必然会降低。"① 这就是斯密以每个人天然具有的感同身受和互换互动的天性转换成一个社会得以和谐共存的道德机制的逻辑轨迹。正是如此，同情的合宜性也就是在人们之间感情互动的调整过程中得以实现的。不仅如此，斯密还启发了我们的思考，一个充满和伸张人性的社会一定会实现人类情感的合宜性和人类社会的和谐性，这就是我们需要和要求的道德情操。

三、人类美德的源泉

"在这两种不同的努力，即旁观者努力体谅当事人的情感和当事人努

---

① 斯密：《道德情操论》，商务印书馆，1997年版，第22－23页

力把自己的情绪降低到旁观者所能赞同的程度这样两个基础上，确立了两种不同的美德。在前一种努力的基础上，确立了温柔、有礼、和蔼可亲的美德，确定了公正、谦让和宽容仁慈的美德；而崇高、庄重、令人尊敬的美德，自我克制、自我控制和控制各种激情——它们使我们出乎本性的一切活动服从于自己的尊严、荣誉和我们的行为所需的规矩——的美德，则产生于后一种努力之中。"① 显然，当人们出于天性而形成了人与人之间的相互同情的关系时，同时也就建立了一种相互克制和自我调节的社会机制，进而使得人们之间达到感情和感情程度上的一致性或合宜性，此时我们认为这就是美德。我以为，斯密在这里最为重要的是发现了人类美德形成的社会机理并依此建立了我们的道德准则。

一方面，当我们看到旁观者对他的伙伴受到的灾难而悲伤、受到的伤害而不平、得到的好运而高兴，我们就感到旁观者是和蔼可亲的，我们出于天性地去设身处地想象旁观者同伴的处境，自然就会同情旁观者的同伴对他的感激，体会到旁观者的同伴从他那里得到的那种安慰。反之，我们则会厌恶旁观者的冷酷无情。由此扩展就形成了我们彬彬有礼、谦和公正的道德社会。另一方面，当我们看到那些在自己的处境中尽力平衡心态、自我克制以使自己的激情合宜与他人可接受体谅的程度的人，我们感到此人是高尚和尊敬的。反之，我们会厌恶那喧扰不已、举止失态、毫无节制的人。人们总是"对有节制的悲哀、那种无声而恢弘的悲痛表示敬意，这种悲痛只是在红肿的眼睛、颤抖的嘴唇和脸颊以及隐约的但感人的全部行为的冷漠中才能发现。它使我们同样地沉默。我们对它表示敬意，抱着不安的心情注意我们的一切行为，唯恐我们不得体的举止扰乱这种和谐的宁静——它需要作出巨大的努力来保持。……我们钦佩那种高尚和大度的憎恨，它不是按照受害者心中容易激起的狂怒，而是根据公正的旁观者心中自然引起的义愤来抑制随着最大伤害而来的愤恨；这种高尚和大度的憎恨不允许言语、举止超出这很合乎情理的情感所支配的程度；甚至在思想上，也既不图谋进行比每个普通人乐见其实现的那种报复更大的任何报

---

① 斯密：《道德情操论》，商务印书馆，1997年版，第24页

复，又不想施加比每个普通人乐见其实现的那种惩罚更重的任何惩罚。"①正是在这样的情形感染和扩展下，我们形成了庄重得体、自我克制的道德社会。

因此，"正是这种多同情别人和少同情自己的感情，正是这种抑制自私和乐善好施的感情，构成尽善尽美的人性；唯有这样才能使人与人之间的情感和激情协调一致，在这中间存在着人类的全部情理和礼貌。如同像爱自己那样爱邻居是基督教的主要教规一样，仅仅像邻居那样爱自己，或者换一种结果相同的说法，仅仅像邻居能爱我们那样爱自己，也成了自然的主要戒律。"②

从上述斯密的论述思想中我们可以得到这样几个认识：第一，人们天性具有的同情和相互之间这种情感的互换是社会道德得以建立的基础。在斯密看来，从人的本性出发而得出的人类道德和伦理秩序是再自然也不过的事情了，天性使然造就了人类社会得以存续和发展所依赖的道德规范。这不仅是斯密继承了苏格兰启蒙运动的人性论思想，而且还深刻地看到了人性在人们之间相互作用的社会机理，进而在这样的机理作用下形成了一个人类社会的公序良德。后来，斯密在《国富论》中得出的经济社会自动运行的"自然法则"也同出一辙。第二，人类道德和伦理秩序的形成是一个经验的又是一个历史的、社会的过程。正是因为人类的天性情感在人类相互之间融洽关系的经历和延续中才会自然产生出人类社会必需的道德戒律，这既构成了在一定社会条件下的道德底线，又提供了区分美德与劣德的社会标准。在人类立于世间的血族群落中，每一个人生来具有诸如亲情这样的情感天性，随着部落中人们之间简单合作的必然关系又生长出诸如友情这样的后天情感，因此，由先天的初始的人类天性成长出后来的人类社会的同情共感，进而形成了我们人类存续所不可或缺的道德规范。人类的这种同一性在长期的不同种族的磨合与交往中构建了我们人类世界的普世性道德准则。可见，一个愈是开放的社会就愈是一个有道德的社会、有文明的社会，这是任何政治力量也无法阻挠的，因为它是人性的使然。第

---

① 斯密：《道德情操论》，商务印书馆，1997年版，第25页
② 同上

三，人类的德行是在不断地优化过程中产生了人类共识的道德规范。斯密认为，人类的情感天性就是具有天然的同情心，而这种同情的合宜性产生了我们的道德规范。然而，我们看到同情自己也是一种同情，因而，人们自我同情与同情他人就会产生不同的德行，它们既可能产生美德，也可能产生劣德。爱己可能产生自私，爱他可能产生娇纵，所以，只有在对源于天性的德行的优化和扬弃中才能实现同情的合宜性，进而建立起我们一致的道德规范。在这个一般道德规范上的德行——多同情他人少同情自己、克己而乐于助人的德行就是美德，反之，在这个一般道德规范下的德行——自私无礼、对他人冷漠傲慢就是劣德。发扬美德，抛弃劣德，人类社会的道德情操就是在如此的过程中不断走向优雅和高尚。

随后，斯密论述了一般道德与美德的区别。斯密认为，人类的所有美德诸如仁爱和宽容大度并不存在于平常的品质之中，而是存在于远比通常人具有更优越的品性之中。"一如平常的智力之中无才智可言，普通的品德中也无美德可言。美德是卓越的、决非寻常的高尚美好的品德，远远高于世俗的、一般的品德。和蔼可亲的美德存在于一定程度的情感之中，它是以高雅、出人意料的敏感和亲切而令人吃惊。令人敬畏和可尊敬的美德存在于一定程度的自我控制之中，它以其使人惊异地优越于人类天性中最难抑制的激情而令人吃惊。"[1] 可见，在斯密那里，美德是远远高于一般品德的，美德是出乎人们意料之外的，美德是我们应该钦佩和赞颂的，美德是人性的尽善尽美。用我们通俗的语言来表示，当我们说一个人有德行或有道德是说这个人是正常和值得赞同的，当我们说一个人缺德或没德行是说这个人是劣迹斑斑和令人厌恶的，当我们说一个人有美德是说这个人是高尚的和令人钦佩的。由此，当我们社会把一般和正常的道德行为说成是高尚的美德，据此可以断定这个社会是一个道德缺失的社会。

如何判断人们的德行是美德呢？斯密讲，我们经常会运用两个不同的标准，一个是完全合宜和尽善尽美的概念，另一个是同尽善尽美接近的程度或相距不远的概念。就前一个标准而言，人类行为总是难以达到完全合

---

[1] 斯密：《道德情操论》，商务印书馆，1997年版，第26页

宜和尽善尽美，因而总是受到一定的责备；就后一个标准而言，人类行为只要超出了大多数人通常可以达到的标准，不论其行为距离尽善尽美有多远，都应该属于美德且值得称赞，反之，达不到这个大多数人的标准的行为就应该受到指责。接着，斯密以文艺批评家对艺术大师的诗歌或绘画的评判为例表白了自己的倾向。如果以第一种标准，那么批评家所看到的只有诗歌或绘画的缺点和不完美，如果以第二种标准，那么批评家所看到的就会是接近于尽善尽美的诗歌或绘画，常常是更高的赞誉。显然，后者就是一种美德，"虽然它未达到尽善尽美，但是同在这种困难场合通常可以看到或可以预料的行为相比，仍然大大接近于尽善尽美。"① 斯密认为，这一行为表现了大多数人所不能做到的宽大和高尚，因而是美德。

　　同时，我们还应该注意到，只有在对人的行为进行道德判断时，才具有对德性的美、中、劣的区分。人们的行为举止无处不在，无时不有，但在许多场合，人们之间情感的合宜性并不需要我们做出道德的判断，因而也就不具备德性的概念。正如斯密所说，"举一个非常粗俗的例子，例如，在普通场合，当我们饥饿的时候吃东西当然是完全正当和合宜的。因此，每个人都会表示赞同。然而说吃东西就是德行，却是再荒唐不过的了。"② 显然，这种常情常理的一般行为，无需德性的评判。进一步想，当一个人在地铁车厢、在百货商店里吃东西时，我们就会认为他的行为是不当的，最起码是一个不大有道德的德性。斯密实际上是告诉我们，那些习以为常、自然而然的行为是提不到德性概念上的。饿了吃饭，困了睡觉，我们从来不以德性来看待，我们对此表示的理解和同情也是习俗常情，而且更多的是无需表示。

　　情感产生德行，合宜构成道德，道德之上为美德，道德之下为劣德。斯密以人的天性同情为出发点，以同情共感和相互促动的合宜性为纽带，引导出人类社会公序良德和道德标准的形成，再强调超越这种一般道德和公序良德的德性——美德，美德构成了我们崇尚的情操。我把它称为人类道德秩序的自然法则。

---

　　① 斯密：《道德情操论》，商务印书馆，1997年版，第27页
　　② 斯密：《道德情操论》，商务印书馆，1997年版，第26页

四、怎样看待我们的激情

斯密提出,对于大多数人来讲,当我们遭受不幸或伤害的时候,我们的悲伤或愤恨会容易过度地表现出强烈,也可能过度地表现出低落。作为旁观者的人们通常会把这种过分强烈的情绪或激情看作是软弱和暴怒,而把过分低落的看作是迟钝、麻木和感情贫乏。因此,斯密认为,人们对上述的各种过度激情是不会加以体谅的,由此造成了人们之间情感的不合宜。这表明,我们每个人所表现的每一种激情能否得到他人的体谅和赞同,必然存在着一个我们激情的适中程度或者合宜性的问题。在这里,斯密是解释人类具有的各种具体的激情及其与合宜性的关系,这不同于一般地单纯地讨论同情的合宜性问题,或者说,斯密是把合宜性问题的探讨从一般上升到特殊、从抽象上升到具体,进而以这种现实的激情合宜性构建出人类社会的和谐秩序。

斯密告诉我们,首先,激情的合宜性就是要保持一种适度性或适中性;其次,激情的多类性导致合宜的复杂性,因而这种适度性不可一概而论,不同种类的激情必有不同标准的合宜性判断;最后,激情是否合宜最根本的是人们同情共感,人们对各种激情的同情共感的程度总是决定着激情的合宜性。"如果考虑人性中所有的各种激情,我们将发现人们把各种激情看作是合宜或不合宜的,完全是同他们意欲对这些激情表示或多或少的同情成比例的。"[①]

斯密提出了起源于肉体的激情、起源于想象力的激情、非社会的激情、社会的激情、利己的激情等五类激情,并依次细致地考察了它们合宜性的判定机理。

第一是从肉体中产生的激情。"对于因肉体的某种处境或意向而产生的各种激情,作任何强烈的表示,都是不适当的,因为同伴们并不具有相同的意向,不能指望他们对这些激情表示同情。"[②] 斯密举例证明:例如强

[①] 斯密:《道德情操论》,商务印书馆,1997年版,第28-29页
[②] 斯密:《道德情操论》,商务印书馆,1997年版,第29页

烈的食欲、性欲等，尽管它们在许多场合不仅是自然的，而且是不可避免的，尽管我们也会对此产生某种程度的同情，但是，我们对这些源于肉体所产生的强烈激情总是抱有某种反感，因为出于肉体的激情总是产生于出于肉体的欲望，对这些欲望的一切强烈的激情表现都是令人恶心和讨厌的，所以就缺乏对这些出于肉体本身的强烈激情的同情感，故而它们的表现是不能具有合宜性的。斯密接着讲到，我们来自肉体的激情是与野兽一样共有的激情，这些激情与人类天性所独有的品质没有关系，因而过于强烈的激情表现是有损于人类尊严的；即使有一些与野兽共有的激情，诸如愤恨、感激之情，虽然这些激情不那么令人难受，但我们仍然不能对这种出于肉体的强烈欲望表示谅解。如同"我们吃过饭以后，就会吩咐撤去餐具；我们会以同样的方式对待激起最炽烈、最旺盛欲望的客观对象，如果它们正是肉体所产生的那些欲望的客观对象的话。"① 显然，仅仅出于肉体的欲望而表现的强烈激情是得不到同情的，无休止的这种强烈激情的表现甚至是令人厌恶的。

  所以，斯密得出"人们恰如其分地称为节制的美德存在于对那些肉体欲望的控制之中。"人们不可能没有欲望，我们不是禁欲者；人们也不能尽欲而行，我们不是纵欲者。斯密告诉我们，一个有道德的人是把欲望约束在自己的健康和财力所能及之范围内的，我们称之为审慎；一个有美德的人是把欲望限制在情理、礼貌、体贴和谦虚所需要的限度内的，我们称之为节制。审慎应是我们人类具有的一般品德，节制则是我们人类所赞颂的高尚美德。节制我们出于肉体的欲望总是表现出我们自身的一种修养和品格，给人们一种美好的感觉和崇高的境界。一个斯密期望的社会应该是普遍地具有审慎的德行，追求和崇尚节制的美德。这正是我们人类社会得以延续、发展的道德保障，否则就将是穷途末路。然而，斯密面对着18世纪的英国现实，却忧心忡忡，感慨万千，人类的未来前景使他心情变得如此沉重，以致最终将他的所有手稿付之一炬，仅留给我们《道德情操论》和《国富论》，期许引领我们人类前行。

---

  ① 斯密：《道德情操论》，商务印书馆，1997年版，第30页

第一章 斯密《道德情操论》的解读

在斯密关于肉体中产生的激情的进一步论述中,更加明确地指出,从肉体中产生的一切激情,可以引起我们的同情,但是,我们的这种同情完全不同于从想象中产生的同情。"倾家荡产的人,如果他很健康,就不会感到肉体上的痛苦。他所感到的痛苦只是从想象中产生的,这种想象向他描述了很快袭来的尊严的丧失,朋友的怠慢,敌人的蔑视,从属依赖、贫困匮乏和悲惨处境等等;我们由此对他产生更加强烈的同情,因为同我们的肉体上的不幸而可能受到的影响相比,我们的想象也许更容易因对方的想象而受到影响。……失去一条腿同失去一个情人相比,通常会被认为是一种更为真实的灾难。但是以前一种损失为结局的悲剧却是荒唐的。后一种不幸,不论它可能显得怎样微不足道,却构成了许多出色的悲剧。"① 所以说,来自肉体的激情不会得到更多的同情,我们对它的同情与它的强烈激情总是不合宜的;反而,我们对上升到想象的激情同感却是更多更加强烈些。为什么呢?出于想象的同情形成了我们的概念,它会恒久、深刻地保留在我们的心灵之中,每每涉及这个概念就会持续不断地产生出深切的同情。

然而,不可忽视的是,我们不同情对出自肉体激情的这样一个结果,恰恰是我们每个人遭受痛苦时坚忍和克制的合宜性的基础,也同样是形成我们坚强和勇敢的道德机制。"受到极其严重的折磨的人,毫无软弱的表现,不发出呻吟声,不发泄我们完全不能体谅的激情,这样的人得到我们高度的钦佩。他的坚定使其同我们的冷漠和无动于衷协调一致。我们钦佩并完全赞同他为此目的所作的高尚努力。我们赞成他的行为,并且根据自己对人类天性中的共同弱点的体会,对此感到惊奇,不知他何以能如此行动以至博得人们的赞赏。惊奇和叹服混合并激发出来的赞赏,构成了人们合宜地称为钦佩的情感。"② 坚忍不拔、勇敢克制同样是我们敬仰和颂扬的人类美德。

第二是从想象中产生的激情。从想象中产生的各种激情即产生于我们自己的某种特殊倾向或习惯的激情,虽然是完全自然的,然而,由于旁观

---

① 斯密:《道德情操论》,商务印书馆,1997年版,第31页
② 斯密:《道德情操论》,商务印书馆,1997年版,第33-34页

者不具有这样的特殊倾向或习惯，因而不可能体谅你的激情，也就几乎得不到同情。斯密举证，两性之间长期的倾心爱慕自然所产生的强烈的依恋激情，就属于这种情况。而作为旁观者没有依这位情人的思路倾向去想象，所以不可能体谅他的急切心情，也就没有什么同情共感。值得我们注意的是，斯密在这里并非指人们普遍具有的一般想象，而是指特有倾向或习惯的特殊想象，正因为我们旁观者不具有他人的这种来自特殊倾向或习惯的想象，所以才会对他人的这种激情难以同情。正如斯密所言，"一切真诚而强烈的爱情表示，对第三者来说都显得可笑，虽然，某个男人对他的情人来说可能是美好的伴侣，但对其他人来说却不是这样。"① 因为在我们的想象中从来没有对那个情人怀有什么激情，那么，我们对这种依恋激情就不会抱有真正的同情。显然，在这里，对待同一客观对象，在当事人和旁观者心中绝不是相等的价值评价，而且是极不相称的，进而总是不合宜的。

在这里，斯密用很大篇幅饶有兴趣地分析了人类爱情，却是值得我们特别予以关注和思考的。斯密认为，在这样的一切激情中，爱情是唯一显得既优雅又使人愉快的一种激情。"首先，就爱情本身来说，虽然它或许显得可笑，但它并不天然地令人讨厌；虽然其结果经常是不幸的和可怕的，但其目的并不有害。其次，虽然这种激情本身几乎不存在合宜性，但随同爱情产生的那些激情却存在许多合宜性。爱情之中混杂着大量的人道、宽容、仁慈、友谊和尊敬；对所有这些别的激情，我们都抱有强烈的同情，即使我们意识到这些激情有点过分也是如此。"② 显然，斯密继承了前辈注重仁爱的人性道德观，并将其进一步从爱情中加以梳理，解析了人类赞美爱情并不在于爱情本身，而在于其中包含着仁慈和宽容、情谊和尊敬，而这些正是我们人类所尊崇的优良品德，对于我们人类社会总是具有积极意义的。

接着，斯密说道，与爱情的激情一同产生的敏感和宽容，变得使我们很多人去追求形式上的虚荣之爱；而且，如果这样的人们真的感到了爱的

---

① 斯密：《道德情操论》，商务印书馆，1997年版，第34-35页
② 斯密：《道德情操论》，商务印书馆，1997年版，第37页

激情,也总是喜欢显露出自己明白应该怎样做,什么作法是不光彩的。显然,虚荣或许在中国白话为"面子"其实总是不合宜的,总是对人们相互交往的一种不当约束,应该有所节制。正如斯密所引申:"正是由于同样的理由,我们谈论自己的朋友,自己的学习,自己的职业时,必须有一定的节制。所有这些都是我们不能期待以相同于自己的同伴吸引我们的程度来吸引他们的客观对象。并且正是由于缺乏这种节制,人类中的这一半就很难同另一半交往。一个哲学家只能和哲学家做伴;某一俱乐部的成员也只能和自己的那一小伙人为伍。"① 物以类聚,人以群分,虚荣心引发的不合宜性分离了我们人类,产生了我们人类的不同层次和群体。反过来讲,当我们不再虚荣,不再张扬,不再做作,而有着更多的自我节制和平常性情,我们人类就会走到一起合宜共处。

第三是不友好的激情,即非社会的激情。斯密在这里主要是指各种不同形式的憎恶和愤恨的激情,也是不宜为社会所同情的激情。这种激情牵涉到两个方面,一方面是产生这种激情的人,另一方面是受到这种激情伤害的人。斯密分析到,由于两者都是人,所以,我们都会关心,但是这种激情对于这两者所带来的效果显然是直接对立的——充满愤恨激情的人与受到愤恨的另一人当然是对立的。由此,我们对后者即受到愤恨伤害的人的担心和同情一旦高于前者即发怒人,由于二者的对立性,自然相反地不会产生我们对发怒人的同情,即使我们也关心发怒者,但旁观者与他的愤恨激情总是不合宜的。斯密认为事实确实如此,因为愤恨的激情总是给人带来一些不愉快,所以不太容易得到旁观者的同情,相反,人类对受到愤恨伤害的人却具有一种非常强烈的感受能力。即使发怒者是因为首先受到伤害而充满愤慨的激情,我们仍然认为,如果他"并不显得缺乏勇气,或者他克制的动机不是害怕,那么他越是忍耐,越是温和,越是人道,人们对伤害他的那个人的愤怒也就越强烈"②。这就是说,我们对于受害者的不加克制和忍耐的愤怒激情总是不能充分理解的,如此我们对于伤害你的那个人的愤怒也总是小于受害者对此表示的愤怒。斯密启示我们,当我们每

---

① 斯密:《道德情操论》,商务印书馆,1997年版,第38页
② 斯密:《道德情操论》,商务印书馆,1997年版,第39页

一个人受到伤害时，既要勇敢决不屈辱，又要节制决不过度。只有这样，在人们已知受害者发怒的原因的同时，对他愤怒的激情才会产生同情共感和合情理解。

所以，斯密感慨地说道：这些激情"是人类天性中不可缺少的组成部分。一个温顺地忍受和顺从侮辱，既不想抵制也不图报复的人，会被人看不起。我们不能够体谅他的冷漠和迟钝，把他的行为称为精神萎靡，并且如同被他敌手的侮辱激怒一样，真的被这种行为激怒。即使一般群众看到某人甘心忍受侮辱和虐待，也会对此感到愤怒。他们希望看到对这种侮辱的愤恨，希望看到受害者对此表示愤恨。他们向他大声叫喊要他自卫或向对方复仇。如果他的愤怒终于激发出来，他们就会热忱地向他欢呼，并对此表示同情。他的愤怒激起他们对他的敌人的愤怒，他们欣喜地看到轮到受害者来攻击他的敌人，并且倘若这种复仇并不过火，他们就像自己受到这种伤害一样，真正地为受害者的复仇感到高兴"①。所以，斯密认为，这种非社会的激情对于社会正义和平等具有重要的积极意义。

尽管如此，斯密仍然确认，非社会的激情的直接效果总是不那么令人愉快的，尽管其间接效果是令人愉快的。因为，愤怒的激情给人们的直接感觉是这些激情本身总是会给他人带来伤害，"对任何人表示的愤怒，如果超出了我们所感到的受虐待程度，那就不仅被看作是对那个人的一种侮辱，而且被看成是对所有同伴的粗暴无礼。"② 所以，这种激情的直接效果或是我们的直接感受是针对的那个人的伤害，因而，最初很难得到人们的同情。如果这种激情不加克制，反而会成为我们厌恶的对象。当出于对同伴的尊敬，使这种激情有所克制，且不为狂暴的情绪所左右时，这种激情便是令人愉快的，这就是它的间接效果。可惜的是，对于我们的想象来说，直接效果相对于间接效果显然具有居先性和主导性，因为人们不会为想象最终的效果而费力劳神，而且最终效果对于我们实在是太遥远了，而与我们现在无关。有些事情最终结果是好的，但最初的直接感觉并不让人愉快；而另一些事情最终结果是不好的，但最初总是让人愉快的。斯密

---

① 斯密：《道德情操论》，商务印书馆，1997年版，第39-40页
② 斯密：《道德情操论》，商务印书馆，1997年版，第40页

说,"一座监狱肯定比一座宫殿更为有用,监狱的创建人通常受一种比宫殿的创建人更为正确的爱国精神指导。但是,一座监狱的直接效果——监禁不幸的人——是令人不快的;相反,一座宫殿总是令人愉快的;可是它的间接效果可能常常不利于公众。它可能助长奢侈豪华,并树立腐朽的生活方式的榜样。然而,它的直接效果——住在里面的人所享受的舒适、欢乐和华丽都是令人愉快的,并使人们产生无数美好的想法,那种想象力通常都以这些直接效果为依据,因而很少在深入探究一座宫殿所具有的更为长远的后果。"斯密接着又证明,"以油漆或粉泥仿制的乐器或农具等纪念品,成为我们大厅和餐厅中一种常见和令人愉快的装饰品。由外科手术器械、解剖刀、截肢刀组成,由截骨用的锯子、钻孔用的器械等组成的同样一种纪念品,则可能是荒诞而又令人震惊的。……它们的间接效果——病人的健康——也是令人愉快的;但由于它们的直接效果是疼痛和受苦,所以见到它们,总使我们感到不快。武器是令人愉快的,虽然它们的直接效果似乎是同样疼痛和受苦。然而这是我们敌人的疼痛和痛苦,对此我们毫不表示同情。"① 斯密还以古代斯多葛哲学的信条解释了人类的思想品质也是如此,万能善良的神安排了一个由各种事物组成的宇宙,无论是其中的人类罪恶和愚蠢,还是智慧和美德,无一不是在促成大千世界的整体秩序和幸福,促成自然体系的日臻繁荣和完美。尽管这一信念怎样的深入人心,但人们仍然对罪恶怀有出于本性的憎恶。因为,罪恶的直接效果太有害了,而它的间接效果又太遥远了,以致我们无法去想象。总之,这种非社会的激情,"它们的直接效果是如此令人不快,以致当它们极其正当地激发出来时,仍然使我们感到有点讨厌。因此,如前所述,正是这些激情的表现,在我们得知激起它们的原因以前,使我们不愿意也不打算同情它们。"

斯密认为,正是由于人们普遍存在的这种对非社会激情的心理特性,这种非社会的激情是不可能在社会上蔓延的,也不可能产生更多的对人类的不利作用。"导致人们互相隔阂的那些很粗暴和很不友好的情绪难以感

---

① 斯密:《道德情操论》,商务印书馆,1997年版,第40-41页

染，很少传递，好像正是天意。"① 一个到处栽满仇恨种子的土地上怎么可能结出和谐的果实呢！

然而，事出有因的愤恨激情又是人类社会在人与自身、人与他人、人与自然的相互关系中所不可或缺的，正像我们常会在生活中怨天尤人。那么，怎样的愤恨激情才是我们可以接受的呢？怎样的愤恨发泄才是我们可以愉快的呢？怎样的愤恨报复才是我们可以同情的呢？斯密告诉我们，首先，挑起我们愤怒激情的事项必须是非常严重的，如果我们不表示愤怒，就会被人鄙视。所以，在一些较小的事情上还是不要计较，"再也没有什么比在每一细小事情上发火的刚愎倔强和吹毛求疵的脾气更为可鄙了。"② 其次，当我们要释放出这种激情时要有所控制，要以公正的旁观者视角来审时度势，并以此调整自己的这种激情程度。"我们应当根据有关愤恨的合宜性的意念、根据人类期待和要求于我们的意念而愤恨，而不是因为自己感受到那种令人不快的猛烈的激情而愤恨。"③ 只有这样，本不具有合宜性的非社会激情才会具有一定程度的合宜性。尽管我们每个人天生具有对这种强烈激情的反感和抵触，但斯密更为强调的是这种不友好的非社会激情的社会性的人为控制——我们每个人都要克己自律，都要基于旁观者的公正立场约束自己，在哀伤时要节制，在愤怒时要冷静，在仇恨时要公正——这就是一个有道德情操的社会，一个高尚和正义的社会。"在人心所能感到的激情中，我们最应怀疑愤恨的正义性，最应根据我们天生的合宜感仔细考虑是否可以放纵愤恨的激情，或最应认真考虑冷静和公正的旁观者会是什么感情。宽宏大量，或者对维持自己的社会地位和尊严的关心，是唯一能使这种令人不快的激情的表现高尚起来的动机。这种动机必然带来我们全部的风度和品行的特征。这种特征必定是朴实、坦白和直爽；有决断而不刚愎自用，气宇轩昂而不失礼；不仅不狂妄和粗俗下流，而且宽宏大量、光明磊落和考虑周到，甚至对触犯我们的人也是如此。简言之，我们全部的风度——用不着费力矫揉造作地表现这种风度——必然

---

① 斯密：《道德情操论》，商务印书馆，1997年版，第42页
② 斯密：《道德情操论》，商务印书馆，1997年版，第44页
③ 同上

表明那种激情并没有泯灭我们的人性;如果我们顺从复仇的意愿,那是出于无奈,出于必要,是由于一再受到严重挑衅。愤恨如果受到这样的约束和限制,甚至可以认为是宽宏大量和高尚的。"① 这就是斯密给我们民族、我们国家、我们每一个人指出的道德目标。

第四是友好的激情,即社会的激情。与非社会即不友好的激情相对立的激情即那些使我们愉快的激情,如宽宏、善良、仁慈、友谊、尊敬等等就是社会的激情,这种激情总是易于被社会欣喜接受,使我们愉快和舒心,因而总是合宜的。斯密说,"宽宏、人道、善良、怜悯、相互之间的友谊和尊敬,所有友好的和仁慈的感情,当它们在面容或行为中表现出来,甚至是向那些同我们没有特殊关系的人表现出来时,几乎在所有的场合都会博得中立的旁观者的好感。旁观者对感到那些激情的人的同情,同他对成为这些激情对象的人的关心完全一致。"② 简言之,这种激情给人愉悦,受人喜爱,易于同情共感,总是相宜。

给人以大爱而不给人以仇恨,释怀解冤而不恶意结仇,就是我们和谐社会的道德戒律。斯密鲜明地表达这一观点,"还有什么人比以在朋友之中挑拨离间,并把亲切的友爱转变成人类的仇恨为乐的人更为可恶呢?这种如此令人憎恨的伤害,其可恶之处又在什么地方呢?在于失去如果友谊尚存他们可望得到的微不足道的友爱相助吗?它的罪恶,在于使他们不能享受朋友之间的友谊,在于使他们丧失相互之间的感情,本来双方都由此感到极大的满足;它的罪恶,在于扰乱了他们内心的平静,并且中止了本来存在于他们之间的愉快交往。这些感情,这种平静,这种交往,不仅是和善和敏感的人,而且非常粗俗的平民也会感到对幸福比对可望由此得到的一切微小帮助更为重要。"③ 人类相互关爱而共同幸福对于我们是何等的重要啊!因为"爱的情感本身对于感受到它的人来说是合乎心意的,它抚慰心灵,似乎有利于维持生命的活动,并且促进人体的健康;它因意识到所爱的对象必然会产生的感激和满足心情而变得更加令人愉快。他们的相

---

① 斯密:《道德情操论》,商务印书馆,1997年版,第44页
② 斯密:《道德情操论》,商务印书馆,1997年版,第44-45页
③ 斯密:《道德情操论》,商务印书馆,1997年版,第45页

互关心使得彼此幸福,而对这种相互关心的同情,又使得他们同其他任何人保持一致"①。一个家庭,一个集体,一个国家,乃至全体人类,相互充满热爱和尊敬,彼此之间宽容和坦率,给我们带来的只有平静、欢乐、和睦和满意的想法,我们为此会感到无上的欢悦。这就是斯密对人类幸福的憧憬和理想,他也为此而感到欣喜若狂。

即使这样的激情有些过分,斯密认为也绝不会使人感到厌恶;即使这样的激情有些弱点,斯密认为弱点中也有令人愉快的东西。斯密解释到,"过分温柔的母亲和过分迁就的父亲,过分宽宏和痴情的朋友,有时人们可能由于他们天性软弱而以一种怜悯的心情去看待他们,然而,在怜悯之中混合着一种热爱,除了最不讲理和最卑劣的人之外,决不会带着憎恨和嫌恶的心情,甚至也不会带着轻视的心情去看待他们。我们总是带着关心、同情和善意去责备他们过度依恋。"② 相反,对于憎恶和仇恨的情绪,斯密认为,"那些可憎的激情的过分强烈的发泄会把人变成一个普遍叫人害怕和厌恶的客观对象,我们认为应把这种人像野兽那样驱逐出文明社会。"③

第五是自私的激情。斯密认为,在上述社会(友好)和非社会(不友好)的激情之外,存在着一种介乎于两者之间的激情;这种激情既不像友好的激情那样优雅合宜,又不像不友好的激情那样令人生厌。这种激情就是我们每个人在自己得到好运或交了厄运时所具有的那种高兴或者悲伤的情绪,斯密称为自私的激情。

首先,为什么自私的激情不同于友好的激情使人们感到惬意,又不同于不友好的激情使人们感到厌恶呢?斯密告诉我们,愤恨的不友好激情总是具有一个受其愤恨的客体,因而我们会产生一个相反的对客体的同情而厌恶过分愤恨的不友好激情,自私的激情只是一种自怜自悲,不存在一个客体引起我们的同情去反对自私的激情;仁善的友好激情总是具有一个受其善益的客体,因而总是适宜我们的心情而喜闻乐见于善行的友好激情,

---

① 斯密:《道德情操论》,商务印书馆,1997年版,第45-46页
② 斯密:《道德情操论》,商务印书馆,1997年版,第46页
③ 斯密:《道德情操论》,商务印书馆,1997年版,第47页

<<< 第一章 斯密《道德情操论》的解读

自私的激情只是一种自娱自乐，同样不存在一个客体引起我们的愉快去更加同情自私的激情。自私的激情是一种私人的情绪，对其自身之外的人既不会带来伤害也不会带来友善，既不会仇恨于社会也不会友好于社会。所以，一个人在私下为自己的好运而沾沾自喜或者为自己的厄运而悲痛欲绝，几乎是与他人无碍的。所以，这样的激情不会引起我们更多的厌恶，也同样不会引起我们更多的同情。

其次，自私的激情同样有一个合宜性的问题。当一个人为自己的成功在别人面前炫耀张扬，当一个人为自己的失败在别人面前垂头丧气，则是不会得到人们的同情共感的。所以，一个人无论是成功或是失败，要想得到别人的同情和尊敬，就必须充分考量和体会别人的心情，克制自己对成败的过度激情，只有这样才能被社会所同情所接受。正如斯密所说，"如果他有判断力，他就会意识到这一点，不会因为自己交了好运而洋洋自得，而尽可能地努力掩饰自己的高兴，压抑自己在新的生活环境中自然激发的欣喜心情。他装模作样地穿着适合自己过去那种地位的朴素衣服，采取适合自己过去那种地位的谦虚态度。他加倍地关心自己的老朋友，并努力做到比过去更谦逊，更勤勉，更殷勤。以他的处境来说，这是我们最为赞同的态度；因为我们似乎希望：他应该更加同情我们对他幸福的嫉妒和嫌恶之情，而不是我们应该对他的幸福表示同情。"[①] 自私激情的合宜性来自自我克制，一种持久的克制——斯密誉为人类的美德。

再次，自私激情的合宜性来之不易，并非一蹴而就。斯密告诉我们，一个人为达到这种激情合宜性的所有方面的努力是很难成功的。原因一是人们会怀疑那个人的谦逊是否真诚；原因二是人们感到因那个人的地位变化而使自己的尊严受到了冒犯。所以，只有坚持不懈地采取谦逊的态度，才有可能弥补上述两方面的疑惑，才能实现自私激情的社会合宜性。然而，并非易事，拥有自私激情的那个人"很快就感到厌倦，并为前者阴沉和充满疑虑的傲慢神气、后者无礼的轻视所激怒，因而对前者不予理睬，对后者动辄发怒，直到最后，他习以为常地傲慢无礼，因而再也不能得到

[①] 斯密：《道德情操论》，商务印书馆，1997年版，第47－48页

任何人的尊敬"①。所以,好而不张扬,坏而不气馁,谦和而平静,如此日积月累,持之以恒,必筑成一民族、一国家之优良品德。

第四,一个人突如其来的地位变化所引起的自私激情总是不那么合宜的。"一个骤然富贵的人,即使具有超乎寻常的美德,一般也不令人愉快,而且一种嫉妒的情感通常也妨碍我们出自内心地同情他的高兴。"② 显而易见,斯密是反对一个人地位突然变化的,并认为由此引发的激情,既不会得到人们的同情,也最终导致其走向毁灭。"如果像我所认为的那样,人类幸福的主要部分来自被人所爱的意识,那么命运的突然改变就很难对幸福产生多大的作用。最幸福的是这样一种人:他逐渐提升到高贵的地位,此前很久公众就预料到他的每一步升迁,因此,高贵地位落到他的身上,不会使他产生过分的高兴,并且这合乎情理地既不会在他所超过的那些人中间引起任何对他的妒忌,也不会在他所忘记的人中引起任何对他的猜忌。"③ 所以,一个人命运的一步登天总是不好的,因为它出乎人们的意料,不合乎人们的情理,所以,人们会另眼看待,即使是朋友也会妒忌反感,得到突如其来的升迁和富贵的人因此也就落了个孤家寡人,这有何幸福和快乐可谈呢?循序渐进才是通往幸福的道路。

最后,轻度的快乐或者极大的不幸总是得到人们强烈的同情,而小的不幸或者极大的快乐则不会引起人们相应的同情。斯密认为,人们更乐意同情产生于不太重要原因所引起的那些轻度快乐,也乐意同情产生于重大灾难所引起的那些剧烈痛苦。这种同情心的差别大概是来自天然的人性。因为,"高兴是一种令人愉快的情绪,只要有一点理由,我们也乐意沉湎于此。……但是悲伤是一种痛苦的情绪,甚至我们自己不幸产生这种情绪,内心也自然而然地会抵制它和避开它。"④ 所以,斯密告诫我们,在极大的成功中激发的激情应该保持谦逊和克制,而在日常小事中产生的激情可以喜形于色;在小小的苦恼中激发的激情应该加以掩饰和淡漠,而在深

---

① 斯密:《道德情操论》,商务印书馆,1997年版,第48页
② 斯密:《道德情操论》,商务印书馆,1997年版,第47页
③ 斯密:《道德情操论》,商务印书馆,1997年版,第48页
④ 斯密:《道德情操论》,商务印书馆,1997年版,第50页

度痛苦中产生的激情可以纵情释放。这就是人类同情心之所向，这就是人类社会化之必然。在我们的平常生活中，"再也没有什么东西比经常保持愉快心情更为优雅合度，这种心情总是来自一种对日常发生的事情所给予的一切微小乐趣的特殊爱好。我们乐意对此表示同情；它使我们感到同样的快乐，并使每一件琐事以其向具有这种幸福心情的人显示的同样令人愉快的面貌出现在我们面前。"① 在我们痛苦的遭遇中，"具有极其普通的良好教养的人们，掩饰任何小事可能使他们受到的痛苦；而熟谙社会人情世故的那些人，则主动地把这种小事变成善意的嘲笑，因为他知道同伴们会这样做。……如果你因任何重大灾难而苦恼，如果你因某一异常的不幸而陷入贫困、疾病、耻辱和失望之中，那么，即使这也许部分地是自己的过失所造成的，一般说来，你还是可以信赖自己所有朋友的极其真诚的同情，并且在利益和荣誉许可的范围内，你也可以信赖他们极为厚道的帮助。但是，如果你的不幸并不如此可怕，如果你只是在野心上小有挫折，如果你只是被一个情妇遗弃，或者只是受老婆管制，那么，你就等待你所有的熟人来嘲笑吧。"②

上述就是斯密关于自私激情的论点，它给予我们极大的教诲和启示，但仅此是不够的，我们还有一些需要深入理解的问题。

确切地说，斯密在这里所说的自私并不是我们今天所理解的自私，而应该是利己或自利。通常意义上，我们所界定的自私是以侵犯别人利益而获得自己利益的一种行为，而我们所理解的自利或利己则是一种正当的不会侵占别人利益而获得自己利益的一种行为。自爱、自利、自尊等都是人类天然的一种本性，我们应该尊重和理解这种人性而无须指责和惩罚，反而，我们还要赋予每一个人这种正当的权利。显然，斯密在《道德情操论》中所说的自私就是这样一种利己或自利，尽管他阐述的是自私的激情，但这种自私明显的是与他人没有关系的，自私的激情对他人既不是友好的也不是不友好的，而是一种自娱自乐、自伤自悲的激情。即使如此，斯密仍然指出，我们每一个人应该根据他人或社会的要求对这种激情进行

---

① 斯密：《道德情操论》，商务印书馆，1997年版，第49-51页
② 斯密：《道德情操论》，商务印书馆，1997年版，第50-51页

适当地抑制,这样你的利己激情才会得到同情而获得合宜性。如果我们把斯密的这种自私理解为建立在他人痛苦之上的自我利益的攫取,而由此产生的激情显然不可能是同情和合宜的,反而是排斥和对立的,由此社会当然也就不可能是和谐的。我们倡导和尊重每一个人的自利,而谴责和鄙视每一个人的自私。所以,斯密在对待自私的判定中,既不同于哈奇森全盘地予以否定,也不同于曼德维尔的"私人恶德即公共善"。通过斯密的思想,我们得到两个重要区别:一是自私不同于自利或利己,自利不产生相应的客观对象,而自私产生了与之相排斥的客观对象,因而自私总是不合宜的,斯密所说的自私显然是指的人的自利心和利己心并由此产生的激情;二是即使是自利或利己的激情,也还存在着容易得到同情和难以得到同情的两种情况,我们由此产生的激情应该有所克制和有所取舍,这是我们人类社会的一个自然机制和结果,也是我们人类社会走向和谐的必然选择。

五、幸运或不幸下的同情

当我们遭遇到偶发的幸运和不幸时,旁观者会给予我们什么样的同情呢?在这里,斯密不再去阐述各种激情所引起的合宜性问题,而是转向了事实本身即快乐的幸运与悲伤的不幸所引起的同情,并由这种人的自然同情的倾向形成了必然的社会机制,进而产生出的社会结果。

斯密认为,"虽然我们对悲伤的同情一般是一种比我们对快乐的同情更为强烈的感情,但是它通常远远不如当事人自然感受到的强烈。"[1] 所以,我们从中可以认定,首先,人们的同情倾向显然是对悲伤的同情远强烈于对快乐的同情;其次,即使人们对悲伤具有强烈的同情,但显然低于当事人具有的那种感受程度。同情就其最初和最恰当的意义来说是对别人悲伤而不是快乐的同情,这是无须证明的一种人的情感本能。尽管如此,斯密还是不厌其烦地阐明了人的这种基本情感本性。斯密解释到,其一,

---

[1] 斯密:《道德情操论》,商务印书馆,1997年版,第52页

第一章 斯密《道德情操论》的解读

我们对具有悲伤的同情在事实经验上是普遍的，不幸的人不论悲伤如何过分，我们对他仍具有一种尽管不多但很明显的关心，而幸运人的快乐过分则得不到任何关心和同情，甚至是藐视和愤慨；其二，我们对心灵的或是肉体上的痛苦比愉快具有更刺激性的感情，虽然这种感情不如受难者那样感受强烈，但它更为牵动我们的心，更为生动鲜明，更为持久深刻；其三，我们总是常常控制自己对别人悲伤的同情，并且会由此特别地重视和小心，而对于快乐的同情则完全不必——当在别人幸运的快乐时，如果我们存在某种妒忌则不会表示丝毫同情，如果我们没有妒忌则可能会尽情地表示同情。所以说，"当我们不愿意对悲伤表示同情时，我们会经常感到它；而当我们乐于对快乐表示同情时，我们却往往不能感到它。因此，按照我们的想法，如下一点是理所当然的：对悲伤表示同情的倾向必定非常强烈，对快乐表示同情的倾向必定极其微弱。"①

但是，另一方面，我们对他人悲伤的同情是难以达到当事人所感受到的那种程度，因为同情悲伤总是令人痛苦的，而且我们也不可能贴切地感受和体会到当事人那样的痛苦，旁观者与当事人之间总是存在着情感距离。然而，在没有妒忌的情况下，"我们对快乐表示同情的倾向比我们对悲伤表示同情的倾向更为强烈；同在想象中产生的对痛苦情绪的同情相比，我们对令人愉快的情绪的同情更接近于当事人自然感到的愉快。"② 由此可见，我们人类对悲伤的同情倾向远强烈于对快乐的同情，但我们对悲伤同情的程度远不如对快乐的同情那样接近当事人的感情，也远不如后者那样自然和实在。"旁观者一定会发现完全同情别人的悲伤并使自己的感情同它完全协调一致比完全同情他的快乐更为困难；而且他在前一种情况下一定会比在后一种情况下更多地背离自己自然的和一般的心情。"③ 所以，当我们处于悲伤的境况时，别人对我们总是表示同情的，但不能指望这种同情与我们自身的感受程度完全一致。

斯密有感而发，故而我们既要克制自己的悲伤程度，又要理解别人的

---

① 斯密：《道德情操论》，商务印书馆，1997年版，第53－54页
② 斯密：《道德情操论》，商务印书馆，1997年版，第54页
③ 斯密：《道德情操论》，商务印书馆，1997年版，第55页

有限同情。知此道理,我们每一个人便获得了宽慰、宁静和安然,我们自身也便具有了优雅、高尚的品行。斯密把在巨大不幸中以巨大的努力加以悲伤地克制并适度于旁观者情感的人称之为具有英雄主义色彩的高尚美德。"在日常生活中,每逢碰到这种英雄的高尚行为的榜样,我们总是深为感动。……相反,那个由于自己的某种不幸而陷入悲伤沮丧之中的人,总是多少显得庸俗和卑劣。"① 斯密说,历史上的伟人如加图、苏格拉底往往就是我们心目中这种具有勇敢、壮烈、高尚品行的人,得到了世人的赞美和钦佩,我们通常用忍辱负重、泰然自若、大义凛然等词汇来赞扬他们的英雄主义气概,因为他们的激情总是给我们带来合宜和完美。

六、对富人或穷人的同情以及由此形成的社会秩序

斯密上述表明的人们的同情强度更合宜于快乐的情感倾向,引导出斯密关于社会秩序或等级制度形成根源的继续论证。

顺理成章的是,"我们夸耀自己的财富而隐瞒自己的贫穷,是因为人们倾向于同情我们的快乐而不是悲伤。"② 显然,我们人类在面对他人的快乐和悲伤的状态时,并不是一致、对称和相同的。面对悲伤总是引起我们的痛苦,因而会尽力克制和收敛我们对悲伤的同情;面对快乐总是引起我们的愉快,因而会尽力释放和享受我们对快乐的同情。这实质上是人类同情心的一种自然性质。尽管对于他人的悲伤易于得到我们的同情,但在强度上、空间上和时间上总是不如我们对快乐的同情。正是由此,产生了我们趋富避穷的社会倾向,进而成为我们社会等级制度得以形成的基本动因。

正如斯密所说:"这个世界上所有的辛苦和劳碌是为了什么呢?贪婪和野心,追求财富、权力和优越地位的目的又是什么呢?是为了提供生活上的必需品吗?……遍及所有地位不同的人的那个竞争是什么原因引起的呢?按照我们所说的人生的伟大目标,即改善我们的条件而谋求的利益又

---

① 斯密:《道德情操论》,商务印书馆,1997年版,第58-59页
② 斯密:《道德情操论》,商务印书馆,1997年版,第60页

是什么呢？引人注目、被人关心、得到同情、自满自得和博得赞许，都是我们根据这个目的所能谋求的利益。吸引我们的，是虚荣而不是舒适或快乐。不过，虚荣总是建立在我们相信自己是关心和赞同的对象的基础上。"① 所以，我们的普遍心情是因富有而骄傲，因贫穷而羞辱。斯密在这里的伟大发现是，从人们同情心的自然性推导出人们之间相互传导的社会化过程，并由这种社会机制进展到社会分层及其社会秩序的必然结果。

在公众看来，富有者的生活是优雅的、安逸的，因而总是给我们带来愉快的心情；并且富有者似乎也处处表现出了一种绅士和优越的身份，他的言谈话语、行为举止无一不是那样的文雅和涵养，因而引起了我们的关注，引领着我们的情绪。斯密说："富人因富有而洋洋得意，这是因为他感到他的财富自然而然地会引起世人对他的注意，也是因为他感到，在所有这些由于他的有利地位而很容易产生的令人愉快的情绪之中，人们都倾向于赞同他。想到这里，他的内心仿佛充满了骄傲和自满情绪。而且，由于这个缘故，他更加喜爱自己的财富。相反，穷人因为贫穷而感到羞辱。"② 人人如此，所以，接下来的社会就自然是一个爱富嫌贫的社会，是一个贫富分层的社会。"等级差别和社会秩序的基础，便是人们同富者、强者的一切激情发生共鸣的这一倾向。"③ 我们对强人和富人总是那样的顺从和尊敬，不仅在物质上而且在精神上也总是宠爱有加，这并不是源于我们期待从他们那里得到善意的恩赐，而是源于我们对他们优越境遇的羡慕。斯密认为这是我们一般人都有的一种天然本性。然而，我们一定要明白的是，斯密在这里的所有论述只是阐明我们社会秩序和等级差别形成的社会机理，仅此而已；不含有一丝一毫的价值判断。只是在后面的论证中才表明出斯密对这种倾向的判断，即它会引起道德情操的败坏。

同理，斯密认为，我们对权威的服从也如出一辙，是我们对位高权重者的天然的羡慕、敬佩和顺从。"我们尊重他们的意愿并不是主要的，也不是全部建立在重视这种服从的效用、考虑到它能很好地维护社会秩序这

---

① 斯密：《道德情操论》，商务印书馆，1997年版，第60－61页
② 斯密：《道德情操论》，商务印书馆，1997年版，第61页
③ 斯密：《道德情操论》，商务印书馆，1997年版，第63页

种想法的基础上。"① 我们之所以遵从权威，在斯密看来就是源于我们爱慕虚荣和倾慕尊贵的同情心，且根深蒂固又无法抵御。我们在对待权威时，即使"最强烈的动机、最强烈的激情、恐惧、憎恶和愤恨，几乎都不足以抵消这种尊敬他们的自然倾向；权威们的行为无论正确还是不正确，在人民以暴力来反抗他们或希望看到他们被惩罚、被废黜之前，必然已经引起所有这些非常强烈的感情。甚至当人民已经产生这些强烈感情的时候，也每时每刻会对他们产生恻隐之心，并且很容易回到尊敬他们的状态，人民习惯于把他们看作天生高于自己的人。人们不能忍受对自己君主的伤害，同情很快地代替了愤恨，他们忘掉了过去的激怒，重新奉行旧的忠君原则，带着曾经用来反对它的那种激情，为重新确立自己旧主人的已被破坏的权威而奔走出力"②。我们的人民是如此对权威顶礼膜拜，那么，权威的大人物又将如何做呢？大人物们也意识到，他们博得了公众的敬佩，是"同别人一样用汗水和鲜血才能换取？年青的贵族是靠什么重大才能来维护他那阶层的尊严，使自己得到高于同胞的那种优越地位呢？是靠学问？勤劳？坚忍？无私？还是靠某种美德？由于注意自己的一言一行，他养成了注意日常行为中每一细节的习惯，并学会了按照极其严格的礼节履行所有微小的职责。由于他意识到自己是多么引人注目，人们是多么愿意赞同他的意愿，所以在无足轻重的场合，他的举止也带上这种意识所自然激发出来的翩翩风度和高雅神态"③。权贵者们的这种装腔作势显示了自己地位的优越，而且这种优越感是地位低下者从来所没有的，所以，权贵者们便轻易地使人们服从他们的权势，以他们的愿望来支配人们的意志。这种依靠地位权势玩弄的伎俩通常足以左右我们世人。斯密实际上是向我们阐述一个统治制度和社会秩序得以形成的社会过程。斯密在《道德情操论》中对路易十四国王的分析，更加深刻和充分证明了他的结论：像路易十四这样的权贵们的巨大声誉和统治力量，根本不是依靠正义、勇敢、才能、勤奋这样的品质和美德，而是他们的优越地位和装腔作势，依此迎合了下层

---

① 斯密：《道德情操论》，商务印书馆，1997年版，第63—64页
② 斯密：《道德情操论》，商务印书馆，1997年版，第64页
③ 斯密：《道德情操论》，商务印书馆，1997年版，第65页

人们的同情心和虚荣心。上流社会的权贵们未必就是我们道德的楷模和美德的榜样。所以，我们等级制的社会秩序，显然是来自人们天然对快乐的同情倾向以及由此衍生出的社会虚荣心。

斯密认为，由于人们对快乐的同情倾向，自然便生成了人们对这种同情的强烈欲求，便生成了人们的追索野心。一旦人们拥有了这种野心，便主宰了他的心灵，控制了他的全部行为，以至于一切遭人唾弃的政治家们，不论他如何想方设法去抑制自己的野心，轻视那些再也得不到的荣誉，最终都是徒劳枉然的。他们除了兴致勃勃地回忆昔日的辉煌、谈论过去的荣耀和地位、谋划重振威名之外，在日常生活中实在是得不到任何满足、寻不到任何乐趣。他们是上去了就下不来，进去了就退不出。所以，斯密讲到，一个人要想真正地自由自在、独立自主地生活，唯一可行的办法是："决不挤进很难从那里退出的地方；决不投身于具有野心的集团；也决不把自己同主宰世界的那些人比较"①。然而，拥有权力和地位而使自己成为人们尊敬、感激、爱护和钦佩的对象的这种野心却是普遍的，是我们普通人所难以舍弃的。所以，权力及其地位就成为人们拼死相争的目标，"成了一部分人生活中力求实现的目的，也成了一切骚动、忙乱、劫掠和不义的根源，它给世界带来了贪婪和野心。"② 同样，即使是那些有理智的人似乎蔑视地位也不屑于在社会中扮演突出和重要的角色，但实际上，他们同普通人一样也不会轻视地位、荣誉和杰出，所以，具有普遍意义的是，人们这种重视荣誉和地位的倾向，总是促使人们争取和保持荣誉和地位，一旦失去了它们也就失去了生存的价值。所以，在我们现实社会中的最大惩罚不是死亡，而是剥夺其地位、毁坏其荣誉、侮辱其人格，致其生不如死。诸如"一个绅士穿着肮脏和破烂的衣服在一次欢乐的集会上露面比他带着鲜血和伤口与会更加丢脸。……法官判处一个罪犯上颈手枷示众使他蒙受的耻辱，甚于判处他死刑。……国王在队伍前鞭打一个普通军官，使这位军官受到无可挽回的耻辱。如果国王刺伤了他，那倒是一种

---

① 斯密：《道德情操论》，商务印书馆，1997年版，第69页
② 同上

轻得多的惩罚"①。所以,斯密告诫我们,无论对待何人,应该尽量免除那些会带来耻辱的刑罚,即使是处以极刑也要尊重他们的荣誉和人格。废除酷刑暴虐是文明社会的重要标志之一。接着,斯密还提出,并非人人都如此重视地位和荣誉,一类人是那些有着高尚的做人标准,坚定地相信贤明和哲理,不在乎也不赞同自己的合宜行为得到赞许的结果;另一类人是那些惯常地自认自己卑下,沉沦于懒惰和醉汉似的冷漠中,失去了欲望,忘记了对优越地位的向往。至此,斯密从同情心出发,理性地演绎出虚荣心和荣誉感,并由这种情绪传导的社会化机制,解释了社会分层以及由此形成的社会秩序。显然,斯密的伟大贡献是从人类的同情本性的社会化过程,阐发出我们人类世界的社会等级制度和相应秩序。

七、崇富嫌贫是人类的劣德

"钦佩或近于崇拜富人和大人物,轻视或至少是怠慢穷人和小人物的这种倾向,虽然为建立和维持等级差别和社会秩序所必需,但同时也是我们道德情操败坏的一个重要而又普遍的原因。"② 斯密不仅在前述中解释了虚荣和荣誉所形成的社会等级制度,在这里,斯密还看到了它们所引起的道德情操的败坏,并以其正义的道德激情分析和抨击了这种劣德行为带来的社会后果。

斯密告诉我们,在我们人类的理想社会中,智慧和美德应是我们唯一尊敬的对象,罪恶和愚蠢应是我们唯一轻视的对象。然而,我们现实的世界却并非如此,我们经常看到的是:富有和权重位高的人总是引起人们的高度尊敬,贫穷和弱势的人总是引起人们的更多轻视和怠慢。斯密的道德理想和现实发生了巨大的差异,给他带来了沉重的思考,因此,在他生命的最后几年的第六版修订中增加了《论由钦佩富人和大人物,轻视、怠慢穷人和小人物的这种倾向引起的道德情操的败坏》一章,在临终前以倾其全力的道德热情来矫正我们人类前行的道德路径。

---

① 斯密:《道德情操论》,商务印书馆,1997年版,第70页
② 斯密:《道德情操论》,商务印书馆,1997年版,第72页

<<< 第一章 斯密《道德情操论》的解读

　　一如前述，我们行为发生的动机总是极度地渴望受到、获得和享受他人们的尊敬和钦佩，如何实现这样的目的呢？斯密指出，有两条道路，一条是学习知识和培养美德；另一条是取得财富和地位。我们选择哪条道路也就必然会表现出两种截然不同的道德品质。作为前一条道路的选择，在品质上是谦虚平和与正直，在表现上是合宜和优雅；作为后一条道路的选择则是品质上的目空一切的野心和放纵的贪婪，在表现上是华而不实和炫耀夺目。斯密认为，选择前一条道路的人总是那些具有知识和美德的社会精英，他们是真正地、坚定地崇尚智慧和美德的人，虽然他们人数不多；而我们世界的大多数人都是选择第二条道路，他们都是财富和显贵的顶礼膜拜者，他们总是引起人们的注意和崇拜。财富者未必是美德者，拥有财富、功成名就的人未必是美德在身、道德高尚的人。在这里，斯密似乎在告诫我们，财富和德性是不可兼而有之、相提并论的。理智的人对智慧和美德怀有的尊敬是不同于世俗的人对财富和显贵怀有的尊敬，这是源于完全不同的判断标准。理应受到人们唯一尊敬的智慧和美德，实际上却没有得到唯一甚至是应有的尊敬，在这个唯一之外有了对财富和地位的尊敬，而且几乎所有的人对此之尊敬远远超过对智慧和美德之尊敬。原因在于我们以道德标准所受到的尊敬，与世俗标准受到的尊敬，常常是不一致的。正如，天上的美好和地上的满足是差之千里，精神的愉悦与物质的享受是天渊之别，不可同语。

　　然而，我们来到这个世界，经常看到的是，"富裕和有地位的人引起世人的高度尊敬，而具有智慧和美德的人却并非如此。……强者的罪恶和愚蠢较少受到人们的轻视，而无罪者的贫困和软弱却并非如此。"[①] 甚至更令人惊讶的是，拥有财富和地位的人几乎是不断地获得人们的尊敬，即使他们的罪恶和愚蠢也无法贬损他们的高贵地位和人们对他们的尊敬，除非是滔天大罪和极度愚蠢。反而，"上流社会人士的放荡行为遭到的轻视和厌恶比小人物的同样行动所遭到的小得多。后者对有节制的、合乎礼仪的规矩的仅仅一次违犯，同前者对这种规矩的经常的、公开的蔑视相比，通

[①] 斯密：《道德情操论》，商务印书馆，1997 年版，第 72 页

常更加遭人愤恨。"① 这种基于人类同情倾向的自然表现，始终、普遍地存在于我们的人类社会，司空见惯于我们社会的日常生活，随波逐流地成我们社会的时髦风尚。

斯密接着细致地区分了这种倾向在不同的社会阶层中的不同表现和不同后果。斯密认为，我们人类社会值得幸运的是，在广大的中下层社会中，追求财富和美德之间还是有其高度的一致性。在中下级的社会阶层中，"取得美德的道路和取得财富（这种财富至少是这些阶层的人们能够合理地期望得到的）的道路在大多数情况下是极其相近的。在所有的中等和低等的职业里，真正的、扎实的能力加上谨慎的、正直的、坚定而有节制的行为，大多会取得成功。……然而，习以为常的厚颜无耻、不讲道义、怯懦软弱或放荡不羁，总会损害、有时候彻底损毁卓越的职业才能。"② 之所以会产生这样的结果，斯密认为这是源于我们社会运行的内在机制，即是我们可见的社会道德机制及其加以正式化的法律制度。斯密解释到，在中下层人民中，美德与财富所以能够一致起来，一是他们的"成功几乎总是依赖邻人和同他们地位相等的人的支持和好评；他们的行为如果不那么端正，就很少能有所获"。二是"低等和中等阶层的人们，其地位从来不会重要得超过法律。法律通常必然能吓住他们，使他们至少对更为重要的公正法则表示某种尊重"③。如此一来，诚实就成为他们最好的策略。由于社会化的扩展和传导过程，自然生成出社会道德的美好趋势，"在这种情况下，我们可能一般都希望人们具有一种令人注目的美德；就一些良好的社会道德而言，这些幸运是绝大部分人的情况。"④ 既然如此，我们就应该给予我们广大人民充分的自由选择权利和个人财产权利，物质生活和道德品行的完美统一，必然会建立我们人类的文明社会。值得我们警惕的是那些道德强制主义者和权利专制主义者。

与此相对，斯密认为，我们不幸的是，在较高的阶层中情况并非如

---

① 斯密：《道德情操论》，商务印书馆，1997年版，第73页
② 斯密：《道德情操论》，商务印书馆，1997年版，第74页
③ 同上
④ 同上

此，通往美德的道路和通往财富的道路往往是不一致的。那些权贵和大人物们，"为了获得令人羡慕的境遇，追求财富的人们时常放弃通往美德的道路。不幸的是，通往美德的道路和通往财富的道路二者的方向有时截然相反。"① 斯密痛斥，那些所谓的大人物和政治家们，他们的"成功和提升并不依靠博学多才、见多识广的同自己地位相等的人的尊敬，而是依靠无知、专横和傲慢的上司的怪诞、愚蠢的偏心；阿谀奉承和虚伪欺诈也经常比美德和才能更有用。在这种社会里，取悦于他人的本领比有用之才更受重视"②。然而，正是由于我们钦佩富人和大人物的这种同情倾向，使他们成为了我们模仿的对象，最终形成了一种社会道德时髦，斯密认定这是一种劣德，是一个充斥着道德败坏的社会。斯密看到，在这样的社会里，到处是傲慢和愚蠢的大人物、粗野和可鄙的马屁精、虚荣和装腔作势的伪君子、邪恶和阴险的野心家。虚伪与真诚、傲慢与谦和、愚蠢与智慧、放纵与节制、阴谋与正直，且一切所见所闻的社会之劣德与美德，无一不是来自我们的同情心理，来自我们天然的情感倾向，并且通过我们人与人之间无处不在的相互联系的社会化过程而放大和扩展。对此，斯密坚信，人类的正道与美德一定战胜邪恶与败德，这同样是我们人类社会发展的一个自然而然的结果。正像上述的那些劣德斑斑的人们，"他们的失败往往多于成功；通常除因其犯下的罪行而得到可耻的惩罚之外一无所获。虽然他们应该为得到自己梦寐以求的地位而感到十分幸运，但是他们对其所期待的幸福总是极为失望。……他提升后的地位所带来的荣誉，会由于为实现这种提升而采取的卑鄙恶劣的手段而受到玷污和亵渎。"③ 斯密接着讲到，尽管他们通过各种方式如放荡的娱乐、繁忙的公务、炫目的战争以冲淡自己和他人对自己不齿的所作所为的回忆，但是这种回忆仍然纠缠不休；当他们看到荣誉与地位集于一身时，在自己的想象中丑恶的名声还是紧紧纠缠；当他们在享受着阿谀奉承时，在战争胜利的骄傲和得意时，羞耻和悔恨的猛烈报复仍然隐秘地袭向他们。显然，斯密是以一种自然的心理机制

---

① 斯密：《道德情操论》，商务印书馆，1997年版，第76页
② 斯密：《道德情操论》，商务印书馆，1997年版，第74页
③ 斯密：《道德情操论》，商务印书馆，1997年版，第76-77页

来解释对劣德品行的惩罚和报复，由此促进社会的改邪归正，走向人间正道。

总之，我们从斯密那里得出了以下的发现：第一，斯密的中心是在论证我们人类德行形成的心理机制和社会机制。他给我们揭示的思路过程是，由于人们同情的这种倾向即对快乐的同情天然地胜于对悲伤的同情，必然形成广泛的更大同情和赞美而追求财富、荣誉、地位的欲求，进而发生了我们人类的道德行为。对于中下阶层的人们当然也包括那些斯密时代的众多的中小商人们，其追求财富和德行的实现是统一的，而且是我们所期望的美德；对于社会顶层的人们当然也包括大商人们，其追求财富和德行的实现是完全不一致的，而且是背弃德行和败坏道德，这就是令我们失望的劣德。显然，在这样的一个过程中，如果没有人们同情倾向的心理机制，如果没有人们之间互动传导的社会机制，也就不可能形成我们佩服大人物而轻视小人物、爱富嫌贫的劣德的社会倾向。同情心理是内在动力，同情互动是外在推力，由此导致社会道德的形成和演变。

第二，斯密的美德与劣德的评价标准是不完全的功利主义的。虽然斯密在此并不是主要论证其道德优劣的评判标准，但仍显示出他在这一问题上的美德与劣德的区分界限。可以清楚地看出，斯密是从人们德行所带来的社会效果作为其美德与劣德的评价标准的。大人物们不择手段达到目的的劣德，以及我们对大人物、大富人钦佩的倾向，必然会带来社会道德的沦丧，罪恶、阴谋、虚伪、愚昧、贪婪充斥社会，因而，大人物的德行是劣德，人们对大人物的钦佩更是劣德。"正是由于我们钦佩富人和大人物，从而加以模仿的倾向，使得他们能够树立或导致所谓时髦的风尚。他们的衣饰成了时髦的衣饰；他们交谈时所用的语言成了一种时髦的语调；他们的举止风度成了一种时髦的仪态。甚至他们的罪恶和愚蠢也成了时髦的东西。大部分人以模仿这种品质和具有类似的品质为荣，而正是这种品质玷污和贬低了他们自己。"[①] 这一倾向就如瘟疫般地败坏着我们人类的德行，扼杀着我们人类的生命。所以，我们可以认为，斯密是以德行的社会结果

---

① 斯密：《道德情操论》，商务印书馆，1997年版，第75页

‹‹‹ 第一章 斯密《道德情操论》的解读

看其优劣，是从功利的角度论证其褒贬。这与休谟以公共福利是正义的思想有相似之处，以至于后来的功利主义的道德哲学成为我们社会理想生活模式的基础之一，边沁、穆勒将其发挥到极致成为占统治地位的社会思潮。

尽管如此，斯密在论证社会伦理秩序的思想中，仍不能看作是一个完全的功利主义者。他一方面在道德上肯定追求利益的正当性，另一方面在道德上又否定追求利益的过度性。他对待中下阶层的人们、一般的商业者取得财富的道德方式是充分肯定的，因为美德与此相伴——正直、谨慎、合法、节制；而对待大人物们、富人们取得财富的道德方式则是完全否定的，因为劣德与此相随——欺诈、虚伪、贪婪是凌驾于法律之上的罪恶。斯密告诫我们，人类既不能是禁欲主义的，更不能是纵欲主义的，而应该是节欲主义的。人类的纵欲和贪婪必然走向自身的毁灭。即使在斯密的《国富论》中，他的这一道德观念也是始终如一的，资本的不断积累，推动着财富的不断涌现，在市场经济机制和道德社会机制的双重作用下，必然是社会全体成员共享国民之财富，即使存在差别，也是全体国民所理解和接受的。然而，斯密并没有看到我们今天的所见所闻，没有在他有生之年实现他的理想社会，带着沉重和悲伤的心灵走到了天堂。

第三，斯密对人类的道德前景是乐观主义的。在这里，斯密作出了两个区分，第一个是富贵者与智慧者的区分，虽然这些达到社会顶层的固然是少数人，但即使是这样，那些不择手段而背信弃义以达到个人目的的富贵者或大人物们，又只是这个少数人中的一部分，与之相反的那些勤奋努力、修身养性、睿智明慧的社会精英也同样是这一少数人中的一部分，这两类人虽然都被我们视为社会精英，然而在道德上却有天壤之别，在他们那里，既有劣德又有美德。虽然斯密在这里浓墨重彩地抨击人们对富者的钦佩和崇拜的社会倾向，甚至带有几分忧虑，但他仍然看到了人们对智慧者身上美德的赞扬和尊重，而且是社会绝大多数人的情况。尤其应该注意的是，斯密的抨击集中于上层社会，而决定社会道德主流的绝不是他们，市民社会对智者美德的尊重倾向决定了我们社会道德的发展方向，只不过斯密告诫我们要提防一些不良倾向的跨越延伸，并且发现了不良倾向确已蔓延而成为我们这个社会劣德的源泉,我们不要误入歧途。同时,我们还应看到斯密处于英国社会转型的时代,即使在上流社会,不断从中下层社会融入其中的社会精英也在不断地狙击这一社会层面的劣德,而发扬自身又被公众赞赏的美德,改变着上层社会的道德形象。因为斯密认为那些大人物们总是被耻辱和悔恨所纠缠,上层社会的斑斑劣行不可能活得太久。

第二个是富人与中下层人们的区分,那些暴发的、纯粹的、属于那个时代而非资本性质的大商人们正是斯密否定其德行的富人对象,这就如同对封建贵族的上层社会一样成为斯密的打击对象。斯密似乎指明了人类在追求财富的本性中产生劣德的逻辑必然性,然而,斯密在这里并非指向市民社会的中下层人民。原因一是斯密看到了在中下层人民中积习俗而形成的道德基础,它们是善良的、正直的和谨慎的,而且是大多数的情形,是我们基本德性和伦理秩序的稳固的社会基础;原因二是在斯密看来占社会绝大多数的中下层人民追求财富的手段或方式而言,是建立在专门的技艺和诚实的品行基础之上的。正如斯密所认为的那样,我们非常幸运的是在中下阶层那里,取得财富与取得美德的道路总是极其地相近,美德与财富可以达到良性的结合与互动,营造出人类社会的文明状态。如果我们从斯密所处时代和其人生经历来思考,斯密对中下层人民的德性与财富的一致性,而对富商和大人物的德性与财富的不一致性的解释,显然是在批判中世纪以来等级社会的劣德风气,鼓吹一个新的平等自由社会的美德风尚。我们可以明显看到的是,在斯密那里所指的大人物不是皇亲国戚,就是君主朝臣,而富者也同样如此。在这样的社会环境中,无论怎样而来的大人物或富有者都会走向奢靡、纵欲、败德的境地,人们对此的崇敬倾向也必然坠入道德沦丧的深渊,财富的积累和对权贵的倾慕必然导致道德情感的败坏。如果我们这样理解斯密,就自然取得了与其《国富论》中财富观的一致性。

然而,值得我们仔细思考的是,斯密给我们推断出的道德败坏的社会心理机制,是一个需要十分慎待的德行倾向。当一个社会的趋向是追求财富以炫耀,进而得到大家的赞同和羡慕,并且具有了这样的一个社会环境,那么,成功者原来争名逐利时的刻苦、奋斗、慷慨、直率和才能的美德在成功后便成为了自身深隐的所有劣根性的暴露。一个好的社会必然是财富与美德同行，一个坏的社会必然是财富与劣德并肩。在斯密看来，一个自然过程所形成的社会当然达到的是一个好的社会，而当我们逆转这个自然过程的时候，这个社会就变得不那么好了，甚至是一个坏的社会。当然，自然法则必然会惩罚我们人类的不当行为，这种惩罚的结果就是我们回归到自然所安排的自然秩序上来——追求财富和公序良德的完美结合，这就是斯密的一只"看不见的手"——经济市场机制与斯密的另一只"看不见的手"——道德社会机制的互动作用。所以，斯密虽有担忧但仍能乐观地展望我们人类社会的道德前景。

此外，我们还应该理解的是，斯密在这里所强调的是，当人们追求财富的动机不是为了更好地生存，而是在于被别人所注目和赞赏，并且具有这样一种崇富嫌贫或羡慕、欣赏富者大人物的社会心理倾向时，劣德也就由此丛生。拥有财富和追求财富并无优劣德性之分，甚至有偏于美德之列，这在斯密的《国富论》中可以得到证明；而当人们追求财富的心理动机产生于得到他人的注目和称赞，并由此形成了一种社会心理倾向，社会的赞同和羡慕支撑着逐富者的心理动机，此时的倾向和行为便具有了德性的意义，这在斯密的《道德情操论》中可以得到证明。斯密强调的是，人们为此而不择手段，为此而相互竞争或厮杀，为此而纵欲或炫耀，就不那么道德了。当我们把追求财富与追求财富的目的联系起来的时候，德性便走到了我们面前。不论斯密的前辈们如洛克、沙夫兹伯里和哈奇森有什么样的财富观，斯密的重要发现是追求财富具有劣迹败德的影子。尽管如此，斯密仍然坚信，自然秩序所形成的人类社会的最终结果一定是物质财富与道德情操的完美结合。历史的进程在不断证明着斯密信念的实现。

八、我们既需要仁慈更需要正义

斯密首先指明，"另有一种起因于人类行为举止的品质，它既不是指这种行为举止是否合宜，也不是指庄重有礼还是粗俗鄙俗，而是指它们是一种确定无疑的赞同或反对的对象。这就是优点和缺点，即应该得到报答或惩罚的品质。"① 在这里，斯密不再从激起感情的原因或对象的关系来讨论这一感情和由此感情产生的行为举止的合宜性问题，而是从感情意愿产生或往往产生的有意或有害的结果来讨论我们由这一感情引起的行为举止的功过得失，并决定是奖赏还是惩罚。简单讲，斯密在前面是阐述构成我们行为是否合宜的感觉，在这里是阐述构成我们行为是否赏罚的感觉，并由这种感觉所产生的赏罚的正当性来推演出有益于社会秩序的正义原则。

有功劳者应该奖赏，有过错者应该惩罚，但人们是如何产生赏罚的情感呢？这取决于人们对于功过的感觉。当这种感觉成为一种感激之情时，就会有对功劳者的报答情感；当这种感觉成为一种愤恨之情时，就会有对过错者的惩罚情感。斯密认为，无论是感激还是愤恨，它们必然产生于你所奖赏和惩罚的对象的行为是否合宜和公认。正如斯密所说："立即和直接促使我们去报答的情感，就是感激；立即和直接促使我们去惩罚的情感，就是愤恨。……所以，对我们来说，下述行为显然要给予报答——它表现为合宜而又公认的感激对象；另一方面，下述行为显然要受到惩罚——它表现为合宜而又公认的愤恨对象。"② 报答就是以德报德，惩罚就是以恶报恶。斯密认为，除了感激和愤恨之外，还有一些诸如爱和尊敬、反感和厌恶的激情，它们不同于感激和愤恨。因为，感激和愤恨是直接引起我们报答和惩罚的情感。所以，"谁表现为合宜而又公认的感激对象，谁就显然值得报答；谁表现为合宜而又公认的愤恨对象，谁就显然要遭到惩罚。"③

问题是，怎么才算是合宜的感激和愤恨的对象呢？斯密进而阐述了合宜的感激对象和合宜的愤恨对象的问题。斯密对此回答到，"只有在得到每一个公正的旁观者的充分同情，得到每一个没有利害关系的旁观者的充

---

① 斯密：《道德情操论》，商务印书馆，1997年版，第81页
② 斯密：《道德情操论》，商务印书馆，1997年版，第82页
③ 同上

分理解和赞成的时候,才显得合宜并为别人所赞同。"① 这就是说,当你具有对那个人或那些人的感激之情时,得到了大家的一致赞同,自然应该给以报答;而当你的愤恨被大家所接受并表示同情时,自然应该给以惩罚。某种行为之所以应该得到报答或惩罚,在于每个了解这种行为的人都希望给予报答或表示愤怒,他们乐于看到这种报答或惩罚。所以,由于感激的报答对象和由于愤恨的惩罚对象,是否应该报答和惩罚,只有在得到大家充分的理解和赞同,才是合宜和恰当的。

显然,从斯密关于感激和愤恨的合宜性的讨论中,我们可以看到,第一,这里所确立的合宜性的标准是与斯密前面关于同情心的讨论完全一致的,感同身受也好,移情联想也好,感激与愤恨也同人类天性中所具有的其他激情一样,必须得到旁观者的充分同情和一致赞同。只要是人的激情或情绪,就不能无所顾忌,当奖则奖,当罚则罚,当与不当取决于我们社会旁观者的是否赞同和理解。在这里斯密实际上是引入了一种社会机制作为我们判断各种激情是否合宜或可行的判断标准,私人性的行为转变为社会性的约束。一个人的行为方式和激情表达必须得到社会的理解和容纳,必须以其为标准决定和调教我们自己的行为和激情。斯密这一思想的深刻性在于这样的一个人类自然形成的社会机制便历史化地公共化地产生了我们今天的法治社会、伦理秩序和道德规范。

第二,感激和愤恨的合宜性必须建立在旁观者的公正性基础上,这是斯密的一个重要观念。在斯密解释激情合宜性的判断标准是以旁观者的充分同情和一致理解时,对旁观者给出了严格的界定,这就是公正的和没有利害关系的旁观者。所以,我们激情的合宜性或者是否感激而报答和是否愤恨而惩罚取决于公正的和没有利害关系的旁观者的是否赞同和理解,这里的公正是指具有公正的一般良知,没有利害关系是指利益上的中立或局外。显然,斯密在这里并不是讲合格旁观者的标准层面问题,更不是一种先后顺序问题,而是讲合格旁观者的必要充分条件问题。公正是人类生来具有的一种同情心,当我们面对着某人的行为或事件而作出公正与否的判

---

① 斯密:《道德情操论》,商务印书馆,1997年版,第84页

断时，总是有着内心的感情和良知的引导，虽然它是朴实和简单的，然而却是纯粹的和普适性的。所以，斯密讲到激情的合宜性是指要得到公正的旁观者的充分同情，而不是赞成和理解。在斯密的语意中，无论有无利害关系都可以是公正的旁观者，公正只是我们判断激情是否合宜性的必要条件。然而，仅仅是公正的旁观者的充分同情还是不够的，斯密认为还必须得到没有利害或利益关系的旁观者的充分理解和赞成，前者作为必要条件，后者作为充分条件，二者同时具备，我们的感激和愤恨才显得合宜并为别人所赞同。所以，公正的良知和利益的中立才是对斯密真实的公正性的全面理解。正因如此，斯密在《道德情操论》中的公正的旁观者，既包括有利益相关的公正者，又必须有利益无关的公正者，这是斯密阐述感激和愤恨合宜性的前提条件。所以，"在我们看来，那种行为显然应该得到报答，每个了解它的人都希望给予报答。因此，他们乐于见到这种报答。当然，那种行为显然应该得到惩罚，每个听到它的人都会对之表示愤怒。因此，他们也乐于见到这种惩罚。"[1] 显然，这里的每一个旁观者就是斯密所说的公正性的旁观者，他们可以是亲朋好友，但必须包含无利益关系的旁观者，他们共同的一致想法才是感激和愤恨合宜性的判断标准。

我们通常认为，与我们交往亲近的人易于产生同情而有失公正，与我们交往疏远的人易于产生无情和冷漠。斯密并不完全同意我们的这种看法。固然在我们关系密切和感情深厚的人之间易于产生同情，但并不因此失去公正，因为这样的同情心也要受到社会其他旁观者情绪的约束，即使是偏私的激情也要回到社会的公正之路；同样，在我们毫无关系的人之间不易产生同情，然而同情心人皆有之，在斯密那里，冷漠和无情的旁观者是不存在的，他的所有讨论都是基于人的同情心，基于人的本性。不偏不倚的同情是道德社会机制运行的基本前提，同情的相互交融和校正发展必然会实现公正同情的社会结果。只不过我们有的走在这个结果的半途，有的趋于接近这个结果，所以，不同的民族对此的感受是不同的，关注的焦点也是不同的。正如我们在讨论同情与无情而去建立一个具有同情心的社

---

[1] 斯密：《道德情操论》，商务印书馆，1997年版，第85页

会，他们在讨论同情的公正与否而去建立一个充满公正同情心的正义社会。

斯密接着细致地阐明了公正的同情并不是简单地来自我们面对的受益者或受害者本身的感激或愤恨的情感，这就是说，不是所有受益者的感恩之情都是值得同情的，也不是所有受害者的愤恨之怒都是值得认同的。在现实生活中，当我们不赞同施恩者的行为时，是不会同情受益者的感激之情的；当我们对损人者的动机表示赞同时，对受害者的愤恨就不会有一点同情的。斯密在这里揭示了我们作为旁观者在面对当事人感激和愤恨的背后所掩盖的引起这一感激和愤恨的施恩者和损人者的同情判断，对施恩者的行为不赞同也就不会同情受益者的感恩，对损人者的行为赞同也就不会同情受害者的抱怨。斯密在这里非常恰当地指明了旁观者在感恩者和复仇者面前的公正同情心的一个成因，而且斯密坚决反对恩将仇报，也不赞成有恩就报恩、有仇就复仇。"人们的行为或意图无论对受其影响的人——如果我可以这样说的话——怎样有利或怎样有害，在前一种情况下，如果行为者的动机显得不合宜，而且我们也不能理解影响他行为的感情，我们就几乎不会同情受益者的感激；或者，在后一种情况下，如果行为者的动机并不显得不合宜，相反地，影响他行为的感情同我们所必然理解的一样，我们就不会对受难者的愤恨表示同情。在前一种情况下，少许的感激似乎是应当的；在后一种情况下，满怀愤恨似乎是不应该的。前一种行为似乎应该得到一点报答，后一种行为似乎不应该受到惩罚。"①

对于前一种情况，斯密接着指出，当某人出于最普通的动机而慷慨施恩于他人，不论二人是何种关系，即使是亲朋好友，甚至是同宗同姓，受益者也不应作出过分的感激和报答，他的恩人似乎是不值得感激的。"因为当我们置身于感激者的处境时，感到对这样一个恩人不会怀有高度的尊敬，所以很可能在很大程度上消除对他的谦恭的敬意和尊重；假如他总是仁慈而又人道地对待自己懦弱的朋友，我们就不会对他表示过多的尊重和敬意——我们要将此给予更值得尊敬的恩人。"② 显然，出于怜悯或别有用

---

① 斯密：《道德情操论》，商务印书馆，1997年版，第87页
② 斯密：《道德情操论》，商务印书馆，1997年版，第88页

心的过度恩惠，多是不值得受恩者的满怀感激，因为在公正的旁观者看来，施恩者的行为动机并不合宜，也不能同情施恩者的感情，当然也就难以同情受益者的感激。斯密严肃地指出，对于那些滥施财富、权力和荣誉的君主，很少会引起人们对他们本人的依恋之情。慷国家之慨以取悦于民，用国家之财来受宠于众，既不量力而行，又不谨慎节制，即使出于好心和友善似乎是得不到任何人的喜欢和赞扬；如果动机不轨且别有用心，施以恩惠以得大利，愚弄民众以建威权，则可能是得逞于一时，而失道到永远。我们当以谨记斯密之忠告。

对于后一种情况，斯密提出，当两个人争吵时，如果我们对其中一个人的愤恨表示赞同，就不可能体谅另一个人的愤恨。而我们为什么同情其中一个人的愤恨呢？因为我们认为他是正确的，并且不同情另一个人恰恰是因为他是错误的，尽管另一个人受到了痛苦。斯密很自然地解释到，有错误的人的愤恨是不会被公正的旁观者所赞同的，有错误的人就应该受到痛苦，只是这种痛苦不能大于公正旁观者希望他受到的那种痛苦，不能大于公正旁观者出于同情的义愤而加于他身上的痛苦。正如"一个残忍的凶手被推上断头台时，虽然我们有点可怜他的不幸，但是如果他竟然如此狂妄以致对检举他的人或法官表现出任何对抗，我们就不会对他的愤恨表示丝毫的同情"[1]。正是如此，我们"持有反对如此可恶的一个罪犯的正当义愤的这一自然倾向，对罪犯来说的确是致命和毁灭性的"[2]。我们人类的这种自然倾向同样是来源于我们设身处地的同情联想，如果我们每一个人作为旁观者设身处地地想一下，我们就感到自己不可避免地要赞同或不赞同他人的愤恨或惩罚。

由此可见，斯密在这里指明了情感合宜性的公正涵义。首先，公正来自人们的同情心和良知，这是人们与生俱来和普遍存在的；其次，这种公正必然在利益上是中立的或者说抛弃了利益的联系，成为一个超然的局外人；最后，这种公正应该是对某一事件或某一激情如感激或愤恨得以产生的原因或达到的目的作为其判断依据的，这就是上面所阐明的两种情况。

---

[1] 斯密：《道德情操论》，商务印书馆，1997年版，第89页
[2] 同上

因此，按照斯密的公正阐释，一个社会的公正倾向，来自这个社会的公众在明晰某一激情赖以发生的原因或达到的目的的基础上，作为一个超然的客观的中立者，以其本身自然具有的同情和良知作出合宜性判断而形成起来的。这就是我们人类所希望的融合感性与理性的公正社会。

不仅如此，斯密还简明扼要地重述了下面值得关注的几点：一是公正之心不能以当事人的是否得利或受害作为其伦理判断的依据。"对一个人仅仅因为别人给他带来好运而表示感激，我们并不充分和真诚地表示同情，除非后者是出于一种我们完全赞同的动机。我们必须在心坎里接受行为者的原则和赞同影响他行为的全部感情，才能完全同情因这种行为而受益的人的感激并同它一致。……同样，仅仅因为一个人给某人带来不幸，我们对后者对前者的愤恨也简直不能表示同情，除非前者造成的不幸是出于一种我们不能谅解的动机。在我们能够体谅受难者的愤恨之前，一定不赞同行为者的动机，并在心坎里拒绝对影响他行为的那些感情表示任何同情。"① 简言之，只有行为者的动机和感情被我们旁观者所认同，我们才会赞同受益者或受害者对行为者的感激或惩罚。一个公正的旁观者绝不以受益者的既得利益或受害者的既得伤害作为其伦理判断的依据，只有将事实本身的初始动机和感情结合起来，才是我们公正的判断依据。由利害本身的功利主义的伦理判断在斯密这里销声匿迹，显然斯密的公正绝不是功利主义的。

二是公正之心是我们对"好的"、"有功劳"的因果关系和对称关系的充分体谅，或者是对行为者的直接同情与对受益者的间接同情的完美结合，对"坏的"、"有过错"的因果关系和反称关系的充分理解，或者是对行为者的直接反感与对受难者的间接同情的完美结合。

对于他人的优点、功劳的感觉，斯密认为，我们作为旁观者对他人行为合宜的感觉来源于我们对行为者的感情和动机的同情，斯密称之为直接同情；对受益者所表示感激的同情，斯密称之为间接同情。"因此，对优点的感觉好像是一种混合的情感。它由两种截然不同的感情组成：一种是

---

① 斯密：《道德情操论》，商务印书馆，1997年版，第89-90页

对行为者情感的直接同情；一种是对从他的行为中受益的那些人所表示的感激的间接同情。"① 当我们知晓了行为者的动机和感情时，我们对他的同情或赞同显然是一种直接的感觉；而当我们面对受益者对行为者的感激时，我们对他的同情或赞同显然是建立在赞同行为者的前提下的一种间接的感觉。我们对于人的功劳和优点的公正认定就是在这样一种复合的感情中生成的，对于施恩者我们是直接的同情，对于感恩者我们是间接的同情，因为有了我们对前者的同情原因才有了我们对后者的同情结果，尽管这两种同情来自我们易于区分的不同感觉。当我们每个人都具有这样的一个公正之心时，我们就是一个好人层出不穷、好人得到好报的公正和谐社会。

对于他人的缺点、罪过的感觉，斯密认为，我们作为旁观者对他人行为不合宜的感觉来源于我们对行为者的感情和动机的缺乏同情，斯密称之为直接反感；对受害者所表示愤恨的同情，斯密称之为间接同情。"因此，同对优点的感觉一样，对缺点的感觉看来也是一种复合的感情。它是由两种不同的感情组成：一种是对行为者感情表示的直接反感；另一种是对受难者的愤恨表示的间接同情。"② 当我们知晓了害人者的动机和感情时，我们对他的感情显然是一种直接的反感和不认同，正如斯密所说的，当我们在阅读某份有关某个暴君寡廉鲜耻和残酷暴虐的史料时，就会产生一种对他行为的反感，并且以恐怖和厌恶的心情拒绝对他的任何同情。我们的感情就是建立在对害人者感情的直接反感和彻底不认同的基础上的。同时，我们对因此而受难的人们的愤恨所表示的同情和理解却是一种间接的感觉，正是因为对害人者的直接反感才引发出我们对受害者的间接同情，而对受难者的间接同情又会增强我们对害人者的更加憎恨。一个公正之心就是当"我们想到受难者的极度痛苦，就会更加真诚地同他们一起去反对欺压他们的人；就会更加热切地赞同他们的全部报仇意图，并在想象中感到自己时时刻刻都在惩罚这些违反社会法律的人。富于同情的愤恨告诉我

---

① 斯密：《道德情操论》，商务印书馆，1997年版，第91页
② 斯密：《道德情操论》，商务印书馆，1997年版，第92页

们，那种惩罚是由他们的罪行引起的"①。一个公正的社会就是来自我们每一个人心中自然激起的、富于同情的愤慨。

然而，斯密又进一步解释了作为受益者的感激情绪和作为受难者的愤恨情绪的合宜性问题。斯密认为，上述对于优点的感激和对于缺点的愤恨这样两种激情，人们往往更倾向对于前者的同情，对于后者则少于同情。因为在斯密看来，人们对于"善有善报的感觉是建立在对那些从善行中得益的人所怀有的感激之情表示某种同情的基础上的；因为正如所有其他的仁慈激情一样，感激被认为是一种仁爱的原则，它不可能损害建立在感激基础上的任何感情的精神价值"②。对于愤恨的激情，在世间则常常难以被人所同情，因为愤恨总是在人们心中感觉为一种可憎的激情。斯密则深刻地解释到，如果我们对优点的感觉来自我们对施恩者的同情，那么我们对缺点的感觉几乎不可能不出自我们对于受害者的同情。可见，同情在斯密的头脑中确有举足轻重的本源地位。因此，摆在我们面前的就是，如何使我们的愤恨激情得到人们的理解和认可或者说合宜性呢？"如果它适当地压低和全然降到同旁观者富于同情的愤恨相等的程度，就不会受到任何非难。如果我们作为一个旁观者感到自己的愤恨同受难者的憎恨全然一致；如果后者的愤恨在各方面都没有超过我们自己的愤恨；如果他的每一句话和每一个手势所表示的情绪不比我们所能赞同的情绪更强烈；如果他从不想给予对方任何超过我们乐于见到的惩罚，或者我们自己甚至为此很想惩罚对方，我们就不可能不完全赞同他的情感。按照我们的看法，在这种场合我们自己的情绪无疑地证明他的情绪是正确的。"③ 所以，作为当事人的受难者的愤恨情绪是否合宜，关键是要取得与公正的旁观者的情绪是否合拍和一致，这是我们与感激的情绪取得赞同的一个不小的差异，而要做到有理智的合宜，愤恨并非易事。"经验告诉我们，很大一部分人是多么不能节制这种情绪，再说为了压抑强烈的、缺乏修养的、情不自禁的愤恨，

---

① 斯密：《道德情操论》，商务印书馆，1997年版，第93页
② 斯密：《道德情操论》，商务印书馆，1997年版，第94页
③ 同上

使之成为这种合宜的情绪，需要作出多大的努力。"① 所以，斯密认为制怒和节制是一大美德，具有这种美德的人自然会得到相当的尊敬和钦佩。

结合上述的理解，斯密实际上映射出一个重要的观念，我们对行为者优点或善行的赞同与我们对受益者合宜性的赞同之间，我们对行为者缺点或罪过的不赞同与我们对受害者合宜性的不赞同之间是有差别的。我们通常对于行为者的赞同与否取决于行为本身的动机和感情，而我们对于受益或受难者的是否合宜性的赞同不仅取决于对行为者的赞同与否，还要取决于受益者或受难者的感激或者愤恨情绪程度的恰当性。显然，在斯密看来合宜性的判断条件严苛于我们对于优点或缺点的判断。但这并不意味着斯密更看重我们对于感激或愤恨情绪的合宜性判断，斯密在这里的中心是要讲明我们对于善与恶的情感判定。所以，对一个善、优点或恶、缺点的行为判断最直接和最简单的标准是对行为者的动机和情感的认同或反感，而我们对于合宜性的同情判断只是辅助于我们对于善与恶的判断。斯密告诉我们，受惠者是否抱有感激的想法或者受害者是否抱有愤恨的想法丝毫不会改变我们对于施恩者的善或害人者的恶所持的同情和反感。所以，"合适的赞同不仅需要我们对行为者的完全同情，而且需要我们发现他和我们之间在情感上完全一致。"②

此外，我们还要强调的一点是，在斯密看来，我们对于善与恶的道德判断是来源于我们对于行为者动机和感情的直接同情或直接反感，通常是建立在那些虚幻的同情或反感上的，至于受益者感激或受害者愤恨的感情本身只是我们善恶判断的次要因素，来自我们基于想象的间接情感。所以，我们对于优劣、善恶、对错的最根本的判断依据是行为者的行为动机而不是他的行为结果。至于我们对受益者感激或受害者愤恨激情的同情与否也是根据我们对于他们激情的理解，而并不仅仅是受益或受害本身的大小。鉴于此，我们可以认定，斯密对于人类行为的道德判断的一个根本和重要的基点是我们对于行为动机和情感本身的认同或反对，而不是以行为的社会效用作为我们的判断标准。即使存在着我们以社会效用作为一种道

---

① 斯密：《道德情操论》，商务印书馆，1997年版，第94页
② 斯密：《道德情操论》，商务印书馆，1997年版，第95页

德性判断，这也只不过是事后判断功过的一个辅助标准。斯密在这里是一种非功利主义的道德价值观，这要比他的同时代人诸如休谟、哈奇森超越了许多，不以行为的后果而是行为的动机，不以情感的效果而是情感的本身，又不失以后果和效果作为一种辅助因素，这就是斯密的过人之处。斯密用一种更为复杂的同情心概念——对行为者的同情与对受益者或受害者的同情——诠释了我们道德形成的情感机理和社会机制。

仁慈与正义是我们社会的两大美德。

斯密认为，"只有具有仁慈倾向、出自正当动机的行为才是公认的感激对象，或者说仅仅是这种行为才激起旁观者表示同情的感激之心，所以似乎只有这种行为需要得到某种报答。"① ——这就是对仁慈的发现。

"只有具有某种有害倾向、出自不正当动机的行为才是公认的愤恨对象，或者说仅仅是这种行为才激起旁观者表示同情的愤恨之心，所以似乎只有这种行为需要受到惩罚。"② ——这就是对正义的发现。

显而易见，对于感激对象的仁慈行为一定是出于其行为的仁爱动机，对于惩罚或正义对象的罪恶行为一定是出于其行为的害人动机。行为的动机和倾向成为我们扬善惩恶的根据。

关于仁慈，斯密解释到，首先，仁慈是不受约束的，是不能以力相逼的，因而是一种自愿和自发的。所以，仁慈是一种善的行为，应当是我们所予以鼓励和褒扬的。即使缺乏仁慈也不应受到惩罚的，因为这不会导致罪恶，不会实际地伤害他人，也不会引起我们的愤恨。

其次，我们对于仁慈行为的感激和报答也当然地属于仁慈的德行，只有出于仁慈的动机并且公认地需要报答的行为才是仁慈的行为，以德报德，以恩报恩，无论是施恩者还是报恩者都是善的，也都是仁慈的。同理，知恩不报只是缺乏仁慈，同样不会受到实际惩罚，但会使旁观的公众感到失望甚至产生憎恶的一种情绪，因为不报答恩人的情感和行为是不合宜的。斯密对于这一点做了深刻的阐述："如果一个人有能力报答他的恩人，或者他的恩人需要他帮助，而他不这样做，毫无疑问他是犯了最丢人

---

① 斯密：《道德情操论》，商务印书馆，1997年版，第96页
② 同上

的忘恩负义之罪。每个公正的旁观者都从内心拒绝对他的自私动机表示同情,他是最不能令人赞同的恰当对象。但是,他仍然没有对任何人造成实际的伤害。他只是没有做那个应该的善良行为。他成为憎恶的对象,这种憎恶是不合宜的情感和行为所自然激起的一种激情;他并不是愤恨的对象,这种愤恨是除了通过某些行为必然对特定的人们作出真正而现实的伤害以外,从未被合适地唤起的一种激情。因此,他缺少感激之情不会受到惩罚。"① 那么,我们是否可以强制他去报答他的恩人吗?斯密回答说这是不合适的。如果通过施加压力强迫感恩者去感激恩人似乎比他不做这件事还不合适,如果他的恩人用暴力强迫他表示感激只会玷污自己的名声,如果在上述两者之外的第三者加以干涉也同样是不合适的。显然,任何仁慈都是自愿的,也是我们赞扬的,但任何强制的感恩行为都是我们不应该赞同的,实际上也就不成为真实的仁慈了。没有仁慈之心的人我们可以厌恶和谴责,但不应愤恨,当然也就无须惩罚。愤恨是惩罚和报复的感情基础,没有行善或者没有回报恩人,但又没有伤害他人的人无论如何是不能强迫他去善,没有善但也没有恶的也是不能愤恨和惩罚的,这是我们社会的一个基本规范。

最后,仁慈是人类的一大美德,缺乏仁慈应该受到责备,但把仁慈作为一种我们自愿承担的义务和责任,那就是一种积极的、高尚的美德了,它比我们所赞同的友谊、慷慨更加崇高和完美。"感激之情使我们愿意承担的作出各种慈善行为的责任,最接近于所谓理想和完美的责任。友谊、慷慨和宽容促使我们去做的得到普遍赞同的事情,更加不受约束,更加不是外力逼迫而是感激的责任所致。我们谈论感激之恩,而不谈慈善或慷慨之恩,甚至在友谊仅仅是值得尊敬而没有为对善行的感激之情所加强和与之混杂的时候,我们也不谈论友谊之恩。"② 当我们把仁慈作为我们自己的一种义务,必然使得友谊、慷慨和宽容更富有大善大爱的意义,我们人类必然是一个充满仁爱的社会大家庭。

关于正义,斯密认为,人类的自卫天性产生了愤恨,当我们受到实际

---

① 斯密:《道德情操论》,商务印书馆,1997年版,第96-97页
② 斯密:《道德情操论》,商务印书馆,1997年版,第97页

的伤害时,自卫引起的愤恨激情必然产生惩罚和报复的反击,这种对不义行为的惩罚或报复就是我们人类的正义。所以,斯密称愤恨之情是正义和清白的保证。斯密严格界定,产生正义的愤恨之情"促使我们击退企图加害于己的伤害,回敬已经受到的伤害,使犯罪者对自己的不义行为感到悔恨,使其他的人由于害怕同样的惩罚而对犯有同样的罪行感到惊恐。因此,愤恨之情只应用于这些目的,当它用于别的目的时,旁观者决不会对此表示同情"[1]。简单讲,正义就是人类社会对人类罪恶的惩罚,并成为我们人类不能逾越和冒犯的界限,违者必罚。

首先,正义是一种强制,是一种约束,是我们必须尊奉的;正义与仁慈不同,它更加严格和必须,而不是可有可无和应不应该。斯密说,我们对正义的尊奉决不取决于我们自己的意愿,它可以用压力强迫人们遵守,谁违背它就会招致愤恨,从而受到惩罚。为什么呢?因为违背正义就是对他人的一种伤害,出于伤害他人动机的害人行为必然无人赞同,必然成为人们愤恨的合适对象,也必然成为惩罚的合适对象。由此,在我们人类社会,"我们感到自己按照正义行事,会比按照友谊、仁慈或慷慨行事受到更为严格的约束;感到实行上面提及的这些美德的方法,似乎在某种程度上听任我们自己选择,但是,不知道为什么,我们感到尊奉正义会以某种特殊的方式受到束缚、限制和约束。这就是说,我们感到那种力量可以最恰当地和受人赞同地用来强迫我们遵守有关正义的法规,但不能强迫我们去遵循有关其他社会美德的格言。"[2] 正义是我们不能选择而必须尊奉的一种行为,虽然道德的社会机制迫使我们遵守正义原则,但我们自己却不能运用这种力去迫使别人遵循仁慈等美德。

其次,正义必须是以一种强制的力量对人们不义行为的惩罚和阻止,而不是一种谴责和责备,谴责和责备只适用于仁慈的其他美德,所以,我们必须小心谨慎地予以区别对待,掌握好我们每个人社会生活的行为度。斯密指出,对于一般程度的、合适的仁慈行为既不值得责备也不值得赞扬,这是我们责备和赞扬的一个分界线。我们应该责备的是缺乏这种一般

---

[1] 斯密:《道德情操论》,商务印书馆,1997年版,第97页
[2] 斯密:《道德情操论》,商务印书馆,1997年版,第98页

的合适的仁慈行为，我们应该赞扬的是超出这个一般的合适程度的仁慈行为。而对于他人的恶意伤害的行为，显然是属于惩罚和阻止的正义范围。斯密讲到，"一个对其亲属所做的行为既不比多数人通常所做的好也不比他们坏的父亲、儿子或兄弟，似乎完全不应该受到称赞或责备。那以反常和出乎意料的，但是还合适和恰当的友好态度使我们感到惊讶的人，或者相反，以反常的和出乎意料的、也是不恰当的冷酷态度使我们感到惊讶的人，在前一种场合似乎值得赞扬，而在后一种场合却要受到责备。"① 对于正义而言，我们一致的看法是，对于那些恶意伤害我们自己的人，或者出于自卫予以惩罚，或者利用外力予以惩罚。斯密认为，一个有正义的社会就是在我们受到恶意的伤害时，我们自己出于自我保护而坚决地予以抗击和惩罚害人者，当我们这样做的时候，"每个慷慨的旁观者不仅赞成他的行为，而且如此深切地体谅他的感情以至常常愿意帮助他。"② 一个有道德的社会就是我们赞扬仁慈和感恩，我们对缺乏仁慈的只是责备和谴责，决不以力强求仁慈，更不可予以惩罚。即使我们将仁慈行为加以规范化或法制化且以此作为我们礼仪行事的规则，我们也应该极其谨小慎微，必须得到人们的一致赞同。"市政官员不仅被授予通过制止不义行为以保持社会安定的权力，而且被授予通过树立良好的纪律和阻止各种不道德、不合适的行为以促进国家繁荣昌盛的权力。因此，他可以制定法规，这些法规不仅禁止公众之间相互伤害，而且要求我们在一定程度上相互行善。"③ 斯密对此保持着相当谨慎和保留的态度，认为既不可完全否定，更不可行之过头。

最后，正义是一种美德，是一种消极的美德。正义是我们每个人必须遵守的，这是天经地义的，几乎是不值得感激的。正是由于仁慈是一种向善向上的美德，所以是一种值得赞扬的积极的美德；也正是由于正义是一种惩罚抑制的美德，所以是一种必须遵守的消极的美德。"毫无疑问，正义的实践中存在着一种合宜性，因此，它应该得到应归于合宜性的全部赞

---

① 斯密：《道德情操论》，商务印书馆，1997年版，第98-99页
② 斯密：《道德情操论》，商务印书馆，1997年版，第99页
③ 斯密：《道德情操论》，商务印书馆，1997年版，第100页

同。但是因为它并非真正的和现实的善行,所以,它几乎不值得感激。在极大多数情况下,正义只是一种消极的美德,它仅仅阻止我们去伤害周围的邻人。一个仅仅不去侵犯邻居的人身、财产或名誉的人,确实只具有一丁点儿实际优点。然而,他却履行了特别称为正义的全部法规,并做到了地位同他相等的人们可能适当地强迫他去做,或者他们因为他不去做而可能给予惩罚的一切事情。我们经常可以通过静坐不动和无所事事的方法来遵守有关正义的全部法规。"[1] 仁慈行为是一种自愿的和不需要外力强制来促成的,而正义必须依靠强制力才能够实现的。善以善报,"仁慈和慷慨的行为应该施予仁慈和慷慨的人。"[2] 恶以恶报,"使违反正义法则的人自己感受到他对别人犯下的那种罪孽;并且,由于对他的同胞的痛苦的任何关心都不能使他有所克制,那就应该利用他自己畏惧的事物来使他感到害怕。"[3] 不恶不善,遵守正义,"只有清白无罪的人,只有对他人遵守正义法则的人,只有不去伤害邻人的人,才能得到邻人们对他的清白无罪所应有的尊敬,并对他严格地遵守同样的法则。"[4] 一句话,斯密正义论的核心所在就是"以其人之道还治其人之身和以牙还牙似乎是造物主指令我们实行的主要规则"。[5] 显然,正义作为一种美德,一是坚守,二是担当,这才是斯密所赋予我们人类的真正美德。

　　仅就上述而言,斯密只是从客观上阐述了仁慈与正义的特征,随后斯密又从人的主观感觉上分析了仁慈和正义的社会公正性问题。首先,斯密发现了我们人类不仁不义行为发生的本性所在。我们会经常地看到,因为别人的幸福妨碍了我们自己的幸福而去破坏他人的幸福,因为别人真正有用的东西对我们自己也同样有用而抢夺这些东西,因为别人的灾难可以使我们自己逃避灾难而制造一些灾难,因为别人的牺牲可以满足我们的快乐或使自己超过别人的幸福而栽赃陷害于他人,尽管这些不仁不义不能得到

---

[1] 斯密:《道德情操论》,商务印书馆,1997年版,第100–101页
[2] 斯密:《道德情操论》,商务印书馆,1997年版,第101页
[3] 同上
[4] 同上
[5] 同上

公正的旁观者的赞同,然而却是活生生地发生在我们面前。为什么呢?"毫无疑问,每个人生来首先和主要关心自己;而且,因为他比任何其他人都更适合关心自己,所以,他如果这样做的话是恰当和正确的。因此,每个人更加深切地关心同自己直接相关的,而不是对任何其他人有关的事情;或许,听到另一个同我们没有特殊关系的人的死讯,会使我们有所挂虑,但其对我们的饮食起居的影响远比落在自己身上的小灾小难为小。"[1]所以,完全自私自利的人,完全没有他人意识的人,完全冷漠社会而只极端关注自我的人,完全有可能做出不合宜的不仁不义的事情。正当的自爱和自利是毋庸置疑的,斯密也认为这是恰当和正确的,因为这是人之本性。正是由于这一本性的极端化而走向了自私和唯我独尊,带来了对他人感受的淡漠和社会意识的缺失,最终做出了不仁不义的事情。

我们在这里解读斯密的人性论一定要注意到人性的正当性与人性的极端化,源于人性的自利自爱自尊是正当的,一个人对于自己的痛苦和快乐总是要比他人感受得更为直接和真切,因而关心自己要比其他人对你的关心更加恰当和正确;一个人运用其掌握的知识对自我的认知要远比他人对你的了解更为深刻和真实,因而追求自己的幸福和摆脱痛苦要比其他人对你的同情更为切实和准确。正是由于斯密的这一认识才引导出他在《国富论》中关于人性的基本前提假设,并成为后来所有经济学中共识的理性经济人这一首要假设条件,同时也证明了《道德情操论》与《国富论》关于人性的一致性和相成性。然而,过分和极端的自利自爱就会走向自私和自大,招致不仁不义行为的发生,斯密在这里非常清晰地界定了这种自私行为的界限,破坏他人的幸福,抢夺他人的财物,把自己的快乐建立在他人的痛苦之上,凡是有害于他人的举动均属不义之列。幸好斯密发现了我们共有的神圣正义法则,它在不断地矫正和遏制我们膨胀的自私行为的发生,它在不断地打击和惩罚我们放肆的不义行为的发生。实际上,这一思想始终贯穿于斯密的《道德情操论》和《国富论》中,而且斯密的人性论在二者之间并不相悖。

---

[1] 斯密:《道德情操论》,商务印书馆,1997年版,第101-102页

<<< 第一章 斯密《道德情操论》的解读

其次，既然我们很可能在自私欲望的驱动下发生不仁不义的举动，那么我们如何才能达到和维持一个大家一致赞同的社会规范呢？又如何实现和形成我们一种稳定和和谐的人们相互交往的社会模式呢？进而如何建立和调整我们每一个人都能够合宜和均衡地与他人和平相处的社会常规呢？斯密告诉我们，当我们每一个人都以一个公正的旁观者的身份来看待自己面对的事物，我们就可以圆满地解决上述的疑问。对此，我们必须全面引证斯密的论述，以至我们充分地理解他的这一思想。

"在这里，同在其他一切场合一样，我们应当用自己自然地用来看待别人的眼光，而不用自己自然地会用来看待自己的眼光，来看待自己。俗话说，虽然对他自己来说每个人都可以成为一个整体世界，但对其他人来说不过是沧海一粟。虽然对他来说，自己的幸福可能比世界上所有其他人的幸福重要，但对其他任何一个人来说并不比别人的幸福重要。因此，虽然每个人心里确实必然宁爱自己而不爱别人，但是他不敢在人们面前采取这种态度，公开承认自己是按这一原则行事的。他会发觉，其他人决不会赞成他的这种偏爱，无论这对他来说如何自然，对别人来说总是显得过分和放肆。当他以自己所意识到的别人看待自己的眼光来看待自己时，他明白对他们来说自己只是芸芸众生之中的一员，没有哪一方面比别人高明。如果他愿意按公正的旁观者能够同情自己的行为——这是全部事情中他渴望做的——的原则行事，那么，在这种场合，同在其他一切场合一样，他一定会收敛起这种自爱的傲慢之心，并把它压抑到别人能够赞同的程度。"①

毫无疑问，斯密在这里向我们传达了社会正义规则的形成机理和传导机制，这与斯密《道德情操论》的主旨是一脉相承的。将心比心，换位思考，以一个旁若有人的心理去面对自己的欲求就可以摆正自己在社会中的位置，有节制和收敛地自利自爱就可以得到社会的认可和理解。天性赋予我们每一个人的公正之心，尽管在它初始之时多么的脆弱和单薄，但它最终形成了我们的社会正义规则，并随着我们人类社会化的进程而沁入人

---

① 斯密：《道德情操论》，商务印书馆，1997年版，第102页

心，不断地普及和扩大，使我们每一个人都具有公正旁观者的心态去行事做人，进一步形成了我们当今社会人人公认的正义原则和规范，而且还在不断地充实和壮大。所以，历史地看，我们的社会确实在更加地宽容、平和、节操。正如斯密所说，当我们自己以公正的旁观者的眼光行事时，人们"会迁就这种自爱的傲慢之心，以致允许他比关心别人的幸福更多地关心自己的幸福，更加热切地追求自己的幸福。至此，每当他们设身处地地考虑他的处境的时候，他们就会欣然地对他表示赞同。在追求财富、名誉和显赫职位的竞争中，为了超过一切对手，他可以尽其所能和全力以赴，但是，如果他要挤掉或打倒对手，旁观者对他的迁就就会完全停止。他们不允许作出不光明正大的行为"①。

　　斯密同时还认为旁观者的公正之心往往更乐于同情被伤害者自然产生的愤恨，对于害人者当然也就更加地憎恨和愤怒，进而由此推导出伤害他人的严重性和应予以惩罚的适度性。对于杀害人命，这是一个人所能使另一个人遭受的最大不幸，在我们中间会激起最为强烈的愤怒，因而在我们心目中绝对是一种最残忍的罪行；对于侵犯财产、偷窃和抢夺，这是比我们对希望得到的东西感到失望要更坏得多，因而这要比撕毁契约这类行为的罪恶更大；而对于仅仅使我们对所期望的东西感到失望的罪过诸如撕毁契约的行为，其罪恶则要明显地小得多。所以，犯了上述罪恶的人应该受到相应的惩罚和报复。斯密得出的结论是，"最神圣的正义法律就是保护我们邻居的生活和人身安全的法律；其次是那些保护个人财产和所有权的法律；最后是那些保护所谓个人权利或别人允诺归还他的东西的法律。"②斯密在这里是从旁观者的立场出发，以他们对不同罪行的愤恨激情的程度有机地构架出正义法则的层次性和适用性。罪恶越大，受害者的愤怒自然越强，旁观者对受害者的同情也就越深，而对害人者的愤恨也就愈为强烈，由此社会认同的予以惩罚与报复的程度也就愈为严厉。罪与罚、邪恶与正义是通过我们的激情连接起来的，不同的罪行通过我们对此一致表现出的激情的不同程度获得了社会共识的正义原则及其适用性。害人者的罪

---

① 斯密：《道德情操论》，商务印书馆，1997年版，第102－103页
② 斯密：《道德情操论》，商务印书馆，1997年版，第103页

恶感因罪恶的加大而加深，受害者的愤恨感因伤害的加重而强烈，旁观者对受害者的同情感和对害人者的愤恨感也与此俱增，三者感情程度的一致性和同向性就是斯密所揭示的维护社会秩序的社会正义法则建立的人类感情基础。

斯密接着进一步论述了公正旁观者在对罪犯的自我悔恨、对我们自己优点的感觉意识上的社会效应。斯密说，"违反了神圣正义法则的人，只要考虑到别人对他必然怀有的各种情感，就会感觉到羞耻、害怕和惊恐所引起的一切痛苦。"① 斯密认为，罪犯所引发的恐惧之心，除了人本具有的人性之外，最主要是来自社会上旁观者对他的愤恨激情。尽管这种恐惧之心总是事后并且是逐渐增强的，但旁观者的激情总是不断地给予罪犯巨大的心理压力和精神打击，并且由这种一致的感情基础所形成的社会正义法则无时不在地扬起悬在罪犯头上的正义之剑，因此，罪犯总是感到恐惧、羞耻和悔恨，同时，这也在警示着每一个人不可跨越正义之界，否则旁观者的愤怒和正义法则的惩罚必然降临。由此，我们形成了一个稳定和有效的社会秩序和行为规范。斯密对此作出如下解释，害人者"由于对别人对他必然的嫌恶和憎恨产生同感，他在某种程度上就成了自我嫌恶和憎恨的对象。那个由于他的不义行为而受害的人的处境，现在唤起了他的怜悯之心。想到这一点，他就会感到伤心；为自己行为所造成的不幸后果而悔恨，同时感到他已经变为人们愤恨和声讨的合宜对象，变为承担愤恨、复仇和惩罚的必然后果的合宜对象。这种念头不断地萦绕在他的心头，使他充满了恐惧和惊骇。他不敢再同社会对抗，而想象自己已为一切人类感情所摈斥和抛弃"②。斯密接着讲到，罪犯因为害怕周围一切对他怀有的愤恨而四处逃避，孤独一人。在孤独中，他可以不再见到一张人脸，不再从人们的表情中觉察对他罪恶的愤恨和责难。但是孤独比社会更为可怕，这又迫使他回到社会。"他又来到人们面前，令人惊讶地在他们面前表现出一副羞愧万分、深受恐惧折磨的样子，以便从那些真正的法官那里求得一点

---

① 斯密：《道德情操论》，商务印书馆，1997年版，第103页
② 斯密：《道德情操论》，商务印书馆，1997年版，第104页

保护，他知道这些法官早已一致作出对他的判决。"① 斯密最后总结到，"这就是宜于称为悔恨的那种天生的情感；也就是能够使人们产生畏惧心理的一切情感。意识到自己过去的行为不合宜而产生的羞耻心；意识到行为的后果而产生的悲痛心情；对受到自己行为的损害的那些人怀有的怜悯之情；以及由于意识到每个有理性的人正当地激起的愤恨而产生的对惩罚的畏惧和害怕，所有这一切构成了那种天生的情感。"②

同理，一个人对于自己的优点、慷慨和仁慈的感觉也同样是通过公正旁观者的共感而得到的。当我们自己有恩于人就会感到自己必然成为人们爱戴和感激的对象；当我们自己审视自己行为的动机并且以公正旁观者的目光来检查它时，就会理解为自己必然得到自己想象中的公正的法官的赞同和夸奖；当我们自己和所有的人和睦相处时，就会确信自己已经成为同胞们最值得尊敬的人物；当我们自己想到自己的行为在各方面都令人喜欢时，就会在心里充满了快乐、安详和镇静。上述这些感觉的结合，就构成了我们对优点的意识。显然，斯密把我们每个人对于优点和好处的意识或感觉也是建立在公正旁观者的感情基础上的，他以我们人与人之间情同共感的社会机理解释了我们自豪感和成就感的由来，同样，所有这一切构成了我们另一种天生的情感。

上述我们由公正旁观者而得到的对正义和对优点的感觉或意识，构成了我们人类的天性。斯密进一步阐释了这种天性的社会作用。"事实就是如此：人只能存在于社会之中，天性使人适应他由以生长的那种环境。人类社会的所有成员，都处在一种需要互相帮助的状态之中，同时也面临相互之间的伤害。"③

斯密认为，在最理想的好的社会中，充满着仁慈、友爱、尊敬的天性。"在出于热爱、感激、友谊和尊敬而相互提供了这种必要帮助的地方，社会兴旺发达并令人愉快。所有不同的社会成员通过爱和感情这种令人愉

---

① 斯密：《道德情操论》，商务印书馆，1997年版，第104页
② 斯密：《道德情操论》，商务印书馆，1997年版，第104－105页
③ 斯密：《道德情操论》，商务印书馆，1997年版，第105页

<<< 第一章 斯密《道德情操论》的解读

快的纽带联结在一起,好像被带到一个互相行善的公共中心。"①

斯密还认为,即使没有出于慷慨和无私的爱和感情,只是功利动机的或交易形式的相互合作,我们的社会也是可以存在的,只不过它不是我们理想的好的社会,当然也不是一个绝对坏的社会,因为还有正义存在。斯密阐释到,尽管我们之间的相互帮助不是产生于慷慨和无私的动机,尽管我们之间缺乏相互的爱和感情,但社会必定不会消失,只是这个社会并不会给我们带来较多的幸福和愉快。所以,"社会可以在人们相互之间缺乏爱或感情的情况下,像它存在于不同的商人中间那样存在于不同的人中间;并且,虽然在这一社会中,没有人负有任何义务,或者一定要对别人表示感激,但是社会仍然可以根据一种一致的估价,通过完全着眼于实利的互惠行为而被维持下去。"② 这里我们要注意的是,斯密指明了商业社会的一些基本特征,如"没有人负有任何义务"则表明它的自愿和自由意志选择的社会性质;"根据一种一致的估价"则表明它的自由和民意的社会性质;"着眼于实利的互惠行为"则表明它的平等和互惠互利的社会性质。斯密的这些认识不仅为我们提供了一个正确理解商业社会的思想,还为他架构《国富论》的思想体系奠定了坚实基础。然而,斯密却隐含着这样一种思想,即商业社会的功利是正当的,但是将商业法则用于社会的所有方面就不是那样美好了。虽然这样的社会可以维持下去,但终究寡情鲜爱,并不是我们人类的理想社会。靠利益维持的社会显然大大不如靠情感和爱心维系的社会,这就如同地上的世俗与天上的人间一样,天上比地上的要更美好更优雅。

斯密在上述思考的基础上得出,我们可以很少仁慈,因为缺乏仁慈的社会还是可以存续的,只不过不是一个理想的好的社会;但我们不能缺失丝毫的正义,不存在毫无正义的社会;因此,正义与仁慈比较,社会存在的基础首先是正义,正义具有居先性和根本性。斯密解释到,"社会不可能存在于那些老是相互损伤和伤害的人中间。每当那种伤害开始的时候,每当相互之间产生愤恨和敌意的时候,一切社会纽带就被扯断,它所维系

---

① 斯密:《道德情操论》,商务印书馆,1997 年版,第 105 页
② 斯密:《道德情操论》,商务印书馆,1997 年版,第 106 页

的不同成员似乎由于他们之间的感情极不和谐甚至对立而变得疏远。……因此,与其说仁慈是社会存在的基础,还不如说正义是这种基础。虽然没有仁慈之心,社会也可以存在于一种不很令人愉快的状态之中,但是不义行为的盛行却肯定会彻底毁掉它。"①

正义重于或先于仁慈,原因在于:一是固然仁慈、善良是一个社会的美好品行,是我们所崇敬、赞扬和倡导的事物,但是没有了它们,社会依然是可以存在的,人类依然是可以延续的,生活依然是可以维持的,而且从古至今我们似乎从来没有必要利用人们害怕受到惩罚的心理来强制和迫使人们行善。但是,正义则是社会存在的根基,没有了正义也就没有了我们的社会、人类和生活。所以,斯密说,"行善犹如美化建筑物的装饰品,而不是支撑建筑物的地基,因此作出劝诫已经足够,没有必要强加于人。相反,正义犹如支撑整个大厦的主要支柱,如果这根柱子松动的话,那么人类社会这个雄伟而巨大的建筑必然会在顷刻之间土崩瓦解,在这个世界上,如果我可以这样说的话,建造和维护这一大厦似乎受到造物主特别而宝贵的关注。"②

二是斯密认为每个人固然具有同情心,然而只有在对自己有着特殊关系的人才会抱有同情,而对没有这种关系的人则很少抱有同情心;人们总是倾向于高估自己的重要性和强调自己个人的至上性,而忽略和低估别人幸福的重要性和痛苦的程度,通常是别人很大的不幸同自己微小的便利相比并不重要的;人与人之间自然天生的差别,加之世界上各种利益的诱惑,人们总是很想恃强凌弱、以大欺小、不劳而获。凡此种种,如果任由个人和群体自行决策和行为,必然挑起战乱,人类相互残杀,我们人类和社会将不能存在。所以,"如果在被害者自卫的过程中没有在他们(注:害人者,下同)中间确立这一正义原则,并且没有使他们慑服,从而对被害者的清白无辜感到某种敬畏的话,他们就会像野兽一样随时准备向他发起攻击;一个人参加人们的集会犹如进入狮子的洞穴。"③ 因此,"为了强

---

① 斯密:《道德情操论》,商务印书馆,1997年版,第106页
② 同上
③ 斯密:《道德情操论》,商务印书馆,1997年版,第107页

迫人们尊奉正义，造物主在人们心中培植起那种恶有恶报的意识以及害怕违反正义就会受到惩罚的心理，它们就像人类联合的伟大卫士一样，保护弱者，抑制强暴和惩罚罪犯。"①

三是正义原理是一种自然原理，是我们人类所不能违的。只要存在人类，正义法则就会自然自发地产生作用，这就是我们通常所言——正义的力量是不可战胜的！正义是我们人类社会得以存续的根本保证。正如斯密所解释的那样，动物或植物肌体的每件东西的巧妙安排都自然促成了天性的两个目地即维持它们个体的生存和繁殖，钟表各种齿轮所有不同的运转都是以精巧的方式相互配合以产生指示时间的效果。而正义法则同样是我们社会得以运行的天然机制，这种法则的安排是上天赋予我们人类的，并不是来自我们人的理性和智慧，所以，斯密讲正义法则是天赋原则和出于神的智慧。斯密进一步阐明到，自然赋予我们人类对社会热爱和对团结期望的天性。对于我们每一个人来说，有序的、兴旺发达的社会总是令人愉快的，我们乐于见到这样的社会。我们每一个人也意识到，自己的利益与社会的繁荣休戚相关，自己的幸福或者生命的维持同样取决于社会秩序和繁荣能否保持。所以，自然在我们心中埋下了恶有恶报的意识和破坏社会的不义行为必遭惩罚的恐惧心理。这种意识和心理成为维系我们社会共同体有序和繁荣的天然屏障，成为我们人们相互连接为一体的保护神。似乎我们的正义来自我们人类的理性，其实，正义是我们人类的天性而自然生成和赋予的，所以，敬畏正义和维护正义是我们人类的自然法则，违者必遭天罚。正如斯密所申明的：

"每一种不义行为的出现都使他感到惊恐不安，如果我可以这样说的话，他会尽力去阻止这种行为的进一步发展，如果任其进行下去，就会很快地葬送他所珍视的一切。如果他不能用温和而合理的手段去约束它，他就必定要采用暴力来压制它，总之，必须阻止它进一步发展。因此，人们时常赞成严格执行正义法则，甚至赞成用死刑来惩罚那些违反这种法则的

---

① 斯密：《道德情操论》，商务印书馆，1997年版，第106-107页

人。由此,要把破坏社会安定的人从世界上驱逐出去,而其他的人看到他的下场也不敢步其后尘。

……所以,根据对保持社会秩序的必要性所作的考虑,我们经常有必要坚持自己对合宜性而又恰当的惩罚所具有的那种自然意识。当罪犯即将为遭到正当的报复而受苦时,人们自然的义愤告诉他这是罪有应得;当他那蛮横的不义行为因他对愈益临近的惩罚感到恐惧而中止和加以克制时,当他不再成为人们恐惧的对象时,他就开始成为人们慷慨而仁慈地对之表示怜悯的对象。想到他即将遭受的痛苦,人们减轻了因他给别人造成的痛苦而产生的愤恨。他们倾向于原谅和宽恕他,并免除给予他的那种惩罚,在他们感情极其冷漠的时候,这个惩罚曾被认为是罪有应得。因此,这里有必要唤起他们保持这种对社会整体利益的考虑。他们在更为慷慨和全面的人性的驱使下,抵消这种软弱和有偏见的人性所产生的冲突。他们想到对罪犯的宽恕就是对无辜者的残忍,并以某种同情人类的更为广泛的体恤之情,来同自己同情某一特殊人物的体恤情绪相对抗。"①

在这里,我们要特别深刻理解斯密关于产生正义的自然性质的社会机理,关注他文中的"自然"、"人性"等关键词语。

关于正义法则的自然性质,斯密进一步辩护道,从我们个人对他人行为和动机的合宜性判断之中自然产生了正义的观念,或者说从我们人们天生的同情之感产生了我们社会理性的正义。实际上,这就是我们社会正义法则的自然形成和自发演进的一个过程。首先,人类正义观念的形成,总是始发于我们对他人行为或动机的合宜性判断中。斯密讲到,我们经常对一些年轻人或放荡不羁的人嘲弄神圣的道德法则、鼓吹败坏和可恶的反社会的行为准则,我们会因此愤怒并揭露和反驳他们鼓吹的可恨的原则。我们为什么会这样做呢?因为他们成为了我们憎恨和讨厌的自然而又合宜的对象,这是激起我们反对他们的最初起点,然而,我们并不能以一种激情作为我们反对他们的唯一理由。因此,具有决定性的理由必然就上升到他们的这种可恶原则一旦付诸实施必然导致社会秩序的混乱,由此,社会正

---

① 斯密:《道德情操论》,商务印书馆,1997年版,第108-109页

义的观念就自然地逐渐形成。所以,斯密说,"虽然看出所有放荡不羁的行为对社会幸福的危害倾向通常无需良好的识别能力,但是最初激起我们反对它们的几乎不是这种考虑。所有的人,即使是最愚蠢和最无思考能力的人,都憎恨欺诈虚伪、背信弃义和违反正义的人,并且乐于见到他们受到惩罚。但是,无论正义对于社会存在的必要性表现得如何明显,也很少有人考虑到这一点。"① 所以,正义之观念来自我们每个人的情感,正义之德性发力于我们每个人的激情。

其次,从个体的正义判断必然带来社会的正义法则,从个体的同情之感必然带来社会的理性正义。这个原理似乎在斯密《国富论》中得到了进一步的发挥和运用,成为我们社会极为重要的自然法则。对于这一重要原理,斯密循序地阐述到:

"最初使我们注意对侵犯个人罪行的惩罚的,不是某种对保护社会的关心,这一点可以用许多显而易见的理由来证实。我们对个人命运和幸福的关心,在通常情况下,并不是由我们对社会命运和幸福的关心引起的。我们并不因为一个畿尼是一千个畿尼的一部分,以及因为我们应该关心整笔金钱,所以对损失一个畿尼表示关心。同样,我们也不因为个人是社会的一员或一部分,以及因为我们应该关心社会的毁灭,所以对这个人的毁灭或损失表示关心。不论在哪一种情况下,我们对个人的关心都不是出于对大众的关心;我们对大众的关心是由一种特别的关心混合而成的,而这种特别的关心又是由我们对不同的个人所产生的同情组成的。……然而要看到,这种关心并不一定在某种程度上包括那些优美的情感,即通常称为热爱、尊敬和感动,并据以区别我们的特殊朋友和熟人的那些情感。仅仅因为他是我们的同胞,所以,这方面所需要的关心,只不过是我们对每一个人都具有的同情。"②

显然,我们每个人对他人关心和同情的个体行为产生了社会正义的整体效果,从我们每一个人爱恨等情感变化的这种人性反应机制合成了我们社会正义的法则,虽然我们在绝大部分的日常生活中不会也不可能自觉地

---

① 斯密:《道德情操论》,商务印书馆,1997年版,第110页
② 斯密:《道德情操论》,商务印书馆,1997年版,第110-111页

从维护社会秩序的观念出发进行我们个人的道德判断。

然而，斯密并没有忽略确实出于对社会整体利益关心的角度而建立的社会正义。他指出，"在某些场合，我们惩罚或赞同惩罚确实仅仅是出于某种对社会总的利益的考虑，我们认为，不那样，这种利益就得不到保证。它是对各种妨害国内治安或违犯军队纪律的行为所作的一种惩罚。此种罪行不会立即和直接地伤害任何个人；但人们认为，它们的长远影响确实给社会带来或可能带来不少麻烦或巨大的混乱。"①

接着，斯密以一个士兵警戒时睡大觉受到军法处死的事例辨析我们人类对于恶、对于犯罪的惩罚程度的看法会随着我们激情的变化而改变，即我们情感合宜性与正义惩罚的二者之间的相称性问题。当一个士兵警戒时睡大觉而被军法处以极刑，从这种疏忽可能招致全军覆没的角度来看，这种严厉的惩罚显得十分必要，从而正确和合适；然而这种处罚在我们内心看来无论如何还是过分严厉了，其罪行之小而惩罚之重，使我们感情与正义惩罚之间难以保持一致，我们对此是难以激起强烈的愤恨，并不赞同实行如此可怕的惩罚。所以，斯密劝告大家，"一个仁慈的人必须使自己冷静下来，作出某种努力，并充分运用自己的坚定意志和决心，才能亲自实行，或者赞同别人实行这种惩罚。"② 但是，我们常常并不如此理性，总是有着激情的变化。当我们面对忘恩负义的凶手或杀害自己父母的人是如此热切地赞同对罪犯实行的正义惩罚，如果罪犯偶然避免了惩罚，我们就会极大地失望和愤怒。显然，旁观者对于不同的惩罚是有着不同激情的。两个同样正义的惩罚并不是建立在同样的感情基础上的，由此也就不是建立在同一原则基础上的。我们对待士兵必须和应该为众人的安全而受到惩罚时，总是认为士兵是一个不幸的牺牲者，而对逃脱惩罚的罪犯则易于激起我们极为强烈的愤怒。这样，一个人的善恶判断就会与其自身的激情紧密联系在一起，形成了个体感情波动与公正的正义惩罚之间的差异。当我们看到罪大恶极的罪犯时无疑是恨之入骨的，而一旦惩罚罪犯于极刑则又产生恻隐之心。这种纯粹的个体感情波动是自然的，也是合理的，甚至是正

---

① 斯密：《道德情操论》，商务印书馆，1997年版，第111－112页
② 斯密：《道德情操论》，商务印书馆，1997年版，第112页

<<< 第一章 斯密《道德情操论》的解读

义法则作用的方式。如果我们个体的感情与正义法则的完全合宜那倒不正常了,因为作为感性的激情与作为理性的正义总是在不断地调适中得到均衡的公正,这个过程就是使我们的激情趋于冷静,使我们个体的情感趋于全体的共感和一致,使我们跨越个体感情狭隘的局限性走向我们全体认同的公正的正义。正是这样一个社会的磨合过程才建立了我们今天合宜的法制社会和政治制度,并且还将持续地演变和发展下去。

有意思的是,斯密认为,自然的正义惩罚并不是总在我们人间现时地得到实现,我们人类的一切功过也不可能总是在现世中得到完全地清算。尽管善有善报,恶有恶报,但我们总是在自己的现世中得不到一切满足,总是面临着遥遥无期的时间未到、到了才报的期待。正是由此,斯密提出,我们不能一味地认为只有不义行为的今世惩罚才能维持社会的秩序。如果以为善恶一定要在现世得以报应,那么这个社会是很难维持的。所以,斯密以为"造物主是使我们希望、宗教也准许我们期待这种罪行甚至在来世受到惩罚"[1]。人类宗教的地狱、天堂的理念其实就是对社会正义的一种补充和完善,是我们人类正义之情的一种诉求和祈愿。使我们每一个人感到不义行为的惩罚将会尾随其后,直到死后;使我们每一个人感到正义行为的报答也会终其所得,身后归天。可见,斯密在这里对宗教意识即正义神以及天堂、地狱的理解是将其归于维系社会秩序的一种作用,因而是一种属于价值观范畴的内容。"因而,我们认为,公正的神还是需要的,今后他会为受到伤害的寡妇和丧失父亲的人复仇,在这个世界上,他们经常受到侮辱而无人对此加以惩罚。因此,在每一种宗教和世人见过的每一种迷信中,都有一个地狱和一个天堂,前者是为惩罚邪恶者而提供的地方,后者是为报答正义者而提供的地方。"[2]

九、命运对我们道德情感的影响

斯密开宗明义地指出,我们对某一行为的赞同或责备,即我们的道德

---

[1] 斯密:《道德情操论》,商务印书馆,1997年版,第113页
[2] 同上

判断,"首先是针对产生这个行为的内心意图或感情的;其次是针对这种感情所引起的身体外部的行为或动作的;最后是针对这个行为所实际产生的或好或坏的后果的。"① 上述三个方面构成了我们道德判断的全部要素,我们就是根据这样三个方面判断他人行为的相应品质。

斯密特别强调,行为的内心意图或感情是道德判断的首要和根本的因素,而行为本身和行为后果只是次要的因素,甚至不能作为任何赞扬或责备的根据。斯密为什么这样认为呢?我们通常是根据行为的后果来作出我们的道德判断,而斯密却不是如此。他认为,就行为本身而言,如一个向鸟射击的人和一个向人射击的人,做的是同样的动作,我们是无法从其行为方式本身作出道德判断的;就行为的后果而言,其比身体的动作或行为给予赞扬或责备无关,因为后果并不取决于行为者而是取决于我们自己无法控制或预测的命运。所以,斯密清楚地指出:

"行为者可能对此负责的,或者他由此可能得到某种赞同或反对的唯一后果,就是那些这样或那样预期的后果,或者至少是那些显示出他的行为由以产生的内心意图中某一令人愉快或不快品质的后果。因此,恰好归于某一行为的一切赞扬或反对,最终必定针对内心的意图或感情,必定针对行为的合宜与否,必定针对仁慈或不良的意图。"②

斯密坚持认为,我的这一准则是没有人反对的,它的正确性得到世人的普遍承认。因为,"每个人都认为:不同行为所造成的偶然的、意外的和未能料到的后果无论是怎样的不同,然而,如果一方面这些行为由以产生的意图或感情是同样的合宜和仁慈,或者另一方面是同样的不合宜和恶毒的话,那么行为的优点或缺点仍是相同的,并且行为者同样成为感激或愤恨的合宜对象。"③ 斯密在这里清楚地表明了,我们道德判断的首要依据是行为的动机和感情,如果动机和感情是合宜的、善良的或者是不合宜的、恶毒的,不论其行为结果如何,归根到底决定着我们的赞同或谴责。然而,当斯密面对现实时发现我们人类的道德判断依然在很大程度上受到

---

① 斯密:《道德情操论》,商务印书馆,1997年版,第114页
② 斯密:《道德情操论》,商务印书馆,1997年版,第114－115页
③ 斯密:《道德情操论》,商务印书馆,1997年版,第115页

第一章 斯密《道德情操论》的解读

行为后果这一因素的影响，尽管斯密对此感到遗憾，但确实是事实。基于此，斯密转向了在现实层面上讨论行为的实际后果是如何影响我们的道德判断的问题，因此就得出了命运或机运是如何对我们道德情感产生影响的观点。所以，斯密坦言："一旦面临特定情况时，某一行为正好产生的实际后果对我们关于的优点或缺点仍然具有一个非常巨大的影响，并且几乎总是加强或减弱我们对两者的感受。仔细考察一下便会发现，在某一具体情况下，我们的情感很少完全是受那种法则控制的——尽管我们都承认情感应该完全受它的控制。"[①] 斯密试图解释我们人们在现实中以行为的后果作为道德判断的事实，并且重点是放在人们的命运对行为后果进而对道德判断产生的一般影响。

首先，斯密指出，引起人们激情的是最为直接和可以体验的快乐和痛苦，由这种快乐和痛苦激发了我们的感激和愤恨，无论是有生命的还是无生命的，无论是有意识的还是无意识的，都会引起我们的感激和愤恨的激情。斯密解释到，当一块石头碰痛的一瞬间，我们也会对它发怒，当某个无生命的东西给我们带来巨大的快乐时，我们也会抱有某种感激之情。尽管我们对没有生命之物给我们带来的快乐和痛苦产生感激和愤恨的激情似乎是不合情理的，尽管我们对动物给我们带来的快乐和痛苦的感觉不足以成为我们感激和愤恨的完美对象，但无一例外，它们不仅是带给我们快乐和痛苦的原因，而且是我们可以感觉到的，只有这样才可能成为合宜的感激和愤恨的对象。在这里关键是对象性的客体给我们带来了感觉上的结果，而不是它们的原因，因为它们是没有主观原因和主观意识的。所以，斯密要强调的是事件后果所带给我们的感觉通常是我们道德判断的心理和生理的自然前提。在我们通常的生活经验中，我们对一件事或一个人的好感或坏感，一般是取决于其实际上对我们所带来的快乐或痛苦而形成的，我们并不清楚或深究其原因，由于这种直接的感觉必然产生了我们的赞同或愤恨的情感。至此，斯密从毫无感情的物品如房屋、树木到没有人情的动物推及到我们人类自身，发现了我们与它们不同之处，即我们人类的感

---

① 斯密：《道德情操论》，商务印书馆，1997年版，第115页

115

激或愤恨情感的完全充分性还需要对象体本身也可以得到与我们一致的感觉,"感激之情渴望的不仅是让施恩者也感到快乐,而且要使他知道他是由于自己过去的行为才得到这一报答,使他为作出这种行为而感到愉快,使他满意地感到某人是值得他为之行善的。在我们恩人身上,最使我们着迷的是他和我们之间情感上的一致,是他像我们一样看重我们品质的价值,是他对我们的尊敬。"①

因此,斯密进一步指出能够成为我们人类完美、合宜的感激对象或愤恨对象的应该具备下面三个条件:其一,该对象必须是快乐或者痛苦的真正原因;其二,该对象本身必须具有感觉快乐或者痛苦的情感能力;其三,该对象不仅导致了快乐或者痛苦,而且必须是按照一定的预先动机和意愿产生出这些感情的。斯密认为,第一个条件使得每一个对象都能激起我们心理的一种感觉,产生我们感激或者愤恨的情感;第二个条件使得我们感激或者愤恨的感情得到满足;第三个条件不仅使得我们感激或者愤恨之情得到满足,而且附之于这个条件产生了更加剧烈又特殊的快乐或者痛苦,补充成为我们感激或者愤恨的充分原因。上述三个条件同时具备,我们的感激和愤恨之情才能得到完全充分的满足,我们的感激和愤恨之情才能达到完全满意的情感效果。关键的是,斯密指出了我们进行道德判断的心理机理,即我们总是从对象本身给我们带来的后果——快乐或者痛苦作为我们判断的起始点,这是我们感激或者愤恨之情产生的最直接原因。即使在动机与结果不一致情况下,人们通常也是按照这样的心理机理,即以对象行为结果判断其行为道德。只是在我们明确对象的行为动机时,我们所进行的道德判断才是最完全的和最充分的,达到了我们判断的终极点。所以,斯密说:

"虽然一方面某人的意愿可能是如此合宜和仁慈,或者在另一方面是如此不合宜和恶毒,但是如果未能产生他希冀的好事和罪恶的话,那就是因为在这两种场合都缺乏某种令人激动的原因,因此,在前一种情况下他很少得到感激,而在后一种情况下则很少被人愤恨。相反,虽然一方面某

---

① 斯密:《道德情操论》,商务印书馆,1997年版,第117-118页

人的意愿中没有值得赞美的仁慈,另一方面其中也没有值得谴责的恶意,但是如果他的行为产生出重大的善果或重大的恶果的话,那么,由于在这两种场合都产生了那个激发人们感情的原因,在一种情况下就容易对他产生某些感激之情,而在另一种情况下就容易对他产生某些愤恨之情。"①

其次,正是由于我们行为的后果往往是难以预料和把握的,在我们的行为动机与行为结果之间会有许多不确定因素的影响。所以,斯密讲,我们行为的后果完全处于命运的掌控之中,于是命运就对我们人类的感激或者愤恨之情发生影响。那么,机遇或者运气是如何影响我们对一种行为的道德评判呢?斯密告诉我们:

"首先,这种命运影响所产生的后果是:如果有最值得称赞或最可责备的意愿引起的那些行为没有产生预期的效果,就会减弱我们对其优点和缺点的感觉;其次,如果那些行为偶然引起了极度的快乐或痛苦,就会增强我们对其优点或缺点的感觉,从而超过了对这些行为由以产生的动机和感情所应有的感觉。"②

斯密对上述两点从两个方面作了详细的解释。第一方面属于有善意而未果或者有恶意而未遂,也就是我们的行为后果并不符合或没有实现我们的行为意图和动机的情况。斯密例证到,在帮助别人未获成功与帮助别人获得成功的朋友之间,显然存在感情上偏爱助人成功的朋友;设计在图纸上的建筑和已经完工的建筑对于评价一个设计师来说是一样的,但在赞美和赏识上却是完全不同的,人们更加赞美和欣赏已经完工建筑的设计卓越性和天才性;具有图谋犯罪的人,即使其意图被证明得何等清楚,也不会像实际犯罪那样受到重判。"小偷在把手伸进邻人的口袋行窃之前被人当场抓住,对他的惩罚只是使他丢脸。如果他有时间偷走一块手帕,就会被处以死刑。非法侵入他人住宅的人,在邻人的窗前置放梯子、尚未进去就被人发觉,不会被判死。企图强奸妇女的人不会受到像强奸犯那样的惩罚。虽然诱奸妇女要受到严厉的惩罚,但是企图诱奸一个已婚妇女的人却简直不会受到惩罚。我们对只是企图造成危害的人所怀的愤恨,很少会强

---

① 斯密:《道德情操论》,商务印书馆,1997年版,第119-120页
② 斯密:《道德情操论》,商务印书馆,1997年版,第120页

烈到使我们为使他受到跟实际造成危害的人相同的惩罚而出庭作证。"① 意图的罪恶与后果的罪恶实际上是相同的，但人们往往减轻对前者的愤恨而增强对后者的愤恨，这是我们所有人在情感上都存在的一种不规则。所以，斯密公正地指明，"无论什么地方，文明人自然的愤怒不会因罪行的后果而增强，他们从仁爱出发有意免除或减轻惩罚。相反，当某种行为并未发生实际后果时，野蛮人对它的动机往往不很敏感或追根究底。"②

第二方面属于一种行为偶然引起了我们过分的快乐或痛苦时，除了由此行为的动机或感情造成的后果外，还会增强我们对这一行为感激或者愤恨的感受，实际上就是无意中做了善事或者恶事的情况。斯密首先明确，虽然在行为者的意图上没有什么值得称赞或者责备的东西，但其无意图的行为仍然会对我们带来感激或者愤恨之情的影响，对行为者的优缺点投上某种阴影。

斯密细致区分了几种情况：

带来坏消息的报信者会使我们感到不快，带来好消息的报信者我们会产生感激之情。报信者只是将事情的结果报告而已，他并不是行为者，更与行为的结果无关，但是，我们总会由此自然地形成对报信者的好感或恶感，并且付之其实际的奖惩。带来愉快消息的人成为我们感激的对象，高兴地予以报答；带来悲伤消息的人成为我们愤恨的对象，愤怒地予以发泄。在斯密看来这有失公正，虽然对带来好消息的人给予报答似乎不会引起我们的不快，但对带来坏消息的人给予惩罚却是有失公允的，甚至是野蛮残忍和毫无人性的。尽管这种状况来自于我们的自然感情，但仍然要尽力避免，这就需要我们具有更加坚强和丰富的理性。

一个无意之中将石块投向街道上的人，即使没有造成什么危害的后果，也会受到惩罚，如果伤及路人，则要加重惩罚。斯密把这样一种行为称之严重的疏忽，严重的疏忽和恶毒的图谋几乎相等。即使无意，只是疏忽和过失，但仍是对别人的幸福和安全表现出的一种蛮横无理的轻视态度，实属对别人的侵害，是正义和社会意识的严重缺乏。显然，一个人因

---

① 斯密：《道德情操论》，商务印书馆，1997年版，第125页
② 同上

<<< 第一章 斯密《道德情操论》的解读

为自己的疏忽或大意造成了对他人的伤害，无论其有无主观意图的善恶，并不影响和改变对其的惩罚，尽管这个人身上有着多么闪耀的优点，也必须为此损害承担责任。在斯密看来，几乎所有的国家的法律中都可以看到对此严加惩处的条款，尽管我们感到有的处置过于严重，但这并不违背我们的天然情感。我们对由此造成受难者的不幸表示的同情，同时激起了我们对行为者愚蠢而缺乏人性的行为的正当的愤怒。

我们对疏忽大意者造成的结果不同而在感情上也会有所不同。一种程度的疏忽是不涉及到正义与否的行为，行为者既无意伤害他人，也不轻视他人的存在，只是由于不那么小心和谨慎，由此在感情上我们通常只是予以一定程度的责备和非难，如果这种疏忽引起了对他人的某种伤害，也只是责成他给予赔偿，但决不会在感情上认为要以刑法重处。斯密认为，对于这样程度的疏忽所造成的伤害，我们最为合理的解释是，一个人不能为另一个人的粗心所害，损害多少，赔偿多少。另一种程度的疏忽存在于我们没有必要过于谨慎和小心的行为之中，正如斯密所讲，"对什么事情都胆小谨慎从来不被认为是一种美德，而被看成是一种比其他东西更不利于行动和事业的品质。然而，当某人由于缺乏这种过分的小心，碰巧对别人造成损害的时候，法律常常要强制他赔偿损失。"[1] 某人驾驭一匹突然受惊的奔马踩到了别人，通常我们的感觉是他不应该骑这匹马，并认为他试图骑这匹马也是不能原谅的轻率行为，然而如果没有发生这样的偶然事故，我们又会认为他不骑这匹马是胆怯懦弱的表现。所以，当行为者对受害人积极地道歉和赔偿时，我们通常表现出的不是愤恨而是宽容。从上述两种情况看，我们的感情是随着行为结果的程度不同而发生变化的，一个理性和公正的旁观者不会因为是否实现预定的结果而影响其道德的判断。对于我们大多数人来讲，通常是以结果是否实现和结果实现的程度而引起我们感情的变化差异并作为我们判断的依据，所以，我们的感激和愤恨通常要取决于行为后果的好坏。而好心未必取得善的结果，坏心也未必带来恶的后果，结果的好坏不是行为者能够自主决定的，因此，我们就会把机运归

---

[1] 斯密：《道德情操论》，商务印书馆，1997年版，第129页

诸于某个行为人身上的命运。好心办了好事，我们对他的感激超过了他应该得到的报答；好心办了坏事，我们对他的愤恨也出乎他所承受的程度。这就是我们人类在现实中客观存在的情感偏差。

最后，斯密深刻地分析了我们情感偏差及其变化无常的最终原因。斯密讲到，我们历来抱怨世人根据结果而不是动机来作出道德判断，这种抱怨意味着我们以结果而判断是对人之美德缺乏信心，显然是一种不公正的判断。我们一般都会同意这样的格言：由于结果是不依行为者而定，所以结果不应影响我们对于行为者行为的优点和合宜性的情感。然而，我们的现实是我们自己的情感很难与这一格言相符，"任何行为愉快的和不幸的结果不仅会使我们对谨慎的行为给予一种或好或坏的评价，而且几乎总是极其强烈地激起我们的感激或愤恨之情以及对动机的优缺点的感觉。"① 斯密实际上对人类这种以成败论英雄的德性的脆弱和单薄表示了一定程度的遗憾，如此下去，那么行善而未成功的人的优点就会因失败而缩减，企图作恶而未遂的人的缺点和过错也会减轻。尽管我们意识到行为之结果与行为之动机二者之间并没有什么太大的关系，但我们在感情上依然很难摆脱以成败论英雄的惯性，特别是当我们是受益或受害的当事人。由此，感情就直接影响到我们对行为者的行为动机和意图的评价，而且直接关系到我们对行为者本身产生的感激或愤恨之情。这在斯密看来是有些不大公正的。

但是，斯密仍然从造物主那里发现了以结果评价行为的合理性和有益性。"当造物主在人们心中撒下这种情感变化无常的种子时，像在其他一切场合一样，她似乎已经想到人类的幸福和完美。"② 我们的这种情感与其说是来自造物主，不如说是来自我们的自然本性。自然而然的情感生成和变化定有其合理和必要所在。在这里斯密不仅解释了我们这种感情变化的终极原因，而且进一步阐述了其必然性和有益性。

如果我们以行为的后果来引导我们对其动机和感情进行评价会得到什么结果呢？

---

① 斯密：《道德情操论》，商务印书馆，1997年版，第130页
② 斯密：《道德情操论》，商务印书馆，1997年版，第130－131页

其一，如果单就伤人的行为而言，我们必然由此推断和怀疑其有伤人的动机和意图，仅凭其这样的动机和意图的怀疑就足以激起我们愤恨的激情。即使这些意图和动机没有付诸行动，我们也会感觉到对他的全部愤怒之情。可见，情感、想法和打算都将成为惩罚的对象，我们的怀疑和推测也成为我们惩罚的根据。斯密认为这样的结果显然是荒唐的，仅以人们的想法和动机、以人们的怀疑和推测作为我们道德裁决的依据实在是可怕的——每一个法庭都成为了审理之所，每一个毫无恶意和小心谨慎的行为也将无安全感可言，猜疑和提防弥漫于我们的生活，我们每一个人都生活在人人自危和畏首畏尾的恐惧之中。所以，斯密认为，如此下去，社会将难以存续。为此，"在最初看来是荒唐的和不可解释的人类有关优点或缺点的这个有益而有用的感情变化的基础上产生了有关正义的必要法则，即在这个世界上，人们不应为他们所具有的动机和打算而受到惩罚，而只应为他们的行为而受到惩罚。"① 这实际上就是我们人类社会从感性到理性和法制的自然转化，以行为结果作为评判的依据是我们社会形成稳定秩序和和谐氛围所必需的。斯密把这种人性的自然转化称之为造物主的深谋远虑、神的智慧和仁慈。

其二，这种情感变化的一个有益之处在于我们倾向于行动，倾向于行为本身，必然积极地促进人们全力以赴地在实际行为上实现其内心的善良意愿。人们注重结果甚于动机，使得我们每一个人努力将自己的善良意图和计划付诸行动。要想得到别人的赞扬和尊敬，得到别人的信任和爱戴，仅仅靠表白自己的心愿和善意是远远不够的，人们更看重的是你的行动和结果。斯密将这种情感变化的有益性又归结为造物主的功绩，斯密说："造物主教导他：为了达到他欲促其实现的目的，可能要全力以赴，除非他实际上达到这些目的，否则自己和别人都不会对他的行为感到十分满意，也都不会对他的行为给予最高度的赞扬。造物主使他明白：那个除其全部谈吐举止表现出最正直、最高尚和最慷慨的感情之外，没有完成一次重要行为的人，即使他的无用或许只是因为缺少帮助别人的某个机会，也

---

① 斯密：《道德情操论》，商务印书馆，1997年版，第131页

永恒的思想 >>>

可能没有资格得到很大的报答。我们还可以拒绝给他这种报答而不受到谴责。我们还可以问他：你干了些什么呢？你干了些什么实实在在的好事使你有资格获得这么大的回报呢？"① 斯密接着讲到，我们给予那些没有行动只有好心人的荣誉和晋升，显然是不合宜的，荣誉和晋升是对实际非凡善行和业绩的结果。同理，没有犯罪而仅仅因内心的感觉而施加惩罚也是最粗野和残忍的暴行。由此可见，身体力行，言行一致，说到做到，这是自然赋予我们人类赞誉和颂扬他人的感情基础，尽管这有些功利色彩，但这种论功行赏的方式仍不失为我们最有效的一种激励，是促进人们努力进取、勤奋践行的积极力量，斯密对这种感情变化的有益作用给予了充分的肯定。

其三，这种感情变化的另一个积极作用是促进人们行事谨慎和细致。斯密说，"造物主教导人类：要尊重自己同胞的幸福，唯恐自己会做出任何可能伤害他们的事情，哪怕这是无意的；如果他无意中不幸地给自己的同胞带来了灾难，他就会担心自己所感到的那种强烈愤恨会冲自己突然爆发出来。"② 尽管无意之中干下了坏事对肇事者和受害者都可理解为一种不幸，但终究木已成舟，惩罚与指责接踵而来，虽然是极不公平的，但却是自然和无法改变的，正是由于这种不规则的感情变化自然形成了对我们做事的警示，促成我们的谨慎和先思。斯密举例说明，在古代人的家教中，祭神的圣地是不允许人们随意踩踏的，当一个人不知而违反这一规定时，从他踩踏之日起就自然成为了一个赎罪者，在他完成赎罪前还会遭到我们肉眼所看不到的神的报复；一个富有人性的人疏忽中意外致人死亡，虽然他没有犯罪，他还是感到自己是一个赎罪者，并且伴随他一生。斯密告诫我们，一个人不仅要具有善良的心地，而且在为人做事上要慎重地善待他人。行为的相同结果，无论其故意或无意，人们对其的愤恨几乎是相同的，对其的惩罚几乎是一致的，斯密说这是自然的，是我们人类情感变化的产物，但无疑是极不公正的。但是斯密展望我们人类未来，期望我们：

"尽管这一切看来是情感的不规则变化，但是如果一个人不幸地犯下

---

① 斯密：《道德情操论》，商务印书馆，1997年版，第132页
② 斯密：《道德情操论》，商务印书馆，1997年版，第132-133页

了那些他无意犯的罪行，或未能成功地实现他有意做的好事，造物主也不会让他的清白无辜得不到一点安慰，也不会让他的美德全然得不到什么报答。那时，他会求助于那正确而又公平的格言，即：那些不依我们的行为而定的结果，不应减少我们该得到的尊敬。他唤起心中全部的高尚感情和坚定意志，尽量注意自己不要以现在的面貌而以应有的样子出现在人们的眼前，他要人们看到他那慷慨的意愿最后得到成功，即使人们的感情都很正直和公正，甚或同自己全然一致。一部分很正直和富于人性的人，完全赞成他如是按自己的观点来激励自己所作的努力。他们以心灵中的全部高尚而又伟大的情感矫正自己心中的人性的不规则变化，并努力以相同的眼光来看待自己那没有获得成功的高尚行为，即使在没有作出任何这样大的努力的情况下获得成功，他们也会自然而然地倾向于用这种眼光来思考问题。"①

十、我们如何评判自己的情感和行为——论人的良心

斯密首先提出问题，我们自己是如何评判自己的行为和感情呢？我们如何对自己的行为或感情进行自我否定或自我认可呢？他明确指出："我们据以自然地赞同或不赞同自己行为的原则，似乎同据以判断他人行为的原则完全相同。"② 这就是说，我们在自我判断时，就如同我们在判断他人行为时所采用的方式，即根据是否同情他人行为的感情和动机来决定是否赞同他人的行为。同此道理，我们自己也是站在他人的立场看待自己的行为和感情，根据他人能否充分同情我们自己行为的情感和动机来决定是否赞同我们自己的行为进而自我评判的。我们对自己情感和行为的评判"只有通过努力以他人的眼光来看待自己的情感和动机，或像他人可能持有的看法那样来看待它们，才能做到这一点"③。我们必须离开自己的位置走到他人的位置上，以一定的距离来观察自己的情感、动机和行为，才能作出

---

① 斯密：《道德情操论》，商务印书馆，1997年版，第134页
② 斯密：《道德情操论》，商务印书馆，1997年版，第137页
③ 同上

全面的自我评价。作为一个社会的人，当他面对自己的时候，如何做人？如何行事？都必然会，或者在一定条件下会、或者我们想象应该会同他人的判断具有某种内在和必然的联系。人类社会人们之间的显现（外在的）和隐含（内在的）的相互联系是斯密关于道德伦理秩序得以建立的一种社会机制，同样，人们的自我评判也是如此——我们每一个人都会像我们推测其他任何公正而无偏见的旁观者可能做的那样来考察我们自己的情感、动机和行为，我们会以想象中的公正旁观者的赞同而对自己的行为表示赞同，反之则会自我责备。我们每一个人正是通过他人的眼光、站在他人的位置，通过想象中的公正旁观者的看法，对自己进行审视和评价，依此来自我认可或自我否定。这既是一种我们自然而成的心理机制，又是一种我们人类共存的社会机制。

斯密进一步证明，当我们一个人离群索居、与世隔绝时，我们既不可能、也无必要来如此审视和评判自己，以此证明我们个人如此的天然心理机制在人与人的社会联系中形成为一种社会机制，维持和发展着我们人类的文明社会。一个孤独的人，"正如他不可能想到自己面貌的美或丑一样，也不可能想到自己的品质，不可能想到自己情感和行为的合宜性或缺点，也不可能想到自己心灵的美与丑。所有这些都是他不能轻易弄清楚的，他自然也不会注意到它们，并且，他也不具有能使这些对象展现在自己眼前的镜子。一旦把这个人带入社会，他就立即得到了在此之前缺少的镜子。"① 这面镜子是什么呢？是一面能够反映他人对自己行为的表情和情感并由此对自己行为表示是否赞同、是否合宜的镜子。这面镜子只有在我们人与人必然联系的社会中才会存在，而它的存在非同一般。我们每一个人做事和做人都必须拥有这面镜子，看看镜子就可以知道自己行为和感情的合宜或不合宜，看到自己心灵的美与丑。斯密解释到，对于我们初到人间而与社会隔绝的人来说，引起他快乐和悲伤的外部事物都是单纯和直接的，占据了他的全部注意力。他看到和关注到的只是引起他感情的外部事物，但他很少思考这个外部对象所引起快乐和悲伤的本身意义，也不思索

---

① 斯密：《道德情操论》，商务印书馆，1997年版，第138页

这些感情的合宜与否。当他成长进入社会并与他人相互联系时,他就从一个自然的个人转变为一个社会的个人,他就看到了人们在赞同什么,讨厌什么,他就必然将自己感情的思考与他人的看法结合起来。如果别人赞同,他就会受到鼓舞,激发起新的热情;如果别人厌恶,他就会感到沮丧,激发起新的悲伤。由于他人对自己行为和感情的看法成为我们自己的一面镜子,我们自己原有的纯粹的个人情感就转化为复杂的复合情感,自己和自己想象的他人的感情一致性才是我们自身行为和动机的合宜与否的判断标准,可见这面镜子的作用是至关重要的。这面镜子就是我们人类得以延续的一种社会机制,并由这种大家认同的情绪中引发了我们自己新的兴趣和全身心的关注。我们自己原来的愿望和嫌恶,快乐和悲伤,现在引起了我们自己新的愿望和嫌恶,新的快乐和悲伤,我们为此感情深感兴趣,引起我们最为专心的思考。

斯密根据这面镜子的原理,得出了下面三个论点:

一是我们对自身美丑的意识并不是生来具有的,而是由别人所引起的。正如我们自己面对镜子来审视自己的体态与仪表,看似是自己看自己,实则是以社会周围别人的眼光和审美来看自己。我们通过这样的审视,感到对自己满意,就会心平气和地接受别人的评判;如果我们对自己感到不满意,就会对他人的不赞许的评价极为敏感和羞愧。所以,体胖的人总是以富态、体瘦的人总是以苗条、邋遢的人总是以随意、讲究的人总是以时尚来安慰自己,我们作为旁观者也同样是这样表达的。显而易见,我们每一个人都是因为自己的美丑对他人的影响以及别人对自己的看法而感到焦虑不安的。如果我们割断与他人的这种联系,我们就会对此漠不关心,美丑意识也就所剩无几。

二是我们最初对别人品质和行为的道德评论,必然也会引起别人对自己的道德评论,而且同样是直言不讳的,并且通过他人评论的自我审视而得到自信。作为一个社会的人,自己不仅是别人的一面镜子,而且别人也同样是自己的一面镜子,在某种程度上,这是我们能用别人的眼光来检查自己行为合宜性的唯一的镜子。正是通过这面镜子的自我审视,我们取得了自信,无论别人怎样的称赞或者误解,我们都会保持着良好的恰当心态，因为我们自己有把握地确信自己的行为是自然和合宜的。反之，当我们自己未能通过别人眼光的自我审视，我们就会感到自己行为有问题，就会非常在意现实中他人的评论，而且经常为此更渴望得到他人的体谅和赞扬，以补偿自己过去内心的愧疚。

三是在我们进行自我审视时，我们每个人都转化为行为者和评判者双重角色。斯密发现，我们每一个人在考察自己的行为和感情时，在努力对自己行为和感情作出合宜性判断并决定自己是否赞同或谴责时，我们自己就自然分化成为行为者和评判者两个人，充当着行为的"我"和评判的"我"双重角色。正如斯密所说：

"在一切此类场合，我仿佛把自己分成两个人：一个我是审察者和评判者，扮演和另一个我不同的角色；另一个我是被审查和被评判的行为者。第一个我是个旁观者，当以那个特殊的观点观察自己的行为时，尽力通过设身处地地设想并考虑它在我们面前会如何表现来理解有关自己行为的情感。第二个我是行为者，恰当地说是我自己，对其行为我将以旁观者的身份作出某种评论。前者是评判者，后者是被评判者。不过，正如原因和结果不可能相同一样，评判者和被评判者也不可能全然相同。"①

正是由于我们每一个人在此时的双重身份，采取了双重规则，一个是作为评判者和旁观者的我，以一个评判者和旁观者的身份将自己设于自己所处的境遇以他人的眼光考察自己行为的合宜性，来考虑评判者和旁观者的他（实际是我）对于我自己行为的感情；另一个是作为行为者的我，这时我成为了被评判的对象，扮演着一个实实在在的我自己，等待着他人的评判；所以，我以我的规则来行事，我以他的规则来断事，正如被判决的人和判决的法官一样，两者之间不可能在一切方面取得意见的一致性。实际上这就是镜子的原理，一个我成为了镜子里的我和镜子面前的我，两个我是不可能完全一致的，甚至是完全不同的。我们正是通过镜子来审视和评判自己的行为和感情的合宜性。由此，斯密在强调作为评判者的我所遵循的规则下，讨论了我们面对赞扬与值得赞扬、责备与该受责备的不同

---

① 斯密：《道德情操论》，商务印书馆，1997年版，第140页

感情。

斯密指出，当我们在自我审视和评判时，知道自己被人敬爱和知道自己值得别人敬爱，是多么巨大的幸福啊！知道自己被人憎恨和知道自己应该被人憎恨，又是多么巨大的不幸啊！所以，人希望自己被人赞扬，而且希望自己成为值得赞扬的人，或者说虽然没有被人赞扬但确实是自然又合宜的赞扬对象；人害怕被人责备，而且害怕成为该受责备的人，或者说虽然没有被人责备但确实是自然又合宜的责备对象。我们这一切的感情倾向显然是天生而来的，因为我们天生就希望被人爱，希望成为可爱的人；我们天生就害怕被人恨，害怕成为可恨的人；前者是幸福，后者则是痛苦。

斯密分析到，我们喜欢被人称赞，具体起因于我们对他人品质和行为的赞同所具有的那种热爱和钦佩之情，这必然促使我们希望自己也成为这样一个令人感情愉快的人，希望自己成为我们热爱和钦佩那些人一样的可亲可敬的人；同时，发端于我们自己对别人钦佩之中的一种好胜心，进一步促进了我们自己应该胜过别人的急切愿望加以实现。我们这样做不可能仅仅是为了得到别人的钦佩，我们这样做是因为我们相信自己是值得别人赞扬的。看来对于每一个人来说，值不值得比得没得到更为重要，在我们心里，做值得赞扬的事显然重于和优先于得到现实赞扬的想法，至于得没得到赞扬对我们似乎并不重要，做值得赞扬的事是我们做事的支撑信念。那么，我们如何得到别人的称赞呢？我们必须成为自己品质和行为的公正的旁观者。"我们必须努力用别人的眼光来看待自己的品质和行为，或者说像别人那样看待它们。经过这样的观察，如果它们像我们所希望的那样，我们就感到愉快和满足。"① 如果我们进一步地发现别人确实也同自己一样的看待和评价自己的这些品质和行为，我们就会信心十足，大大坚定我们这种愉快和满足之情。在这里，我们自己做了值得赞扬的事，并且得到了现实的赞扬；不仅得到了自我心理感觉上的愉快和满足，而且在现实上的赞扬又大大增强了这种愉快和满足。所以，斯密说，"他们的赞扬必然坚定我们的自我赞扬。他们的赞扬必然加强我们对自己值得赞扬的感

---

① 斯密：《道德情操论》，商务印书馆，1997年版，第141－142页

觉。在这种情况下,对值得赞扬的喜爱非但不完全来自对赞扬的喜爱,而且至少在很大程度上对赞扬的喜爱似乎是来自对值得赞扬的喜爱。"①

斯密进一步揭示了我们喜欢被爱、被称赞与值得被爱、值得被称赞,害怕被恨、被谴责与该被恨、该受谴责这样两类不同感情心理所引起的道德伦理问题。

第一,当我们本不值得称赞而受到别人称赞时,我们在内心上并不快乐,我们对这没有根据的称赞和钦佩并不感到自在和满意,甚至感到是耻辱。如果我们对此称赞感到高兴,显然这证明了我们的浅薄轻率和虚伪,这是我们虚荣心作怪的产物。值得警惕的是,这种内心的虚荣感正是我们荒唐、卑劣、装腔作势和伪劣欺骗之劣德的基础。斯密举证说,"愚蠢的说谎者,竭力通过叙述那根本不存在的冒险事迹激起同伴的钦佩;妄自尊大的花花公子,摆出一副自己也明知配不上的显赫和高贵的架子;毫无疑问,他们都是为妄想得到的赞扬所陶醉的人。"② 如果我们站在一个公正的旁观者的位置、以一个客观和适宜的眼光来看待自己和内省自己,用一个"值得"的标准对自己的感情和行为进行衡量和自我审视,我们就会消除这种浅薄的弱点和轻浮的愚蠢。另一方面,只有名实相副的称赞才会给我们带来快乐和增强我们的自信,超越事实的任何赞美是对我们的羞辱和讥讽,因为我们根本就没有什么值得称赞的;或者是对我们的隐喻和借代,因为我们无可称赞,称赞的一定是他人而不是自己;或者是对我们的误解和不明,因为我们没有去做所称赞的那样值得称赞的事情,我们会因此内疚和惭愧并反省自己行为的可能偏差。总之,名不副实的称赞会引起我们内心的不安,不会带给我们快乐。这实际上是我们每一个人都具有的自知之明的内心感觉。人贵有自知之明,贵在将这种内心感觉转化为外在结果。

第二,当我们值得称赞而没有被人称赞时,我们的内心仍然会得到安慰,我们为自己做了值得称赞的事情而感到快乐。这是因为在我们内心中是以一个公正的旁观者所认同和赞扬的那样去做了应该做的事,去做了

---

① 斯密:《道德情操论》,商务印书馆,1997年版,第142页
② 斯密:《道德情操论》,商务印书馆,1997年版,第143页

"值得"做的事，即使没有得到现实上的称赞，但我们内心仍然是平静和自然的。"虽然我们实际上没有得到赞扬，但是我们的行为应该得到赞扬，它们在各方面都符合那些尺寸和标准，以此衡量，它们通常也必然会得到称赞和赞同。我们不仅为赞扬而感到高兴，而且为做下了值得赞扬的事情而感到快乐。虽然我们实际上没有得到任何赞同，但是想到自己已成为自然的赞同对象，还是感到愉快。"① 这就是我们自己对自己行为和感情有着强烈认可的信念所产生的结果。所以说，值得称赞的感情更为根本和重要，也更加珍贵和完美。同理，当我们应该受到责备而没有受到责备，我们同样会反省自己应该受到公正的责备，因此，我们会感到羞辱。斯密还指出，一个人应该得到称赞而在世时没有得到称赞，与其死后才得到称赞是没有多大区别的。对此，斯密解释到，一个人之所以抛弃生命去追求死后不能再享受的声誉，是他相信别人同自己具有相同的感情来称许和赞美自己，这种感情是自己行为自然而又正常的结果，并在内心中习惯地把人们的这种感情看成是我们自己行为所导致的自然而又合宜的感情，不论人们现实中是否表达了这种感情，我们自己都会相信我们所做的是符合值得称赞的感情的事情。尽管如此，斯密仍然对此大加赞赏，"人们自愿地抛弃生命去追求他们死后不再能享受的某种声誉。此时他们在想象中预料那种声誉将会落在自己的身上。他们永远不会听到的赞许不绝于耳，他们永远不会感受到的赞美萦回心际，消除了他们心中一切极其强烈的恐惧，并且情不自禁地做出各种几乎超越人类本性的行为。"② 斯密实际告诉我们，人类的最真实、最可靠的终极快乐是我们做那些应该做、值得称赞的美德之事，而决不做那些哗众取宠、沽名钓誉、掠人美誉的败德之事。

人类为什么具有这样的感情特质呢？或者说我们为什么对称赞或责备会有这样的内在情感的反应呢？斯密认为这来自于造物主，即自然而来的。首先，造物主即大自然在创造我们人类时，就赋予我们具有使同胞愉快而厌于触犯同胞的一种原始情感，造物主教导我们得到赞扬时感到愉快而受到责备时感到痛苦，我们生来就有这样的一种情感，令我们愉快和满

---

① 斯密：《道德情操论》，商务印书馆，1997年版，第143页
② 斯密：《道德情操论》，商务印书馆，1997年版，第144页

意的是得到赞扬，令我们羞辱和不满的是受到责备。然而仅此是不够的，因为这还不能使我们适应这个世界。于是，造物主就进而赋予我们愿意成为应该被人赞同的对象的愿望。这样在我们面对赞扬和责备的感情上必然呈现出两个层面，第一个是我们愿意得到别人赞扬的愿望情感，第二个是我们愿意成为应该被人赞扬的愿望情感。斯密认为，"前一种愿望，只能够使他希望从表面上去适应社会；后一种愿望，对于使他渴望真正地适应社会来说是必不可少的。前一种愿望，只能够使他假仁假义和隐瞒罪恶；后一种愿望，对于唤起他真正地热爱美德和痛恨罪恶来说是必不可少的。在每一个健全的心灵中，这第二个愿望似乎是两者之中最强烈的一种。"[①]斯密大为赞赏和褒扬具有愿意得到应该被人称赞的情感愿望的人，这样的人是理智的、高尚的和具有美德的人。这样的人，当在自己深知不应该得到称赞而得到称赞时会非常明智地加以抵制，而且并不以得到称赞作为自己重要的目的；当在确实应该得到称赞而获得人们的实际称赞时，自己会以为这种称赞并不是太重要的目的；他始终把自己成为值得赞同的对象作为他的最大目标。所以，我们每一个人去做那些值得赞扬和社会认可的事情，而不去计较是否得到实际的称赞，是我们人生的最大目的，是我们对美德的最大追求，是我们生命的最大意义。斯密认为这就是我们人的一种良心。

第三，我们对一些劣迹所自然怀有的憎恨和轻视的感情也同样会使我们强烈地害怕自己被人憎恨、被人轻视，这实际上就是我们人类内心的耻辱感，具有这种感情的人也同样算是具有良心的人。斯密分析到，当我们具有害怕被人谴责、憎恨的想法时，即使实际上我们并没有受到实际的憎恨和轻视，我们仍然把自己所作所为可能成为人们憎恨和轻视的正确和合宜的对象而感到害怕；即使我们的所作所为是永远不会被人发现和察觉的，我们仍然感到羞耻和恐惧，任何影响我们这种耻辱感的因素都是全然无效的。这是因为我们自己以一个公正旁观者的眼光来观察自己的行为，我们就会对自己的所作所为感到不可原谅，感到惭愧和惶恐。如果我们的

---

① 斯密：《道德情操论》，商务印书馆，1997年版，第145页

行为普遍为人知晓，我们就会感到行将蒙受的奇耻大辱，预料到自己无法避免的蔑视和嘲弄；当我们周围的人在实际上对我们的行为给予指责和憎恨时，我们觉得自己是人们指责和憎恨的自然对象，我们理应受到这样的憎恨和谴责。我们一想到这些便会不寒而栗，内心受到极大的痛苦和折磨，畏惧和惊恐之感油然生起，我们的行为便戛然而止。斯密告诉我们，一个具有廉耻之心和耻辱之感的人同样是一个具有良心的人。正如"一个良心深为不安的人所感受到的这种自然的极度痛苦，像魔鬼或复仇女神那样，在这个自知有罪者的一生中纠缠不已，不给他以平静和安宁，经常使他陷入绝望颓废和心烦意乱之中，隐匿罪行的自信心不可能使他摆脱它们，反宗教的原则也不可能完全使他从这中间解脱出来，只有各阶层中最卑鄙和最恶劣的人，对荣誉和臭名，罪行和美德全然无动于衷的人，才能免受它们的折磨"①。

斯密同样指出，我们内心自然具有害怕该受责备的感情压倒害怕受到责备的感情。当我们害怕该受责备的感情占据我们的内心时，我们为了减轻这种恐惧，抚慰自己的良心，就会心甘情愿地接受罪有应得的指责和惩罚。然而，与我们对待称赞的感情不同的是，即使意志异常坚定的人也会对不应有的不实指责深感屈辱，尽管他很容易地鄙视社会上的胡言乱语，相信这些经不起推敲的荒唐和虚假的传闻会很快销声匿迹。斯密告诉我们，当一个清白无辜的人受到无端的诋毁和惩罚，就其本人来说是一种非常痛苦的感觉，是一种非常的不幸，必然在其心中产生正当的义愤。这种痛苦常常要大于确实犯了同样罪行的人所感受到的痛苦。"清白无辜的人，对落在自己身上的不公正的惩罚感到愤怒而引起的痛苦，远远超过那种恐惧可能引起的不安。一想到这种惩罚可能给他身后带来的臭名声，就极为惊恐，他怀着极大的痛苦预见到：今后他最亲密的朋友和亲戚们将不是沉痛和满怀深情地回忆他，而会怀着羞愧甚至恐惧之情来回想他那想象上的可耻行为。死亡的阴影似乎以一种比平常更加黑暗和令人窒息的阴郁来靠拢他。"② 所以，斯密呼吁，为了我们人类的安宁，在我们所有的国家里不

---

① 斯密：《道德情操论》，商务印书馆，1997年版，第147页
② 斯密：《道德情操论》，商务印书馆，1997年版，第149页

要再发生这种不幸,不要再诬陷好人,错杀无辜,冤枉清白。

为什么即使非常明智和富有理性的人在遭受到不应有的指责时会在内心中感受到极大的屈辱呢?斯密对此作了进一步的考察。因为我们对痛苦与快乐比较起来具有更加刺激性的感觉,同提高对我们自然的幸福状态的感觉相比,我们几乎总是压低我们对痛苦状态的感觉;或者说,痛苦降低我们的幸福程度是几何级数的作用,而快乐提高我们的幸福程度是算术级数的作用。因为我们更容易因受到正义的指责而羞辱,而从来不因受到公正的赞美而得意;由此,我们更容易蔑视不该得到的称赞,也易于深切地感受到不应有的指责的不公正性。因为我们对错归于己的称赞和颂扬的享受更容易自我克制,在我们否认对我们不应有的称赞时,人们在内心中不会怀疑我们的诚实;而我们的克制之心总是难以摆脱对我们不应有的指责的痛苦,在我们否认和澄清这些错加于我们身上的不应有的指责时,人们在内心中总是怀疑我们的诚实,人们的这种怀疑和不信任更加增加了我们内心的痛苦。这实际上就是我们自我的公正评判,得不到他人或社会的相应认同和一致,反而遭其不实责难和惩罚,这种对一个明智和理性人的极大不信任和不公正比其他任何东西更易于使其痛苦,更易于伤害其良心。

于是,斯密得出结论,当他人越是一个公正的旁观者,当我们社会越是一个公正和求实的社会,我们每一个人就越有自信心,我们与他们就愈加一致和和谐,就愈是同享共患。反之,我们在别人的指责和怀疑下是难以定夺我们自我评价的公正性,我们的自我评价似乎总是与社会评价不相一致,尽管我们十分地自信,似乎也难以阻止社会评价给自己留下的印象。一个人越是在乎社会对自己感情和行为的评价,那么,别人与自己的感情和判断的一致性就越重要,我们对自己感情的合宜性和判断的正确性就越难以把握,我们的内心也就越加痛苦。斯密使我们进一步地思考发现,我们自身想象中的旁观者的公正性与我们面对的实际旁观者的公正性,前者我们可以理解为自己的良心,后者我们可以理解为社会的良知,这二者之间联系的一致性和包容性是我们社会文明、健康和和谐的必要条件。良心是大自然或者是斯密称之的造物主播在我们每个人心中的种子,人皆有之,与生俱来;良心的种子要生根、开花、结果,形成茂密的社会良知,这就需要我们每一个公正的社会公众的评价机体,在这样的一个社会化的传导作用下自然地成为高度文明的人类社会。良心既包含我们公正的认可和称赞,也包含我们公正的指责和惩罚,对此,我们都要做到合宜和适当,特别值得我们关注的是,切不可伤害个人的良心和社会的良知。

在关于我们喜欢被爱、被称赞与值得被爱、值得被称赞,害怕被恨、被谴责与该被恨、该受谴责的两种情感的区别分析后,斯密综合地阐述道:

"赞扬和责备表达别人对我们的品质和行为的情感实际上是什么;值得赞扬和应当责备表达别人对我们的品质和行为的情感自然应该是什么。对赞扬的喜爱就是渴望获得同胞们的好感。对值得赞扬的喜爱就是渴望自己成为那种情感的合宜对象。到此为止,这两种天性彼此相似和类似。同样的近似和相似也存在于对责备和该受责备的畏惧之中。

那个想做或者实际作出某种值得赞扬的行为的人,同样会渴望获得对这种行为应有的赞扬,有时,或许会渴望获得更多的赞扬。在这种情况下,两种天性混成一体。他的行为在何种程度上受到前者的影响,又在何种程度上受到后者的影响,常常连自己也分辨不清。对别人来说通常必然更是如此。倾向于贬低他的行为中的优点的那些人,主要或完全把它归结为只是对赞扬的喜爱,或归结为他们称为虚荣心的东西。倾向于更多地考虑其行为中优点的那些人,主要或完全把它归结为对值得赞扬的喜爱;归结为对人类行为之中真正光荣而又高尚行为的喜爱;归结为不仅对获得而且对应该获得其同胞的赞同和称赞的渴望。旁观者根据自己思考的习惯,或者根据对他正在考察的人们的行为所能产生的好恶,既可把这种行为中的优点想象成这个样子,又可把它想象成另一个样子。

……

没有人能够对避免了自己行为中所有该受责备的东西而感到完全满意或尚可满意,除非他也避免了责备或非议。一个智者甚至在他完全应该赞扬的时候也常常会对此毫不在意;但是,在一切至关紧要的事情上,他会极为小心地尽力控制自己的行为,以不仅避免该受责备的东西,而且尽可

133

能避免一切可能遭到的非难。"①

最后,斯密把他的落脚点放在了我们外在的公正旁观者和我们内心的公正旁观者的相互联系的分析上,由此提出了令人醒目的结论——我们良心的源泉。斯密直言,我们求助于自己内心旁观者和借助于他人旁观者的判断来决定自己行为的这样一种特性,归结为造物主或者大自然的创造,是上天赋予我们人类的自然本能,是上帝给予我们人类同生共存的一种联合体的设计。如果没有这样的创造、本能和设计,我们人类将销声匿迹,我们社会将不复存在。斯密写道:

"全知全能的造物主以这种方式教人尊重其同胞们的情感和判断;如果他们赞同他的行为,他就或多或少地感到快乐。造物主把人——如果我可以这样说的话——变成了人类的直接审判员;造物主在这方面正如在其他许多方面一样,按照自己的设想来造人,并指定他作为自己在人间的代理者,以监督其同胞们的行为。天性使他们承认如此赋予他的权力和裁判权,当他们遭到他的责难时或多或少地感到丢脸和屈辱,而当他们得到他的赞许时则或多或少地感到得意。"②

实际上,这里的"他"作为造物主的人间代表其寓意是深刻的,其一是指我们每一个人,包括你也包括我;其二是指我们内心想象的公正的旁观者;其三是指我们周围实际的公正的旁观者;其四是指上述三者结合和联系起来所形成的人类联合体即我们的人类社会。正是由于我们每一个人的内心的旁观者与实际的旁观者之间在感情上一致时的合宜、不一致时的校正,才形成了我们相互联系在一起并得以延续成长的人类社会。这就是我们社会何以形成、何以如此、何以进步的感情基础。

接着,斯密开始循序地进入到我们人类至关重要的良心问题。斯密提出了我们行为和感情的评判最初的是他人的作为旁观者的评判,而我们的自我评判则是最终和最高的评判——斯密称为内心法官的评判。他人作为人类的直接审判员,"这只是在第一审时才如此;最终的判决还要求助于高级法庭,求助于他们自己良心的法庭,求助于那个假设的公正的和无所

---

① 斯密:《道德情操论》,商务印书馆,1997年版,第156-157页
② 斯密:《道德情操论》,商务印书馆,1997年版,第158页

不知的旁观者的法庭,求助于人们心中的那个人——人们行为的伟大的审判员和仲裁人的法庭。"① 斯密认为,这是两个既有相似之处,但更多的是不同的审判员、不同的仲裁者、不同的审判原则。作为外部人的裁决权,完全以对实际赞扬的渴望和对实际责备的嫌恶为依据的,而作为内心的那个人的裁决权,完全以对值得赞扬的渴望和对该受责备的嫌恶为依据的,完全以对别人具备而为我们所热爱和称赞的某种品质、某些行为的渴望为依据的,完全以对别人具备而为我们所憎恶和鄙视的某些品质、某些行为的嫌恶为依据的。既然在前面的论述中显见在斯密的眼里"值得称赞"远远重于实际的"称赞",那么,我们内心的审判就必然重于或高于外部人的审判,这实际是在强调我们良心的重要和关键。

斯密进一步分析了当外部人的裁决与内心的裁决不一致时所带来的结果。第一种情况,当某些外部人对我们不应该称赞的加以称赞、对不该受的指责加以指责,我们内心的那个评判者就会告诉我们不应该得到这种称赞,立即压抑我们由此可能产生的自满和振奋的心情,或者马上纠正他们错误的判断,使我们确信自己不是那个受到指责的合宜对象;即使如此,我们的自信仍然会由此减弱,我们内心正确判断的可靠性和坚定性仍然会有所减损,我们内心的平静和稳健常常会受到破坏。第二种情况,当所有外部人都反对我们自己内心的判断时,当所有的同胞都高声责备我们时,我们内心的那个评判者不得不怀着恐惧和犹豫的心情提出有利于我们的见解,即使我们内心评判者的判断无疑是正确的,但我们仍然几乎不敢宽恕自己,我们对自己必会尽力加以斟酌和反复权衡。这就是我们社会人的外在矛盾和内心冲突的真实所在,是我们每一个人在面临抉择时可能发生的心理危机和人格困境的必然所在。在这种情况下,我们心中的那个评判者就成了半神半人的人,斯密对此的描述是这样的:

"心中这个半神半人的人就表现出像诗中描写的那样,虽然部分具有神的血统,但是也部分具有人的血统。当他的判断由值得赞扬和该受责备的感觉可靠和坚定地引导时,他似乎合宜地按照神的血统行事;但是,当

---

① 斯密:《道德情操论》,商务印书馆,1997年版,第158页

永恒的思想 >>>

愚昧无知和意志薄弱的人的判断使他大惊失色时,他就暴露出自己同人的联系,并且与其说他是按其血统之中神的部分,还不如说是按其血统中人的部分行事。"①

我们半神半人,我们抉择两难,我们何去何从?此时,斯密引入了一个更高的法庭、一个洞察一切的最高审判者、一个宇宙万念的主宰者——我们源远流长的天地良心和善恶信念,是我们人本体意义上的一种品性和情感,既是绝对的,也是永恒的。斯密满怀热情地写到:

"这个主宰者的眼睛从来不会看错,从来不会作出错误的裁决。在这个最高审判者前他的清白无辜将在适当的时候宣布,他的优良品德最终将得到回报。对于这个最高审判者准确无误的公正裁决的信念,是他那沮丧和失望的心情所能得到的唯一支持。在他深感不安和惊讶时,是天性把这个最高审判者作为伟大的保护者树立在他的心中,不仅保护他在现世的清白无辜,而且还保护他的心情平静。在许多场合,我们把自己在今世的幸福寄托在对于来世的微末的希望和期待之上;这种希望和期待深深地扎根于人类的天性,只有它能支持人性自身尊严的崇高理想,能照亮不断迫近人类的阴郁的前景,并且在今世的混乱有时会招致的一切极其深重的灾难之中保持其乐观情绪。这样的世界将会到来,在那里,公正的司法将普施众人;在那里,每个人都将置身于其道德品质和智力水平真正同他相等的那些人之中;在那里,有具有那些谦逊才能和美德的人,那种才能和美德由于命运所压抑而在今世没有机会显示出来;他们不仅不为公众所知,而且他也不相信自己具备,甚至连内心那个人也不敢对此提供任何明显而又清楚的证明。那种谦虚的、未明言的、不为人所知的优点在那里将得到适当的评价,有时还被认为胜过在今世享有最高声誉,并由于他们处于有利的地位而能作出非常伟大和令人叹服的行为的那些人;这样一个信条对虚弱的心灵来说各方面都如此令其尊崇和称心如意,又如此为崇高的人类天性所喜爱,以至于不幸对它抱怀疑态度的有德者,也不可避免地要极其真挚和急切地相信它。"②

---

① 斯密:《道德情操论》,商务印书馆,1997年版,第159-160页
② 斯密:《道德情操论》,商务印书馆,1997年版,第160-161页

>>> 第一章 斯密《道德情操论》的解读

　　这实际上就是我们不可战胜的、根深蒂固的内心的良知和善恶的信念,斯密寓意为,这个信念不是来自神,而是来自我们人类的天性和传承,并指明我们所有宗教意义上的审判——上进天堂、下入地狱的信条都是与我们人类天性的教导相违背的,与我们全部的道德情感相抵触的。

　　接着,斯密讨论了我们人类良心的影响和权威。良心就是我们内心存有的那个设想的公正旁观者的评判,是我们内心的天性裁决,是那个半神半人的人的必然要求。所以,"在所有的场合,良心的影响和权威都是非常大的;只有在请教内心这个法官后,我们才能真正看清与己有关的事情,才能对自己的利益和他人的利益作出合宜的比较。"①

　　人人做事通常都是以自爱自利作为出发点的,斯密也同样如此认为。斯密饶有兴趣地提到,人天性关心自己、追求自利,具有天然的自爱倾向,他总是高估自己的快乐大于他人的快乐,强调自己的痛苦大于他人的痛苦。这就正如我们用肉眼去看东西的大小,其大小不是依其真实的体积而定,而是依这些东西与我们的远近而定。我坐在这里写书,远处的草地、森林、山峰显然是大不过我近处的那扇小窗,更大不过我坐在这里的这间房子。这就是我们观察事物的视觉原理。同样如此,关心自己胜于关心有关系的他人,关心有关系的他人胜于关心无关系的他人,人们总是根据与自己的远近疏密来判断幸福和痛苦的大小。所以,斯密说,我们自己哪怕是微不足道的得失,都会看得比他人的最高利益重要得多,都会激起我们自己更为激昂的兴奋或悲伤,引出更为强烈的渴望和嫌恶。如此下去,自爱到了自私,自利到了侵利,我们为所欲为,贪婪无度,那么这个世界一定是无正义的、堕落和野蛮的社会。我们人类的天性想到这些就会惊愕不已,世界腐败堕落到了极点。然而,与此同时,我们又看到了我们人性的另一面——道义、理性和良心,它们发挥着更强大的作用,在自律自制的召唤下抵制我们的卑劣和自私,赢得一个积极和正义的文明世界。在这里我们看到,感情与感情的对抗、人性与人性的对抗,这是由何而来呢?正如斯密的回答:

---

① 斯密:《道德情操论》,商务印书馆,1997年版,第163页

"既然我们消极的感情通常是这样卑劣和自私，积极的道义怎么会如此高尚和崇高呢？既然我们总是深深地为任何与己有关的事情所动而不为任何与他人有关的事情所动，那么是什么东西促使高尚的人在一切场合和平常的人在许多场合为了他人更大的利益而牺牲自己的利益呢？这不是人性温和的力量，不是造物主在人类心中点燃的仁慈的微弱之火，即能够抑制最强烈的自爱欲望之火。它是一种在这种场合自我发挥作用的一种更为强大的力量，一种更为有力的动机。它是理性、道义、良心、心中的那个居民、内心的那个人、判断我们行为的伟大的法官和仲裁人。"[1]

由上述可见，斯密一是否定爱人、爱他的仁慈动机是我们自律自制的力量源泉，或者说利他主义在斯密眼里是高尚的，然而不是我们每个普通人都普遍具有的，因而我们社会秩序的形成并不是利他主义的仁爱动机所带来的；二是我们的利己和自爱是我们一切行为的基本出发点，然而要想实现我们自己的利益和爱护就必须要自律和自制。这种对我们行为约束的力量就是斯密所说的凌驾于我们自爱和利己心之上的他人之眼——我们内心的一个公正旁观者的监督和评判。所以说，良心的影响和权威就是我们内心的公正旁观者对我们行为和感情的影响和权威。斯密解释道：

"每当我们将要采取的行动会影响到他人的幸福时，是他，用一种足以震慑我们心中最冲动的激情的声音向我们高呼：我们只是芸芸众生之一，丝毫不比任何人更为重要；并且高呼：如果我们如此可耻和盲目地看重自己，就会成为愤恨、憎恨和咒骂的合宜对象。只有从他那里我们才知道自己以及与己有关的事确是微不足道的，而且只有借助于公正的旁观者的眼力才能纠正自爱之心的天然曲解。是他向我们指出慷慨行为的合宜性和不义行为的丑恶；指出为了他人较大的利益而放弃自己最大的利益的合宜性；指出为了获得自己最大的利益而使他人受到最小伤害的丑恶。在许多场合促使我们去实践神一般美德的，不是对邻人的爱，也不是对人类的爱。它通常是在这样的场合产生的一种更强烈的爱，一种更有力的感情；一种对光荣而又崇高的东西的爱，一种对伟大和尊严的爱，一种对自己品

---

[1] 斯密：《道德情操论》，商务印书馆，1997年版，第165页

质中优点的爱。"①

斯密在这里提出了一种更加强烈和神圣的自爱,这就是我们在内心的公正的旁观者的指引下,对我们的光荣、尊严,对我们的优秀品质和高尚美德的一种热爱,一种坚信。基于此,我们克制自己的激情,克制自己的欲求。当我们放纵自己的激情和偏爱而对他人的利益造成损害时,这个内心的旁观者就会告诫我们要慎行,这种更加强烈和崇高的自爱就会遏制我们那种世俗、平庸的自爱。斯密并不厌恶我们本身具有的自爱和利己,而且认为这是我们人类行为的基本动机;斯密也并不强调人类具有的利他和爱他之心,而且认为这是我们不可强制的。斯密所阐述的道理在于,我们内心的公正的旁观者和我们人类内在的对自尊自爱的更伟大的尊敬,和我们每一个人对自己德性的美好的热爱,自然地指引我们成为一个合宜和被人尊敬的具有美德的人。斯密不是道德说教者,是一个发现了建立在公正的旁观者基础上的人类美德和社会和谐的形成机制,既符合我们人类的本性,又符合我们人性的社会扬弃。我们内在的公正的旁观者即我们扪心自问的良心的力量是何等的巨大和永恒啊!它是我们人类社会全部安全与和平、健康与文明的根基。

不仅如此,斯密还认为,教育也有着一定的影响和权威,教育会教导我们在所有重大的场合要按照介于自己和他人之间的某种公正原则来行事,甚至我们的世界贸易也可以具有这样的作用,使得我们取得利益共享的合宜性结果。然而,斯密严肃地批判了我们道德教育中的两种说教,一类是教育我们增强对别人利益的感受,试图使我们如同天生同情自己的利益一样同情别人的利益;另一类是教育我们减少我们对自己利益的感受,试图使我们如同天生同情别人的利益一样同情自己的利益。斯密否定到,这样两种教义远远超过了自然和合宜的正确标准。

在鼓吹增强我们对别人利益的感受的那些道德学家们,无休止地指责我们在如此多的同胞们处于不幸的境地时还愉快地生活,别人在灾难中挣扎,在贫困中煎熬,在疾病中折磨,担心死亡的到来,遭受着敌人的欺侮

---

① 斯密:《道德情操论》,商务印书馆,1997年版,第165-166页

和压迫,而你们漠不关心却满怀喜悦的心情安逸地生活,这是邪恶的和令人愤慨的。斯密对此批判到,首先,我们对自己一无所知的不幸表示过分的同情,似乎是荒唐的和不合常理的。"整个世界平均起来,有一个遭受痛苦或不幸的人,就有20个处在幸运和高兴之中,或者起码处在比较好的境况之中的人。没有什么理由可以说明,为什么我们应当为一个人哭泣而不为20个人感到高兴。"① 其次,这种装腔作势的怜悯不仅是荒唐的,而且似乎也是根本做不到的;他们装作具有毫不利己、专门利人的品质,实则是矫揉造作和自作多情,并没有什么实质性的东西,他们怜悯的悲痛并不能感动人心,只能使我们变得不愉快和沉默。最后,即使我们能够实现这种心愿,也是完全无用的,而且使得具有这种心愿的我们感到痛苦。"我们对那些同自己不熟悉和没有关系的人、对那些处于自己的全部生活范围之外的人的命运无论怎样关心,都只能给自己带来烦恼而不能给他们带来任何好处。我们因何目的要为远不可及的世界来烦恼自己呢?……尽管他们是不幸的,为此而给自己带来烦恼似乎不是我们的责任。因此,我们对那些无法帮助也无法伤害的人的命运,对那些各方面都同我们没有什么关系的人的命运,只是稍加关心,似乎是造物主的明智安排;如果在这方面有可能改变我们的原始天性的话,那么这种变化并不能使我们得到什么。"②

斯密上述之言,令人惊醒,引人深思,意味深长,很值得我们认真回味和思考。强制于我们的道德、灌注于我们的主义,都是不自然的,也是非人性的。我们要特别地当心和警惕。

在鼓吹降低我们对自己利益和有关事物的关心的那些道德学家们,极力地纠正我们消极感情中天生的不平等之处。斯密说,他们美其名曰地教导我们每个人要把自己看作世界中的一个公民,看作自然界巨大的国民总体的一个成员,应该为这个大集团的利益而心甘情愿地牺牲自己的微小利益,自己的利益决不能凌驾于这个巨大体系的利益之上。斯密对此并不赞同,因为这不符合我们真实的人性。

---

① 斯密:《道德情操论》,商务印书馆,1997年版,第168页
② 斯密:《道德情操论》,商务印书馆,1997年版,第169页

<<< 第一章 斯密《道德情操论》的解读

斯密讲到两种情况，一种是在我们特别亲近的人诸如父母、子女、兄弟姐妹等遭受不幸的时候间接地影响到我们自己的不幸，此时我们的情绪无疑会大大超过确切的合宜程度，当然也有可能达不到这种程度。当一个人为自己亲人的死亡竟然与对别人的亲人的死亡一样不表示同情，在我们看来这个人显然不是一个好儿子，也不是一个好父亲。这种违反人性的冷漠之情，我们不会赞同，反而会强烈不满。还有，大自然或者造物主使我们心中的父母对子女之爱比之子女对父母之孝更为强烈，种族之延续和繁衍全靠前之感情而不是靠后之感情。而道德学家告诫我们要满怀深情地关心自己的父母和报答父母的养育之恩，却很少提及父母要对自己子女的热爱，可是在我们的感情上，很少因为父母对子女的更多关爱，甚至一定程度的溺爱而受到更多的责备，却更多的是怀疑对父母过多孝敬的虚假显示。过多和过重的对自己子女的热爱似乎很难引起我们的责备，即使是过分的溺爱和牵挂虽然会引起我们的责备，但决不会引起我们的憎恶，然而对自己子女毫无感情，以不应有的严厉和苛刻态度对待自己的子女，似乎是所有残暴人中的最可恶之人，此乃人之常情。斯密结论到，"对别人的不幸怀有的那种有节制的情感并没有使我们不能履行任何责任；对已故亲友忧郁而又深情的回忆——正如格雷所说的那样，因亲爱的人内心悲伤而感到痛苦——绝不是一种不好的感觉。虽然它们外表上具有痛苦和悲伤的特征，但实质上全都具有美德和自我满意的崇高品质。"[①]

另一种情况是直接和立即影响我们自己的肉体、命运或者名誉，诸如疾病、贫穷和耻辱等带来的不幸，这种不幸所引发的我们自己感情的过分比感情的缺乏更容易伤害合宜的感情。斯密讲到，如果因我们肉体例如割伤或划破所带来的疼痛是最容易引起旁观者的感同身受，然而，旁观者的感受同当事人相比是十分微弱的，通常我们并不会因为旁观者的微弱的同情表现而感到不快。如果仅仅是缺少财富，仅仅是贫穷，也是激不起多少怜悯之情的，所以，我们不要抱有更多的同情幻想而更多的是轻视的对象，由此，我们更加坚强和自尊，就会免遭轻视和白眼。"带着坚定的面

---

① 斯密：《道德情操论》，商务印书馆，1997 年版，第 172 页

容，极其安心地使自己适应新的环境，似乎并不因为这种改变而感到羞辱，而且不是以自己的财富而是以自己的品质和行为来支持自己的社会地位的人，总是深为人们所赞同，并且肯定会获得我们最高度和最为深切的钦佩。"① 如果因名誉上的损失而不幸，这可能是我们的最大不幸，所以，我们会特别敏感，我们对此表示的愤慨即使有些过分，仍然不会引起旁观者的不快，反而会产生某些尊敬。

上述两种情况无一不是在证明那些道德学家们道德说教的反人性和反自然，我们的人性不允许我们一味地减低对我们自己及其有关事物的关心，我们的社会也不赞同我们一味地减低对我们自己及其有关事物的关心。如果我们在一定的场合下关心他人的利益如同关心自己的利益，这必然来自我们内心的那个旁观者，来自我们内心自然形成的伟大信念。斯密得出的结论是：

"对其他一切立即和直接影响我们自己的个人不幸，我们几乎不可能显得无动于衷而使人感到不快。我们经常带着愉快和轻松的心情回想起对他人不幸的感受。我们几乎不能不带着一定程度的羞耻和惭愧的心情回想对自己不幸的感受。

……

我们很容易使自己相信：这种对自己必然习得的消极感情的控制不是来自某种支吾其词诡辩的深奥的演绎推理，而是来自造物主为了使人获得这种和其他各种美德而确立起来的一条重要戒律，即尊重自己行为的真实或假设的旁观者的感情。"②

我们人类的欲望和激情仍然是需要加以控制的，尽管它不是来自那些虚情假意的道德说教的指引。接着，斯密用了很大的篇幅谈了我们个人如何在公正旁观者的情感旨意下，对自己欲望和激情加以控制即自我控制的问题。斯密关于这个方面的重要论点我归纳为：

第一，我们的自我控制能力来自我们个人的长期成长的自然过程，来自我们个人心智的日臻健全和完善的自然过程。斯密认为，十分年幼的孩

---

① 斯密：《道德情操论》，商务印书馆，1997年版，第173页
② 斯密：《道德情操论》，商务印书馆，1997年版，第174页

子是没有什么自我控制能力的；当他的年龄大到能够上学或与同龄的孩子交往时，他就会有自我保护意识，尽力会把自己的激情压抑到小朋友或小伙伴大概乐意接受的程度；一旦进入到大学或成年进入社会，他就进入到自我克制的自觉领域，他会越来越努力控制自己，约束自己的感情；随着年龄的进一步增长，一个人会逐渐地在生活实践中尽量完美地约束自己的感情，然而，我们到死也不可能十全十美地约束自己的感情。由此可见，我们个人感情的控制能力的增强来自我们成长的社会化过程，也是我们个人感受能力不断完善的自然过程。我们作为旁观者的公正性就在于我们遵循个人的心智成长规律，对各种不同成长期的个人给予合宜的包容和理解，有效地促成和引导每个人自我控制能力的不断增强。切不可一蹴而就、急于求成，更不可自命清高地灌输那些所谓清规戒律和宏大理想。只有我们社会的正义和良知，才是每个人自制能力日趋完美的人间正道。

第二，历经磨难而意志坚强的人、审查自我行为的满意程度越高的人，总是与他的自我控制能力成正比关系，而意志软弱的人总是自我控制能力同样的虚弱和短暂。斯密讲到，处于痛苦、疾病或悲哀之中的最软弱的人，当他的朋友来访时，他的心情多少平静一些，然而这只是瞬间和机械的，不久，他又会像以前那样沉湎于悲叹、流泪和恸哭之中，并像一个未上学的孩子那样，不是节制自己的悲伤，而是强求旁观者的怜悯。而这种情况发生在意志稍许坚定的人身上，上述心情平静的效果可能较为持久一些，但仍不能长久摆脱过分悲痛的软弱状态。那么，真正意志坚强的人，审查自我行为的自我满意程度较高的人，又是如何呢？斯密用其流畅且充满热情的文笔表示：

"真正坚强和坚定的人，在自我控制的大学校中受过严格训练的聪明和正直的人，在忙乱麻烦的世事之中，或许会面临派系斗争的暴力和不义，或许会面临战争的困苦和危险，但是在一切场合，他都始终能控制自己的激情；并且无论是独自一人或与人交往时，都几乎带着同样镇定的表情，都几乎以同样的态度接受影响。在成功的时候和受到挫折的时候、在顺境之中和逆境之中、在朋友面前和敌人面前，他常常有必要保持这种勇气。他从来不敢有片刻时间忘掉公正的旁观者对他的行为和感情所作的评价。他从来不敢让自己有片刻时间放松对内心这个人的注意。他总是习惯于用这个同他共处的人的眼光来观察和自己有关的事物。这种习惯对他来说已是非常熟悉的了。他处于持续不断的实践之中,而且,他的确不得不经常按照这个威严而又可尊敬的法官的样子,不仅从外部的行为举止上,而且甚至尽可能从内心的情感和感觉上来塑造或尽力塑造自己。他不仅倾向于公正的旁观者的情感,而且真正地接受了它们。他几乎认为自己就是那个公正的旁观者,几乎把自己变成那个公正的旁观者,并且除了自己行为的那个伟大的仲裁人指示他应当有所感受的东西之外,他几乎感觉不到其他什么东西。"①

斯密将我们人群的意志的坚强程度、将自我审查的满足程度与我们自我控制能力结合起来,明确地指向我们人类的意志坚韧和增强我们的自我满足程度是我们每一个人自制能力强大的根本途径,是建立和完善我们美德品质和伦理秩序的重要基础。坚定、坚强、自我满足与自制、平静、镇定同生共长,人类社会必然安详、平和与友好。

第三,大自然总是对自己欲望和感情具有控制力的人给予内心的奖赏,而且这种奖赏的力度总是同人们的自我控制能力的艰难程度相契合。正如前述,人们对自己行为的自我满意程度越高,其自制的能力就越强。仅仅擦伤了自己手指的人会很快忘记这种微小的不幸,此时既不需要控制自己的激情,也几乎不存在自己对擦伤之小事所采取的态度而引发的自我审查的满意程度问题,微不足道,何必动情呢!在一次炮火中失去了一条腿,此人面对自己的不幸依然是冷静和镇定,谈吐举止也依然如常,由于他做到了极高程度的自我控制,他必然是对自己这样的沉静态度感到极高程度的自我满意。高度的自我满意就会有高度的自我控制。由此,"造物主对处于不幸之中的人的高尚行为给予的回报,就这样恰好同那种高尚行为的程度相一致。造物主对痛苦和悲伤的辛酸所能给予的唯一补偿,也这样在同高尚行为的程度相等的程度上,恰好同痛苦和悲痛的程度相适应。为克服我们天生的感情所必需的自我控制的程度愈高,由此获得的快乐和

---

① 斯密:《道德情操论》,商务印书馆,1997年版,第177页

骄傲也就愈大；并且这种快乐和骄傲决不会使充分享受它们的人感到不快。痛苦和不幸决不会来到充塞着自我满足之情的心灵之中。"① 斯密在此实际上是对我们人类自我控制力的一种赞誉，也是表明我们人类情感的内心节制是高尚的和伟大的。毋庸置疑，造物主或大自然给予我们自制力的奖赏实际上就是我们内心的自信和自豪，就是我们内心意志的自立和自强，我们为此而感到内心的快乐和赞赏。虽然这种来自自我控制的快乐和奖赏不能完全消除我们的痛苦，但一定会大大减轻我们对所受苦难的感觉，并鼓励我们坚韧地承受进一步的痛苦。

第四，所有的人都必然会或迟或早地适应自己的长期处境，这主要依赖于我们内心的平静即不断强大的自我控制能力。斯密在这里倾向于斯多葛学派的观点，认为我们就幸福而言，在一种长期的处境和另一种长期的处境之间是没有本质区别的。我们长期处境的改变不足以改变我们追求的真正和强烈的幸福，也不足以改变我们真正或强烈的热爱和嫌恶的对象，因为幸福并不存在于我们的外部对象中，而是存在于我们内心感受中。如斯密所说，"幸福存在于平静和享受之中。没有平静就不会有享受；哪里有理想的平静，哪里就肯定会有能带来乐趣的东西。"② 当我们不能改变我们的长期处境时，我们每个人的心情在或长或短的时间内，都会回到自然和平常的安静状态中。无论是顺境还是逆境，我们经过一定时间的心情调整，即在顺境中降低自己的心情，在逆境中提高自己的心情，以至恢复到原来的平静状态。在人们长期处境改变时，一个人自我控制和调整能力越强，其恢复平静就越快。

斯密因此而认为，我们人类生活的不幸和混乱，主要原因在于我们对一种长期处境和另一种长期处境之间的差距估计过高。这种对某种处境的过高估计和过分偏爱是我们人生不可取的，也表明了我们个人的虚荣、炫耀和可怜之处。贪婪就是过高估计了贫穷与富裕之间的差别，野心就是过高估计了个人地位与公众地位之间的差别，虚荣就是过高估计了默默无闻与闻名遐迩之间的差别。所以，斯密指出，"有些处境无疑比另一些处境

---

① 斯密：《道德情操论》，商务印书馆，1997年版，第178页
② 斯密：《道德情操论》，商务印书馆，1997年版，第180页

145

值得偏爱，但是没有一种处境值得怀着那样一种激情去追求，这种激情会驱使我们违反谨慎或正义的法则；或者由于回想起自己的愚蠢行动而感到的羞耻，或者由于厌恶自己的不公正行为而产生的懊悔，会破坏我们内心的平静。"① 斯密接着讲了两个对于我们人生观和幸福观很有意义的观念，一是幸福与快乐是没有高低贵贱之分的，与我们长期的处境没有什么必然的联系。幸福和快乐来自我们内心的宁静和激情的克制。斯密认为，除了虚荣心和优越感之外，即使你处于社会的最底层，处于最卑微的环境中，只要你拥有最起码的个人自由，你就可以找到最高贵的地位和最光彩夺目的境遇中所能具有的一切幸福和快乐。而虚荣心和优越感所带来的幸福和快乐，总是不能与我们内心的平静和真实所带来的幸福和快乐相提并论的。内心的平静、安宁和真实是我们幸福和快乐的基础和根源。二是我们很多的不幸或抱怨的根源在于我们不珍惜我们已享有的快乐，不屑于我们已拥有的幸福，总是不知足，总是不心静。斯密说，"查看一下历史文献，收集一下在你自己经历的周围发生过的事情，专心考虑一下你或许读过的、听到的或想起的个人或公众生活中的几乎所有非常不成功的行动是些什么，你就会发现，其中的绝大部分都是因为当事人不知道自己的处境已经很好，应该安安静静地坐下来，感到心满意足。"② 斯密讲了一个颇有意思的小故事来告诫我们，有一个身体不错、体质还算强壮的人，为了使自己的身体更好就不断地使用药物，不久，他离开了人世，他墓碑的铭文写着——我过去身体不错，我想使身体更好，但现在我躺在了这里。斯密说，这恰当地说明了我们人类的贪心和野心未能得到满足而产生的痛苦。多一些知足，多一些平静；少一些贪婪，少一些狂躁，幸福和快乐就会来到你的身边、沁入你的心中。

  时间磨平了我们的痛苦，淡泊了我们的名利，渐进了我们的坚韧，我们在平静中适应环境，享受快乐。斯密认为，时间是一个伟大而又普通的安慰者，即使我们遇到多么险恶的处境，遇到多么沉重的不幸，不管这种境遇和不幸是可以挽救的，还是无法挽救的，它都可以使任何的软弱者逐

---

① 斯密：《道德情操论》，商务印书馆，1997年版，第181页
② 斯密：《道德情操论》，商务印书馆，1997年版，第182页

渐地恢复到平静之中，在内心的平静之中得到抚慰和快乐。在此，我们从中可以发现斯密内心世界的真实所在，无论我们社会如何地动荡变迁，无论我们个人如何地处于逆境或顺境，我们都会回到我们人性的本源——内心平静中的幸福和快乐，这是我们人类社会亘古不变的必然趋势。失去了它，也就失去了我们人类的灵魂、人类的价值。然而，我们还要警惕我们人类社会中败德的贪婪和狂妄，如果我们不加以控制和反省，我们便会迷茫和败落，毁坏我们人类的德性而远离我们平静的幸福。这就是斯密对我们人类社会未来前景在道德意义上的乐观期待和悲观担忧。斯密向我们呼吁，人在路上走，一定要谨慎、平静和轻简，宁静的心灵和平和的生活是我们快乐和幸福的源泉。

第五，我们激情控制的合宜性总是来自我们设身处地地对他人的情感和感觉的想象和体谅。我们对别人感情的感受和体谅是我们控制自己激情赖以产生的天性，我们控制自己激情是否合宜也同样是产生于我们对别人情感和感觉的想象和体谅，并与这个想象和体谅的强度成比例。斯密说，我们对别人感情的感受这种天性或本能，"在邻居遇到不幸时，促使我们体恤他的悲痛；在自己遇到不幸时，促使我们去节制自己的哀伤和痛苦。这种天性或本能，在旁人得到幸运和成功时，促使我们对他的极大幸福表示祝贺；在自己得到幸运和成功时，促使我们节制自己的狂喜。在两种情况中，我们自己的情感和感觉的合宜程度，似乎恰好同我们用以体谅和想象他人的情感和感觉的主动程度和用力程度成比例。"[①] 换言之，我们越是想象和体谅他人的情感和感受，我们自我激情的控制就越是合宜。由此，斯密将我们自己的个人情感与他人的情感联系起来，将自己的个人利益与他人的感受联系起来，在利己与利他之间、在自爱与他爱之间架起了人类天性的感情桥梁。一个人在面对不幸和幸运时，充分和积极地想象和体谅他人的感受，更多地为他人考虑，他就能够合宜地控制自己的情绪，就能够增强自己的幸福感和自豪感。从另一方面讲，我们的自私多半是由于我们对他人情感和感受的想象力的缺乏，或者是我们的这种想象和体谅的强

[①] 斯密：《道德情操论》，商务印书馆，1997年版，第184页

度和自觉程度的乏力,所以,自我利益过度膨胀而导致损人利己的自私情感便掌控着我们的情绪,这实际上就是我们情感控制的不合宜性,必然受到他人或社会正当的感情力量的矫正,促使他不仅去想象而且主动和努力地去想象,充分的情感能力由此建立和完善,我们必定进入到一个充满完美德性的人类社会,一个节制、谨慎、和谐、平静的文明社会。

正如斯密所描述的那样,我们将成为这样的人:

"具有最完美德行因而我们自然极为热爱和尊重的人,是这样的人,他既能最充分地控制自己自私的原始感情,又能最敏锐地感受他人富于同情心的原始感情。那个把温和、仁慈和文雅等各种美德同伟大、庄重和大方等各种美德结合起来的人,肯定是我们最为热爱和最为钦佩的自然而又合宜的对象。"[1]

由同情本性生长的温和、仁慈和可亲的美德与由自制产生的伟大、大气和可畏的美德,在斯密看来,虽然在感性上不尽相同,但是二者是可以完全统一的。如果我们对他人的不幸和幸运最能够产生同情共感,那么也就最易于得到对自己不幸和幸运的感情具有充分的控制力;如果我们具有最强烈的人性,那么也就最有可能得到最高的自我控制力。尽管我们总是由于安闲和平静的生活而没有实际获得这种由自制力而来的那些美德,但是具有强烈人性的我们确已具有了获得最完善的自我控制力的气质和潜力,通过必需的锻炼和实践必然拥有那些令人钦佩的美德,一切艰苦、危险、伤害和灾难在我们这里都会成为我们那些美德的展现舞台。

斯密进一步将上述由同情这一人性生成的温和、仁慈和文雅的美德称之为人性的美德,把由自我控制力产生的伟大、庄重和大方的美德称之为自我控制的美德。斯密首先阐述了这两种美德的差异性,一是两种美德培养和产生的生活环境是不同的,人性的美德往往发生和生长在恬静温和安宁的生活环境中,在宜人的自然环境中,在悠闲平静的隐居中,因为自己处在安闲之中容易充分注意别人的痛苦;自我控制的美德往往产生和发生在严峻的生活环境和残酷的战争以及急风暴雨般的动乱中,因为自己面临

---

[1] 斯密:《道德情操论》,商务印书馆,1997年版,第184页

着不幸和苦难要认真地加以对待，必须要控制自己的感情，坚忍不拔、克己制胜。二是具有人性美德的人往往缺乏自我控制的美德，而具有自我控制的美德又往往缺乏人性的美德，二者似乎难以集于一身。因为我们在平静的生活环境中，温和的人性美德是极易盛行的，而不需要在自我控制的美德上有所努力；在艰苦和严峻的生存环境中，坚定严格的自我控制的美德必不可少，而仁慈的人性美德却受到抑制和削弱。所以，"我们在世界上经常发现具有伟大人性的人，他们缺乏自我控制，在追求最高荣誉时一碰到困难和危险，就消极、动摇、容易泄气；相反，我们常常也发现能够完善地进行自我控制的人，任何困难都不能够使他们丧失信心，任何危险都不能够使他们丧胆，他们随时准备从事最冒险和最险恶的事业，但是同时，他们对有关正义或人性的全部感觉却无动于衷。"①

然而，斯密认为只有一个人同时兼有人性的美德和自我控制的美德才是具有完满德性的人，我们是否可以成为这样的人呢？这就涉及两种美德的统一性问题。斯密回答到，两种美德的统一并不是不可能的。而这两者统一的前提是首先具有人性的美德，只有体谅、同情和理解他人或者旁观者的感情，只有在与他人或者旁观者的同情共感中，只有在公正的旁观者的指导下，我们才会得到合宜的自我控制的美德。当我们独自孤独时，往往会高估自己可能的善行和自己可能受到的伤害，我们会因自己的好运而兴奋过分，因自己的厄运而沮丧过分，而此时一个朋友的交谈会使自己心情好转，而一个陌生人的交谈会使自己心情更好一些。"内心的那个人，我们感情和行为的抽象的和理想的旁观者，经常需要由真实的旁观者来唤醒和想到自己的职责；往往正是从这个旁观者那里，即从那个我们能够预期到最少的同情和宽容那里，我们才有可能学会最完善的自我控制这一课。"② 斯密在这里告诉我们，就人性的美德来说，我们得到它并非难事，我们同情他人、他人同情我们、我们的亲朋好友给予我们的关爱以及我们天性地喜爱快乐而厌恶痛苦，由此得到的人性美德是很自然而然的，似乎是生来具有的，这种温和、仁慈美德的事情不必强迫，我们会当然自愿地

---

① 斯密：《道德情操论》，商务印书馆，1997年版，第186页
② 同上

去做。但是，就自我控制的美德来说，我们得到它并非易事，我们必须学会接受与我们没有什么关系的他人的批评甚至是陷害，我们必须认识到我们面前的险恶、困苦、屈辱，甚至是大灾大难，我们要经历它们，要感受它们，如果我们没有坚强的意志和高度的自制能力，我们必会避之不及而沉沦和堕落。所以，我们要努力地锻炼自己，从有利和更多不利的环境中，从我们身边那些与我们没有友好关系的人的交往中学习和培养自我控制的美德。特别是"同那些陌生人和那些不了解你或者不关心你那不幸的人一起生活；甚至不要回避与敌人在一起；而通过使他们感到灾难给你的影响多么微小，以及你克服灾难的力量怎么绰绰有余，来抑制他们的幸灾乐祸，而使自己心情舒畅"①。所以，斯密认为，只要我们努力去实践，去寻求或近或远，更多是远离我们的旁观者的指导，我们就一定可以同时具备人性的美德和自我控制的美德。

斯密还进一步分析了我们人类存在的派性和狂热性对我们良心和美德的影响。虽然斯密认为我们的道德情感的合宜性不会因近在眼前的宽容而不公平的旁观者和远在天边的中立又公正的旁观者的差距存在而被破坏，但是我们人类的派性和狂热性却有可能成为我们道德情感的最大败坏者。斯密运用国家与国家、宗教与宗教、政党与政党之间的这种派性和狂热性来阐明一个强大的公正旁观者的缺失及其造成的自我控制原理失灵的困境，由此，我们人类陷入无休止的纠纷、冲突和战争的泥潭。即使是国际法、有关的派别法规也会因此缺乏或很少注意正义法则，难以平息和制止我们人类的国家、宗教、政党、民族之间的冲突和战争。斯密讲到，在战争中我们没有一个强大的公正旁观者，自然便会很少遵守正义法则，真理和公平几乎全然被人忽视，为了所谓国家利益而行欺诈之恶行却受到人们的钦佩和赞扬，而那些不屑于猎取利益也不屑于给他国好处，并认为猎取利益是不光彩的正直人们却受到同胞的轻视和嫌恶；在战争中，不仅我们常常违反国际法，而且违法者在同胞中并没有感到耻辱，反而得到同胞的几分赞许，同时，国际法本身在制定之时就很少考虑最简单、最明白的正

---

① 斯密：《道德情操论》，商务印书馆，1997年版，第186页

义法则。斯密还提到，在宗教的"敌对派别之间的仇恨常常比敌对国家之间的仇恨更为强烈，他们各自对付对方的行为也往往更为残暴。认真制定可以称为派别法规的东西的人，在确定法规时常常比所谓国际法的制定者更少注意正义原则"①。毫无疑问，政党之间、种族之间的斗争也是如此。所以，狭隘的民族主义、激进的国家主义、偏执的宗教信仰，在斯密看来，其根源都在于我们人类的狂热性和派性导致了我们人类失去了清醒的判断，扼杀了我们人类原本的道德情感，败坏了我们的良心和美德。斯密讲到，对于那些热衷于派别之争的狂热之徒来说，世界上任何地方几乎都不存在公正的旁观者，"他们甚至把自己的一切偏见都归因于宇宙的伟大的最高审判者，并且常常认为神圣的神受到自己所有复仇的和毫不留情的激情的鼓舞。因此，在败坏道德情感的所有情绪中，派性和狂热性总是最大的败坏者。"②

我们的人类必须延续和发展，我们的社会必须文明和有序，我们的世界必须和谐和平静，这就要求我们的所有美德得以发扬光大，要求我们铲除所有劣德的根源，消除阻挡我们美德光芒的阴霾，清除败坏我们美德的障碍。因此，我们就要确立社会的一般规则和人类的相应义务，这是斯密道德论中的一个重要问题。

十一、道德意义上的社会规范以及我们的义务

斯密认为，我们内心的那个公正的旁观者的判断即我们的良心，并不总是时时刻刻地保持着对自己行为和激情判断的合宜性。因为，我们自己的强烈和偏激的自私激情足以使得自己内心的那个旁观者提出与事实完全不相容的判断，扭曲了事实真相，褊狭地并且是错误地引导着我们的行为和感情。斯密看到，我们一般是在两种情况下尽力用公正旁观者的眼光对自己的行为进行审视，一是在我们打算行动的时候即行为之前的，二是在我们行动结束的时候即行为之后的。然而，恰恰是在这样两种场合，我们

---

① 斯密：《道德情操论》，商务印书馆，1997年版，第188页
② 斯密：《道德情操论》，商务印书馆，1997年版，第189页

的审视往往是很不公正的,我们的判断往往是易于出错的,而且我们在这样两种场合下是最需要公正和正确判断的时候。斯密接着解释到,当我们打算行动时,过于急切的激情和强烈的欲望往往不容许我们以一个公正旁观者的坦率和缜密的态度来考虑自己要做的事情,一切事实都似乎被自爱和自私之心所夸大和曲解了,即使我们意识到这一点,也难以摆脱自己身上激起的炽热和激烈的感情;当我们行动结束后,我们的自我判断似乎与以前相比毫不重要了,除了懊丧和忏悔外是不会产生什么结果的,既不能保证我们的自我判断的公正性,也不能保证我们将来不再犯同样错误,更不敢正视自己不愉快的行为后果。所以,斯密说,"人类在行动之时和行动之后对自己行为合宜性的看法多么片面;对他们来说,要用任何一个公正的旁观者所会用的那种眼光来看待自己的行为又是多么困难。"①

"这种自我欺骗,这种人类的致命弱点,是人类生活混乱的一半根源。"② 然而,造物主或大自然并没有放纵我们人类的这种致命弱点,没有完全听任我们身受自爱的这种欺骗。因为,我们对社会上他人行为的不断观察会很自然地引导我们为自己订立某些行为的一般准则,这个准则会告诉我们,什么行为是合宜的和应该做的,而什么行为是不合宜的和不应该做的。我们为什么会做此观察?斯密认为,因为在我们的社会生活中到处可见他人的行为受到人们的赞同和谴责的事实,这震动和刺激了我们的天然情感,逐渐地巩固和激化了我们的观察感觉。由此,在这个日积月累的观察中,我们依据于他人的赞同与谴责,将所见的一切行为分门别类为可行的、合宜的和不可行的、不合宜的,同时记于自己心中并进一步成为我们行为的道德规范和社会准则。显然,在斯密看来,我们社会的道德准则并不是天生就有的,并不是我们一开始就先有道德准则并依此在各种具体场合下作出我们的道德判断。正如斯密所言,道德准则以及社会规范是"最终建立在我们在各个场合凭借是非之心和对事物的优点和合宜性所具有的自然感觉而赞同什么或反对什么的经验之上"③,是"根据我们对各

---

① 斯密:《道德情操论》,商务印书馆,1997年版,第192页
② 同上
③ 斯密:《道德情操论》,商务印书馆,1997年版,第193页

<<< 第一章 斯密《道德情操论》的解读

种不同的行为在自己身上自然而然地产生的作用所具有的经验而形成的",是"除了实际观察什么行为真正在事实上激起那些情感之外,没有其它什么办法能够形成决定什么行为是、什么行为不是那些情感对象的一般准则"[1]。由此可以断定,我们的道德准则和社会规范是经验积累的产物,因此,斯密的道德准则学说可以说是经验主义的。然而,我们仍然不能忘记斯密关于人性本能的观念,如果没有人类本性的内在因素,即使多么强大的对于行为的赞同和谴责的外部刺激和作用,也是不能形成我们的道德准则。正是因为我们生来具有的人性本能的内在因素引发了我们在各种场合下的道德判断,并在与外部旁观者的合宜性比对中积累成我们社会具有一致性的道德准则。我以为,更确切地讲,斯密更是一个自然主义者——我们的道德本能是天生具有的,我们的道德准则是在经验认知中自然形成的,我们的社会规范是在广大人民的德行习惯中自然建立的,我们道德准则和社会规范的进步与合宜也同样是人类社会在自然而然的筛选和扬弃中完成的。

一旦道德准则被人们普遍承认并确定下来,这个道德准则就成为我们行为判断的现实依据,具有了普世性、根本性和基础性的特征。确实,斯密在事实上认为,一旦道德准则确立下来,我们就在争辩一些性质复杂而难以理清的行为应得到多大程度的赞扬或责备时求助于这个基本准则,并且把这个基本准则作为我们判断人类行为正义与否的基本根据。所以,斯密看到,正是这样的事实或现象就使得一些著名的作家们产生了错误的理解,错误地把道德情感与道德准则本末倒置,似乎我们最初判断人类行为的正确与否就如同法官的判决一样,首先有一个准则,然后再考虑这一特定行为是否符合这个准则,显然道德学家以及作家学者们在这里的理解与斯密关于道德准则的形成原理是相背的,他们犯了反因果关系的错误。斯密还认为,一旦道德准则确立下来,人类那些自欺欺人的自爱倾向所导致对行为合宜性判断的曲解以及我们行为决策时反复发生的情感冲突和纠葛就被大大地纠正了,最终成为了我们人类基本的行为准绳和社会规范并将

---

[1] 斯密:《道德情操论》,商务印书馆,1997年版,第194页

153

我们基本的道德判断和行为选择纳入其中。

我们对一般行为准则或规范的敬畏和遵守,斯密称为责任感或义务感。"这是人类生活中最重要的一条原则,并且是唯一的一条大部分人能用来指导他们行为的原则。"① 接着,斯密就自然地讨论了我们人类的义务感——道德一般准则为什么成为我们的神圣法则?对道德一般准则或社会基本规范的遵守为什么成为我们神圣的义务或责任?

一个社会是否以及多大程度上尊重、遵守和敬畏已经确立的道德准则,直接决定了道德准则和社会规范的有效性、影响力和权威性。无须怀疑的是,当我们把这个准则作为我们的义务或责任时,我们的心态和感情将是相当稳定和基本合宜的,我们的行为和表现将是值得赞赏的和不受责备的。斯密讲,一个基于义务和责任感的朋友或妻子,虽然在许多方面达不到最好的朋友或妻子的标准,但仍然可以属于第二好的朋友或妻子,在他们身上对一般道德准则的尊重和遵守留下了深刻的印象,他们行为的稳定性和可控性使其成为我们值得信赖的人。所以,出于明确和增强义务或责任感的教育、训练和示范,使得我们在几乎一切场合都表现得比较得体,并且在整个一生中避免任何重大的过错和谴责。当我们社会的所有人具备了这种义务感,那么道德准则和规范作为我们行为的依据就会得到强有力的保障,进而有效地促进了人类社会的有序性和稳定性。对于义务感的重要意义,斯密还强调,正是这种义务感,使得我们在各种情况下坚定而果断地信守这个一般准则,在我们的一生中保持稳定的行为趋向,在所有的场合做到大致的得体和合宜,在所有的交往中表现得有礼有节;如果没有这个义务感的约束,我们就连一般的讲究礼貌都做不到,更不要指望我们做到公正、诚实、贞洁和忠诚,而这些是我们社会秩序得以建立的重要基础,万万不可缺失。所以,斯密说,"人类社会的存在依赖人们较好地遵守这些责任。如果人类没有普遍地把尊重那些重要的行为准则铭记在心,人类社会就会崩溃"②。

义务或责任总是具有一种强制性,人们最初对义务或责任的认同是源

---

① 斯密:《道德情操论》,商务印书馆,1997年版,第197页
② 斯密:《道德情操论》,商务印书馆,1997年版,第199页

于本性的一种模糊观念，如何进一步将义务或责任感在人们心中维持、加强和巩固就需要观念上的合理性和明晰化的支持，由此，我们便逐渐发展出一套观念上的哲理，这个哲理就是，道德准则是造物主的指令和戒律，造物主最终会报偿那些顺从的人，而惩罚那些违反的人。至此，人们对神的崇敬必然引起我们对神的指令和戒律的敬畏，并且深信不疑神会实现其对我们履行义务或违反义务的奖惩，由此，我们更加巩固和强化了这种义务感，并将这个义务感视为至高无上的和最为神圣的。

斯密将道德准则的神圣化的分析思路是这样的：首先，人类天性就有着将自己的各种神秘的不可解释的情感和激情归结于神化的倾向，同样，那些发展为道德准则的情感能力也就归结为神秘的存在物。人们没有什么也想不出什么会产生人的感情，于是便把想象出来而无法见到的不可知的神塑造成我们情感的源泉，把我们身上具有的那些感情和品质说成是神所具有的，敬畏和崇信神明也就自然将我们人类提高到神的完美境地，具有了神明所具有的热爱美德和仁慈、憎恶罪恶和不义的那些感情和品质。正如斯密所解释的，我们的哲学研究一开始就已经证明了人类天性具有这种神化的倾向并天性地预感到这是神明对我们人类发出的旨意，"无论我们认为自己的是非之心是怎样建立起来的，是建立在某种有节制的理性之上，还是建立在某种被称作道德观念的天性之上，抑或是建立在我们所具有某种天然的性能之上，不容置疑的是，天赋我们这种是非之心是为了指导我们这一生的行为。"[①] 可见，天赋我们人类的这种原始感情上的道德能力根植于我们的内心，我们不知它从何来，但却至高无上地驾驭我们的所有行为，超越我们的所有原则。我们内心的神化的道德感知力具有极为明显的权威的特征，是我们全部行为的最高仲裁者，监督我们的意识、感情和欲望，并对它们放纵或抑制的程度作出判断。斯密进一步提出，我们的这些道德感知能力可以评价我们所有的天然本性并给予责难或赞许，所以，我们道德能力就是将我们的各种自然天性作为我们感官的审视和评判的对象，因此道德能力就可以被认作为感官。感官一定高于它们所感受的

[①] 斯密：《道德情操论》，商务印书馆，1997年版，第200-201页

对象，眼睛、耳朵和舌头等这些感官是评判色彩的美丽、声音的和谐、味道的鲜美的最高权威，始终对后者具有决定性的威力以及远远高于后者。悦目的就是美丽，动听的就是和谐，可口的就是鲜美，显然这在实际上就是我们感官的愉快感受，离开了我们的感官也就无从谈起我们的感受，也就没有什么道德感知能力和判断能力，所以，我们不能离开道德感官来分辨什么善恶是非。道德能力与道德感官是同一而不可分的，是人类生来具有的一种根本的本能，是一种天赋的神圣化的具有判断性质的本能。正如斯密所认为的，什么时候我们的耳朵应该感受到动听的声音，什么时候我们的眼睛应该纵情观看，什么时候我们的味觉应该得到满足，什么时候在何种程度上放纵或限制我们的其他天然本性，都是由我们内心的道德能力或道德感官来决定的。

其次，既然我们的道德能力同一于我们的道德感官是天赋而来的，既然我们的道德之心是人类天性中起支配作用的本性，所以，由它所确定的那些准则或规范就应该被认定为神的指令和戒律，因此，我们就可以把这个一般的道德准则称为法则，或者更确切地称为自然法则，是一种更类似于法律然而却不是法律甚至是高于法律的东西，因为这是天赋的、内心的、本性的。神安置在我们内心的代理人会用我们内心的羞愧和内疚来折磨违背准则的人，用平静和满足来报答遵守准则的人。神创造了我们人类并赋予我们道德戒律，其本意就是给予我们幸福，除此之外，别无他求；然而非常庆幸的是，我们在这个道德准则的驱使下行事时总是会力图增进我们人类的幸福而避免不幸，在斯密看来，我们道德能力的运用正是与神的合作，自然地协助神去实现神的人类幸福的意图。于是，我们便将人类的道德职责与神的精神联系起来，进而形成了我们的观念，当我们按照神的意旨行事时，便得到神的欢乐和庇护；反之，则得到神的愤怒和惩罚。"在前一种情况下，我们自然会信心十足地祈求造物主赐予特殊的恩惠和报答，而在后一种情况下，则会担心受到造物主的报复和惩罚。"[①]

再次，善有善报，恶有恶报，似乎也是神或自然对于我们遵守道德准

[①] 斯密：《道德情操论》，商务印书馆，1997年版，第203页

<<< 第一章 斯密《道德情操论》的解读

则而衍生的美德的适当补偿和对于我们违背道德准则而产生的劣德的应有惩罚。斯密认为，尽管世界万物杂乱无章，但我们仔细观察就会发现，我们的美德会必然得到自然的适当报答和补偿，以鼓励和促进美德；我们的劣德也会必然得到自然的适当报复和惩罚，以打击和遏制劣德。所以，这种外在的奖惩必然自然而然地加强着我们对道德准则的遵守，促进着我们对义务感的尊敬。

然而，自然给予人类德性的报偿与我们人类的天然感情给予德性的报偿往往是不完全一致的。斯密讲到，宽宏大度、慷慨正直是我们深深钦佩的美德，以至于我们在感情上不仅希望如此的美德得到应得的报偿，甚至还希望它们能够得到财富、权力和各种荣誉，而这些报偿是与上述美德无关的，是属于节俭、勤劳这些美德的必然结果和应有报偿。斯密问道：勤劳的坏蛋耕种土地，懒惰的好人任其荒芜，那么谁该收获庄稼呢？谁该挨饿？谁该富足呢？如果按照事物的自然进程则是有利于这个坏蛋，而按照人们的天然感情则是偏向于这个懒汉。因为造物主或自然给予那个坏蛋的勤劳美德的报偿是收获庄稼而生活富足，对应的是给予那个好人的懒惰劣德的报偿是忍饥挨饿的惩罚，然而，人们在天然感情上的看法是认为，坏蛋的勤劳美德带给他的好处是过分地得到了补偿，好人的懒惰劣德带给他的痛苦是受到了过分的惩罚。这样，在自然的原则与感情的原则之间出现了差异，人们往往在运用自己的道德能力来判断事物时总是依照人们较为一致的感情原则，这实际上就是对自然原则的某种程度的纠正。正如人类感情的产物——法律——所给予人们的奖惩原则与自然所给予人们的报偿原则是有很大不同的，在法律上，我们可以剥夺勤劳谨慎的叛国分子的财产甚至生命，而酬报那些好逸恶劳但忠诚国家的好公民，对此，我们在感情上似乎是完全赞同的。斯密说道：

"这样，人就在造物主的指引下，对造物主自己本来会作出的事物的分配进行了某种程度的纠正。造物主促使人们为达到这一目的而遵循的各种准则与造物主自己所遵循的那些准则不同。大自然给予每一种美德和罪恶的那种报答或惩罚，最能鼓励前者或约束后者。造物主单纯地考虑这一点，而很少注意到，在人们的思想感情和激情中，那些优良品质和不良品德似乎还具有不同程度的优缺点。相反，人们只注意到这一点，因而力求使每种美德得到他心目中恰如其分的敬爱和尊重，并使每种罪恶得到他心目中恰如其分的轻视和憎恶。造物主所遵循的准则对造物主来说是合理的；人类所遵循的准则对人类来说也是合理的。但是，两者都是为了促进同一个伟大的目标：人世间的安定，人性的完美和愉快。"①

上述关于道德准则神圣化的论述，证明了斯密的一个核心思想，这就是引导我们人类前进的自然或造物主具有至高无上的权威和不可违拒的力量，我们必然要敬畏和遵循他，我们人类的义务和责任由此而来，对神的信念就是我们对自身义务和责任的信心。同时，我们必须坚守自然所赋予我们人类的各种法则，因为这是我们人类社会的最基本、最根本的规则，我们只有在这个基础上才可以谈论我们人类的自由意志，这种自由意志也只是在一定程度上对自然法则于具体情况下的适当调整，而且这种调整既不能伤害自然法则的内在机理，也不能违背自然法则的根本意旨，更不能超越自然赋予我们人类自由意志的活动空间。值得我们人类幸运的是，自然总是在我们违背上述要求时矫正甚至是惩罚我们的自由意志，使我们人类不断地自省、自责，最终回到自然的道路上。

斯密认为，当我们的一般道德准则具有了神圣性，我们与此共生的义务或责任感就应当是某种指导性和决定性的原则。可是又出现了新的问题，在什么情况下，义务感应该成为我们行为的唯一原则？在什么情况下，义务感还应该与其他的感情同时成为我们的原则、共同地发生作用呢？斯密首先明确，义务感是我们行为的基本和决定性的原则，但不是唯一的原则。于是，我们要想弄清义务感的一般准则与其他感情的相互联系就必须依两种不同的情况而定：第一是在我们全然不顾一般规则的情况下，促使我们行动的那种感情是天然的令人欢喜，还是天然的令人讨厌的；第二是要看这个一般准则本身是否充分明确无误，还是含糊不清。

在第一种情况下，斯密分析到，对于仁慈和友好的激情而言可以促使我们做出优雅和令人钦佩的行为，既可以来自对一般准则的尊重，也应该

---

① 斯密：《道德情操论》，商务印书馆，1997年版，第205页

来自激情本身；对于愤怒、惩罚等非社会的激情而言可能对他人会产生极重的伤害而造成更大的愤恨，应该本着一般准则使我们的行为更为合宜和得体，而不能来自我们激情本身；对于介于社会性和非社会性感情之间的自私的激情，要依据自私的对象的重要程度来确定到底是来自一般准则还是来自激情本身，如果是一些不重要的、很平常的和普通的情况下，一些蝇头小利、点滴收益应该来自我们对一般准则的敬重的行为，而不应该来自我们自私对象所引起的任何激情，如果为此大动干戈、激情澎湃似乎是很不合宜的；如果是一些很特别、很重要的情况下，我们为了准则而不去认真、激昂地追求这些重大利益，似乎就显得很卑劣了。

斯密不仅作出了上述细致入微的有理分析，而且在分析中提出了一些很有意义的观点。斯密强调，人们在做善事、亲切的事情时，总是显示出人的感情的重要性，一个出于必须维持某种关系的妻子对丈夫顺从温和，并不能得到丈夫的满意，因为妻子缺乏真诚的感情；一个儿子对父母竭尽孝道，但父母仍然没有感受到充满感情的敬意，依然会公正地抱怨他态度冷漠、没有热情。在我们所有亲切的、具有社会性的感情中，只是出于冷淡的责任感而不带有感情地做事，似乎我们是很难满意和愉快的，所以，在我们的仁慈的和社会性的行为中不能只顾虑规则而没有激情，否则无法实现我们的真实目的。斯密还提出，人们在自私的感情下行事，为一点小利而心急如焚、焦躁不堪、终日盘算，这显然是一个守财奴和吝啬鬼，是一个极为庸俗的行商者，而无意为这点小利锱铢必较、挂虑担忧、一切如常地生活的人却是一个有品质的君子。在自私感情下的小利小惠面前，出自激情的行为似乎是可卑的，而恪守一般规则并按原有计划生活的行为可能是令人尊敬的。斯密还讲到，在自私的感情下，"私人利益的那些重大目标——它们的得或失会很大地改变一个人的地位，成为恰当地被称作抱负的激情的目标；这种激情保持在谨慎和正义的范围之内时，总是受到世人的钦佩，即使超越了这两种美德而且是不正义的和过分的时候，有时也显得极其伟大，引起人们无限的想象。"[①] 由此，贪婪和野心的不同完全在

---

① 斯密：《道德情操论》，商务印书馆，1997年版，第212－213页

于它们的目标是否伟大,虽然同样具有一样的激情,一个吝啬鬼对于半便士追求的狂热激情当属贪婪,而一个在人们心目中伟大的人欲征服王国的狂热激情当属野心。所以,对于自私更准确地说应该是自利的感情,我们既不能遏制它,因为它并不是反社会的,也不能促进它,因为它并不是完全利于社会的。在具体自利的感情中,至于我们采取何种态度,取决于自利的对象性质和作用。

在第二种情况下,在一般准则本身精确无误或者含糊不清的条件下决定我们的行为对准则遵守的程度几何。斯密认为,"几乎所有有关美德的一般准则,决定谨慎、宽容、慷慨、感激和友谊的功能是什么的一般准则,在许多方面都是含糊不清,允许有很多例外,需要作出如此多的修正,以致几乎不可能完全通过对它们的尊重来规定我们的行为。"[1] 诸如感激的美德,可能是含义最为精确而又很少例外的一般准则,得到多少报答多少,如有可能尽力多报,这个精确而没有例外的准则似乎是无人不晓的。然而根据我们的经验和实践,好像这一准则是极其含糊不清并有无数例外的。斯密例证到,你的恩人在你生病时护理了你,你也就应当在他生病时护理他吗?如果你应当护理,那么护理多长时间呢?是和护理你的时间一样长呢,还是更长呢?诸如此例,不胜枚举。所以,准则不可能在一切情况下给予相应的准确答案。如果我们在各种情况下还是一味呆板和固执地执行这种一般准则,显然是极其荒唐可笑的迂腐行为。那么我们如何去做这些感激的美德之事呢?指导我们这些行为的,"与其说是对某种精确格言或准则的尊重,不如说是某种有关合宜性的想法,是对某一特定行为习惯的某种爱好;我们应当更多地考虑的是这一准则所要达到的目的和基础,而不是准则本身。"[2] 所以,感激和报答恩人是我们的义务,而如何感激和感激多少要合宜要符合社会的大致赞同和认可。

可是,在对正义的美德上,斯密则强调,正义的一般准则是非常精确的,我们不能采取酌情对待的态度,必须严守正义的原则,不允许有任何的例外和修改。欠债就要如数按时归还,损坏就要如数照价赔偿。"我应

---

[1] 斯密:《道德情操论》,商务印书馆,1997年版,第213页
[2] 斯密:《道德情操论》,商务印书馆,1997年版,第215页

当做什么。我应当做多少,我应当在什么时候和什么地方做,所有确定的行为的本质和细节,都已确切地规定和明确。"① 所以,忠实地遵守正义准则是没有迂腐可言的,这是我们最神圣的义务和责任,不得有任何偏差和误解。不折不扣并且坚定不移地坚持一般正义准则本身的人,是最值得称赞和最可信赖的人。关于正义美德与其他美德的关系,斯密又做了一个形象化的比喻,"正义准则可以比作语法规则;有关其他美德的准则可以比作批评家们衡量文学作品是否达到杰出和优秀水平而订立的准则。前者是一丝不苟的、准确的、不可或缺的。后者是不严格的、含糊的、不明确的,而且告诉我们的与其说是如何臻于完美的确实无疑的指示,还不如说是有关我们应该指望臻于完美的一般设想。一个人可以根据规则学会完全正确地合乎语法地写作;因而,或许可以学会公正地行动。虽然有些文学评判准则可以在某种程度上帮助我们纠正和弄清楚我们对完美可能抱有的一些模糊看法,但是,却没有哪种准则能确实无误地引导我们写出杰出或优秀的文学作品。"② 斯密认为,即使我们可能不能恰当地理解了某些行为准则,并因此在不当的观念下误入歧途,虽然我们不能得到人们的赞同和褒扬,但具有义务感的品质仍然是值得人们同情的;即使我们过于刻板地信守某一义务感而显得有些迂腐,同样也会受到人们的尊敬;即使我们不可能做得那样完美和优雅,但只要根据正义准则至少可以防止我们做错事。显然,只要你秉承某种义务感,即使误入歧途,犯了错误,也不应该成为人们谴责的对象,应该谴责的是那个引导你的不正确义务感观念的文化、制度等因素。所以,斯密认为,错误的宗教观念就是这种几乎把我们引入歧途的唯一原因。其实,我们人类自然而然的常识是完全可以指导我们合宜地行事,即使不是完全的,也离它相距不远。斯密进一步强调,我们人类服从自然或称之为造物主的意志是首要的责任法则,而来自宗教的责任则是我们错误发生的根源。斯密在列举了伏尔泰的悲剧《穆罕穆德》后指出,当我们确信正是宗教把一个人引入歧途,而不是以宗教为借口来掩盖某些最坏的人类激情时,我们就应该同情每一个被宗教引入歧途的

---

① 斯密:《道德情操论》,商务印书馆,1997年版,第214页
② 斯密:《道德情操论》,商务印书馆,1997年版,第215-216页

人，我们就应该憎恨那些欺骗我们的宗教责任感，而尊敬我们自然而来的人类天性。

根据误解的责任感而作出错误的行为，或者违背我们的责任感而作出善良的行为，我们该当如何抉择呢？斯密解释到，对于善良的行为，如果他是出于自身的软弱，而不是依据原则来做善事，我们决不会充分赞赏的，我们可能会对他的仁慈感情和善良行为表示高兴，但是仍然会有某种遗憾，因为这没有形成他自我认可的美德意识，我们也不认为这是一种美德而加以钦佩。如果违背责任感的人是出于自我认可的感情来行善事，我们会对他的这种感情感到更大的愉快和称赞，但仍然不会给予他一种更高的尊重和敬意，因为具有自我认可情感的行为可以称为美德，可是这个不是基于义务感的原则的美德似乎还不是那么令人满意和尊敬的。至于讲到其他激情，则另当别论。违背义务感原则而行义举，或者遵守义务感原则而行恶事，在斯密看来这要取决于它们的合宜性。尽管在旁观者约束下的自我赞同的情感既是美德，但仍然不是我们所能尊敬的那种美德。显然，斯密更倾向于根据正义感原则采取合宜行为的更高美德。

十二、我们能以效用来作出道德判断吗

斯密在《道德情操论》第四卷"论效用对赞同情感的作用"中主要阐述了两个问题，一是给效用的表现赋予了一种艺术上的美及其所具有的广泛影响，二是给效用赋予了人的品质和行为的美以及在何种程度上这种美感可能被作为我们赞同的初始原则。综合而论，斯密是在论证效用产生美感并且成为我们审美意义上的道德判断的一个依据。

就第一个问题而言，斯密首先提出了效用是美的主要来源之一，这与休谟的看法是基本相同的。任何物品的效用就是给人们带来的一种便利，由此使人们感到愉快，成为我们赞美的一个主要原因。物品的主人会因此感到满足和愉快，而且旁观者也由于同情而理解主人的情感必然同样的愉快。斯密赞同休谟的观点，按照休谟的说法，"任何物体的效用，通过不断给其主人带来它所宜于增进的愉快或便利而使他感到高兴。每当他看到

它的时候,他就会沉浸于这种愉快之中;这一物体就以这样的方式成为不断给他带来满足和欢乐的源泉。"① 同样,由于物体给我们带来了不便利,无论是使用上的还是想象中的,都会使我们和旁观者感到不快。

然而与休谟不同的是,斯密认为,物品的效用虽然是我们美感的来源,但却不是唯一的,甚至在某种意义上不是主要的。这就是说,物品的实际效用或使用效用并不是我们美感的主要来源,我们对于物品的美感更多地来源于与实际效用无关的一种特性,即物品所具有的适宜性,如巧妙的设计、变化的方式、获得的方法等等,由此产生的美感是不同于物品实际效用本身的。这是斯密的一个重要突破,我们由美感引起的快乐不单纯来源于物品使用价值的效用,更多的可能是来自这个特性的审美价值。在此,我们将斯密的具体解析呈现出来,以助于理解他的这一特性:

"当一个人走进自己的房间并发现椅子都摆在房间的中间时,他会对仆人发怒,或许他宁可自己动手不厌其烦地把它们重新背墙摆放,而不愿看到它们一直这样乱七八糟地放着。这种新的布置所具有的全部合宜性来自腾清和空出了房间的地面所造成的更大的便利。为了获得这种便利,他甘愿自己受累,而不愿忍受由于缺乏这种便利而可能感到的各种苦恼;因为最舒服的是一屁股坐在其中一把椅子上,这是他干完活儿以后很可能做的。所以,他所需要的似乎不是这种便利,而是带来这种便利的家具的布置。但是,正是这种便利最终推动他整理房间,并对此给予充分的合宜感和美感。"②

表是用来计时的,但不讲究时间的人却拥有着机械设计完美的表;毫无效用的小玩意儿吸引了大量的爱好者争先恐后地购买。斯密强调了这种特性的审美感成为我们行为和感情的动机,而淡化休谟的物品实际效用的美感和纠正这一美感源泉的唯一性。所以,人们对于物品的获取方法、物品的设计巧妙等方面的偏好或审美判断可能更重要于物品本身的实际效用。这就是说,我们人世间可能存在着完全没有功效性而纯粹和天生的一种美感,这大概就是我们今天所说的精神上的愉悦和心灵中的美感。所

---

① 斯密:《道德情操论》,商务印书馆,1997年版,第223页
② 斯密:《道德情操论》,商务印书馆,1997年版,第224页

以，斯密让我们醒悟，财富和地位仅仅是毫无效用的小玩意儿，它并不能实现我们身体的舒适和心灵的平静。

正是由于人们更注重于获取物品效用的手段或方法的美感，那么，物品本身的效用就被看作为我们的目的，并且不惜任何代价去发现实现这一目的的相适手段，似乎是再明显不过的事情了。然而，斯密认为，物品的效用仍然是我们的手段，是我们人类达到幸福的手段。我们为什么会对富人和显贵的生活条件如此的钦佩和羡慕，我们为什么会对富裕和地位如此的追求和崇拜，就是因为我们错误地把手段当成了目的。我们人类的生活目的是追求幸福，任何财富以及而来的效用实际上都是我们获得幸福的手段。我们往往忘记了人生的幸福目的，而陷入了一味追求财富的境地中。我们拥有更多的财富只不过是拥有了更多的获得幸福的手段，即使我们把财富效用与人生幸福联系起来，二者之间也并非等量齐观。从美感的角度看，我们只是看到了物品效用的表面美感，而忘记了我们利用物品效用而实现幸福人生的真实美感。当我们幡然醒悟的时候，我们就会明白，拥有财富的显贵并不比普通的他人更为幸福。在我们年老多病、衰弱乏力之际，显赫地位所带来的那些空洞和无聊的快乐就会消失，我们就会在内心深处诅咒野心，我们就会怀念我们年轻时的悠闲和自在，我们就会后悔不已地考虑什么才是自己幸福所真正需要的东西。

然而，斯密认为，人们把手段与目的的本末倒置并不是一件坏事，而这正是自然引导我们人类走向幸福的一个天意安排。在斯密看来，人类的这种美感的异化是大自然所安排的一个骗术，我们今天把这一骗术就称为一种机制，它在自然地无影无形地引导着人类的激情昂扬和社会的有序前进。所以，斯密说道：

"天性很可能以这种方式来欺骗我们。正是这种蒙骗不断地唤起和保持人类勤劳的动机。正是这种蒙骗，最初促使人类耕种土地，建造房屋，创立城市和国家，在所有的科学和艺术领域中有所发现、有所前进。这些科学和艺术，提高了人类的生活水平，使之更加丰富多彩；完全改变了世界面貌。使自然界的原始森林变成适宜于耕种的平原，把沉睡荒凉的海洋变成新的粮库，变成通达大陆上各个国家的行车大道。土地因为人类的这

<<< 第一章 斯密《道德情操论》的解读

些劳动而加倍地肥沃，维持着成千上万人的生存。"①

接着，斯密就由这种天意的安排或蒙骗建立了他著名的"看不见的手"的原理。

尽管富人们的"天性是自私的和贪婪的，虽然他们只图自己方便，虽然他们雇用千百人来为自己劳动的唯一目的是满足自己无聊而又贪得无厌的欲望，但是他们还是同穷人一样分享他们所作一切改良的成果。一只看不见的引导他们对生活必需品作出几乎同土地在平均分配给全体居民的情况下所能作出的一样的分配，从而不知不觉地增进了社会利益，并为不断增多的人口提供生活资料"②。

斯密认为，这就是神的意志作用，自然的法则。当我们把地位和财富带来的美好及愉快想象成重要的、美丽的和高尚的时候，我们必然为之倾注心力，其追求个人利益的客观结果却是增进了社会的利益，尽管我们个人不知道何谓公共利益，也没有造福社会的意识和精神，"看不见的手"却自然而然地引导出社会利益的更大化的结果。同时，斯密还提出了"看不见的手"所导出的社会公平的结果，神把土地分给少数地主时，并没有忘记也没有遗弃那些没有得到土地的人，他们在神的安排下得到了土地产品的相应份额，并且最后与拥有土地的那些人一样得到大致相同的生活水平。"看不见的手"使我们"在肉体的舒适和心灵的平静上，所有不同阶层的人几乎处于同一水平，一个在大路旁晒太阳的乞丐也享有国王们正在为之战斗的那种安全"③。显然，"看不见的手"不仅使个人利益转化为公共利益，而且使每个人的利益最终在全社会的范围内趋于均衡化。"看不见的手"这一原理后来成为斯密《国富论》的思想基础，并由此推导出自由、公平和正义的市场经济制度。

斯密在人的美感——财富实际效用的愉快、人的欲望——自我利益下的效用最大化以及实现我们美感的享受和欲望的满足的手段合宜的自然状态下，发现了我们每个人以追求自我利益而自然形成的分工、交换，进而

---

① 斯密：《道德情操论》，商务印书馆，1997年版，第229页
② 斯密：《道德情操论》，商务印书馆，1997年版，第229-230页
③ 斯密：《道德情操论》，商务印书馆，1997年版，第230页

实现全面富裕的天然机制。这个机制不论是神的安排，还是我们天性的产物，都是我们所看不见、摸不着的，也是我们感性和理性所无法构造的，它在隐蔽和巧妙地引导我们人类的社会生活，对此，我们只能敬畏和尊重。

就第二个问题而言，斯密首先提出了具有独创性和受人欢迎的思想家休谟的观点，我们对美德的全部赞同来自我们所直觉到的效用的美。任何心灵的品质，除了对自己或他人来说都是有用或令人愉快，否则没有一种品质可以作为美德加以赞同；除了对自己或他人无用或令人不快，否则没有一种品质可以作为劣德加以反对。休谟显然将效用所带来的美好或难受的感知确立为我们道德优劣判断的新的根据。斯密对此虽表示了一定程度的认同，但斯密仍然强调，效用不是我们赞同和反对某一品质的首要和主要的根据。"毫无疑问，这些情感因关于美或丑的直觉而得到增强和提高，这种对美或丑的直觉产生于它的效用或负效用。但是，我仍要说，这些情感原本和本质上与这种直觉截然不同。"① 休谟之所以产生这个错觉，是因为我们对心灵品质的判断似乎总是从它们的效用或不便之处得到美和丑，我们似乎总是天性地把品质的判断与其对我们是有利还是有害联系起来，那些善于用抽象和哲学的眼光来考虑人类行为的人总是被这些现象所打动。斯密认为，尽管效用可能会作用于我们的道德判断，但它绝不是我们道德判断的真正依据，我们对美的赞同和对丑的谴责的根源并不在于对象体的效用或危害，效用和道德给人们的感觉在本质和本原上是完全不同的。

斯密解释到，我们赞赏美德的情感不可能同于赞赏给我们带来便利的物品的情感；精神气质上的有用性很少成为我们赞同的最初根据，赞同的情感总是包含着合宜性的感觉，这与效用的直觉是完全不同的。斯密根据这样两个区分具体地分析了品质的有用性与道德的相互关系，也就是哪些品质因为对自己有用而受到重视，进而对他人有用而受到尊重。

斯密认为，对自己最有用的品质是具有高度的理智和理解力，其次是

---

① 斯密：《道德情操论》，商务印书馆，1997年版，第234页

<<< 第一章 斯密《道德情操论》的解读

自我控制。这两种品质的集合便构成了谨慎的美德,是我们个人所有美德中最有用的美德。而这一美德并不来自这两个品质的有用性。作为第一个品质的理智和理解力,最初来自我们的正当和精确。正如"在深奥的科学中,尤其是在更高级的数学中,表现出人类理智的最伟大和最可钦佩的努力。但是那些科学的效用,对个人或公众来说都不是非常清楚的,要去证实这种效用,需要某些并不总是十分容易理解的论述。因此,最初使它们受到公众的钦佩的,不是它们的效用"①。斯密接着提出,由于我们对它们钦佩的最初动力不是来自有用性,由此贬低它们的作用,所以具有这一品质的人是难能可贵的。作为第二个品质的克制,不仅在效用方面为我们所赞同,更主要的还是在合宜性方面能够产生同情共感而得到我们的赞同。斯密认为,当我们采取克制的行动而牺牲当前的快乐以便获得将来更大的快乐时,当我们表现出对未来的感受和现时的感受一样吸引我们时,我们的感情与他人的感情是完全一样的,他人当然会赞同我们的克制行为。而且,人们从经验中知道具有克制品质的人是不多的,所以更加地钦佩和赞扬。虽然,克制的行为是为了获得财富即效用,然而得到当前的效用和得到将来的效用是完全不同的,因为将来的效用是不确定的,具有很大的风险,即使这样,人们仍然倾向于认同克制的品质,而这种认同的情感只能来自当前的合宜性。斯密讲到,"我们10年以后享受到的快乐,同我们今天能够享受的快乐相比,其对我们的吸引力如此微小,前者所激起的激情同后者容易产生的强烈情绪相比,又天然地如此微弱,以致前者决不能与后者等量齐观,除非前者为合宜感、为我们通过以一种方式行动而应该得到每个人尊敬和赞同的意识、以及为我们以另一种方式行动而成为人们轻视和嘲笑的合宜对象的意识所证实。"② 所以,牺牲当前效用而赢得未来效用的克制品质是来自人们合宜性而不是有用性的赞同和尊敬。进而,我们可以这样认为谨慎之所以成为一种美德,并不是来自对自己和对他人的有用性,而是来自人们之间同情共感的合宜性。勤俭、节约、克制等谨慎的美德尽管可能会具有效用上的不利性,正如曼德维尔《蜜蜂的寓言》中的

---

① 斯密:《道德情操论》,商务印书馆,1997年版,第235页
② 斯密:《道德情操论》,商务印书馆,1997年版,第236-237页

"节俭的悖论",但是这一美德还是得到人们的共识和认可。与此相反,浪费、奢靡总是被认为是一种劣德。

此外,慷慨大方和热心公益的精神也同样是具有美德的品质,这一品质所具有的合宜性也同样是建立在和正义所具有的合宜性相同的基础上的。在讨论慷慨大方的品质时,斯密很有意思地指出,慷慨大方与仁慈比较起来,虽然看起来几乎相近,但总不为一人所同时具有,仁慈是女人的美德,慷慨大方则是男人的美德。斯密虽然没有进一步解释这种体现在性别上的差异原因,然而确实符合实际的经验。虽然女人更为温柔善感而多为仁慈,男人更为刚强而多为慷慨大度,但在合宜感方面却不尽相同,仁慈的行为通常是不需要自我克制的,所以就不需要合宜感的巨大努力;慷慨大方则要先人后己,甚至牺牲自己而保护他人,这不仅需要极大的克制力,更需要合宜感的强烈激励。这是因为具有慷慨大方美德的人在为他人的利益而牺牲自己的利益时,一般都会按照旁观者的情感来调整自己的情感,并且根据所感受到的对那些事物的看法,来作出某种高尚的行为努力。在这个高尚的行为中,我们既不是出于人道,也不是自己认为他人重于自己,而是以旁观者的眼光来考虑自己与他人的利益,然而,旁观者总是认为保护他人确实比保护自我利益更具有吸引力,认为我们的行为是合宜而又是令人赞美的。在讨论热心公益的品质时,斯密列举了大量的事例来说明这一品质是基于我们行为的合宜感而不是来自对他人或自己的效用。正如斯密讲的,那些不惜牺牲自己生命来保家卫国的年轻军官,他们不是用自己天然具有的眼光来看待自己生命的价值远远超过国家或民族的利益,而是用整个民族的眼光来看待。对整个民族来说,战争的胜利至关重要,而个人生命无足轻重,当他们站在民族的位置上时,于是,出于责任感和合宜感的天然倾向,英雄主义和公共精神的伟大行为便体现在对自我生命情感的成功抑制中。所以,"在这种情况下以及在其他所有这类情况下,我们的钦佩与其说是建立在效用的基础上,还不如说是建立在这些行为的出乎意料的、因而是伟大、高尚和崇高的合宜性的基础上。"[①]

[①] 斯密:《道德情操论》,商务印书馆,1997年版,第239-240页

效用固然会对上述行为产生新的美感并进一步对这些行为给予更多的赞美，然而这种来自效用的新美感只有那些深思熟虑的人才可以感觉的，决不具有这些行为一开始就受到大多数人赞同情感的性质。斯密进一步指出，当我们认为我们赞同的情感仅仅是来自效用这种美感的作用时，那么这种情感就与他人情感没有任何关联，这就是说，来自效用美感的情感完全可以是一种个人与效用之间的独立和纯粹的情感，并不是一种社会情感，当然也就无关道德判断。当一个人可以在与社会没有任何联系的环境下生活，那么，他可以为自己行为的有效或无效而自感愉快或不满，看到一架设计精美的机器而自我满足，对笨拙和粗陋的发明而自我不乐，他也可以这样来评价自己的性格和品质。但这充其量只是自己个人与效用之间的单一关系而不具有道德的意义，只是自己的自我评价而不具有他人或社会评价的任何内容，因而，这个人就不会因想到自己应当得到报答而欢喜，也不会因怀疑自己将来得到惩罚而耻辱，这显然不是道德判断。由此可见，斯密提示我们，一是孤立的个人自我认识和经过社会形成的自我认识是完全不同的，真正的道德判断是经过旁观者或他人或社会所形成的自我认识，我们也只有在感同身受的社会化环境中才可以得到正确的自我认识和道德判断；二是孤立的自我情感和在社会环境下表现的自我情感应该是有所区分的，属于个人爱好和个人偏好的情感，只要不涉及他人和社会，无关道德伦理，我们就应该宽于待之，甚至尊重和保护。

至此，斯密向我们展示了正义、仁慈、谨慎三大美德，这是我们必须牢牢把握和深思的。

十三、习惯和风气对道德情感的影响

习惯和风气是支配我们对各种美的判断的原则。

在我们人类生活的社会中，不同的国家、不同的民族和不同的时代有着各种各样的习俗和风气，由这种习俗和风气影响下的美丑的看法，必然会形成我们道德判断的依据，各种不同的习俗和风气也就导致一个合宜性的千差万别以及道德评价的全然不同。由此，产生了一个问题，我们人类是否存在一个绝对性、普世性和一致性的道德判断标准呢？如果我们坚持这样的看法，势必要否定习俗和风气在道德判断上的正当性。

斯密首先解释了我们习俗形成的原因以及在人们审美判断中的影响，"如果人们经常同时见到两个对象，其想象就会形成从一个对象很快联想到另一对象的习惯。"① 简单讲，习俗就是人们在不断重复和积累活动中形成的对对象及其相互关系的一种稳定的认识或看法，或者是对事物发生的因果关系的稳定性认识，久而久之，就必然形成我们固化和必然的合宜性判断的正当依据。斯密认为，在事物的联系中如果存在着某种天然的合宜性，习惯就会增强我们对它的感觉，即使不存在这种合宜性，习惯也会使我们适应原有的习惯性联想而自然地减弱甚至消除我们的不合宜感。所以，斯密说，"在那种联系不合宜的地方，习惯或者会减弱、或者会全部消除我们的不合宜感。那些习惯于不整洁和杂乱无序的人，丧失了一切对整洁或优雅的感觉。对陌生人来说似乎是可笑的家具或衣服的式样，并没有引起习惯于它们的人们的反感。"② 可见，我们美丑的判断在很大程度上是我们一种习惯性的联想，是依赖于我们长期积累起来的固定化的看法和想象。

风气则不同于习惯，它是一种特殊的习惯，是一种与某个特定阶层的特殊嗜好、偏好和趣味联系在一起的，形成了一种社会流行的时尚和许多人效仿的潮流。诸如，大人物的优雅、安闲和威风凛凛的样子，甚至连同他们穿着的贵重飘洒，呈现出姿态魅力，使我们很容易把它们同优雅和高贵联想起来，即使大人物们故作姿态，我们也会认为这是优雅和豪华的东西，成为我们社会的一种风尚。

斯密认为，我们所有的审美判断都会受到习惯和风气的支配。我们一般都认为衣服和家具完全受习惯和风气的支配，斯密对此不仅认同，而且认为我们各个方面的情趣对象如音乐、诗歌、建筑等也同样受到习惯和风气的支配。接着，斯密运用大量的事例来阐明习惯和风气及其变化是如何对我们审美观产生影响的。每一种物品都有其不同于他物的特殊性质和特

---

① 斯密：《道德情操论》，商务印书馆，1997年版，第245页
② 斯密：《道德情操论》，商务印书馆，1997年版，第245–246页

殊功能，诸如诗歌的韵律就只是适合于表达品质、情感或激情的一种特殊写作，一种诗体适宜严肃作品，另一种诗体则适宜明快作品。斯密在这里要表达的是，每一种物品都有其相应的结构、形态和方式与其特殊的功能和性质对称相适的，凡是能够实现其功能和符合其特性的结构、形态或方式就是美的，否则就是丑的。这就是说，当我们把物品的特殊的性质和功能与其相适应的特定的结构和形态之间稳定地联系起来时，就构成了我们的习惯和时尚形成的基因，正如我们不能用动物的结构、比例、形态的标准来衡量人类的美丑。然而，习惯和风气始终是变化着的，虽然习惯的变化是缓慢的，风气的变化是明显的，但不论如何变化，其中必有某些不变的审美原则，这就是上面所讲到的那个基因，也就是物品的现象形态、表现方式、结构特征是否可以较好地合宜于物品的存在目的和功能实现。这个基因在习惯和风气与审美标准之间的不稳定关系的变化中起着一个缓冲和稳定器的作用，无论我们的习惯和风气怎样的变化，总有着一些亘古不变的因子，并成为我们稳定的审美标准和依据，正如斯密所讲到的，"具有联系的各种变化，其中每个新的变化出现似乎都是由在它之前发生的变化引起的，并且所有联系在一起的部分在其中似乎具有相互之间的某种天然联系，比没有联系的对象杂乱无章的集合更受人欢迎。"[1]

那么，习惯和风气对我们道德情感又有着怎样的影响呢？斯密认为，我们的审美感极易受到习惯和风气的影响，然而，在对道德情感的影响上却是不容易的。这是因为，"我们美感所赖以产生的那些想象的原则，是非常美好而又脆弱的，很容易因习惯和教育而发生变化；但是，道德上的赞同与不赞同的情感，是以人类天性中最强烈和最充沛的感情为基础的；虽然它们有可能发生一些偏差，但不可能完全被歪曲。"[2] 斯密在这样的观点下，提出了这样几个观点：

第一，当习惯和风气与我们关于正确和错误的天然原则相一致时，习惯和风气就会使我们的道德情感更加敏锐，就会增强我们对一切恶的厌恶。生活在一个良朋益友中间的人，在自己周围的良朋益友身上所惯常见

---

[1] 斯密：《道德情操论》，商务印书馆，1997年版，第252页
[2] 斯密：《道德情操论》，商务印书馆，1997年版，第253页

到和自己所习以尊敬的是正义、谦虚、人道,在他看来凡是同这些美德所规定的原则相悖的东西必定是劣德而至为愤慨。习惯已使他对这些行为习以为常,由于这种习惯与我们判断正确与错误的天然原则相一致,便增强了情感的敏锐性,也强化了对恶的反感和厌恶。反之,当习惯与我们的天然原则不一致时,便使我们感觉愚钝,情感缺失,以耻为荣,难以成为一个正直的人。

第二,在不同的职业和生活状况中,人们熟悉的对象完全不同,隔行如隔山,因此使他们习惯于非常不同的激情,自然而然地在他们之中形成了非常不同的品质和行为方式。司法人员似乎总是那样的冷淡面孔以表示出法律的尊严和正义,公务人员似乎总是那样的不卑不亢以表示行政的公正和威信。然而,斯密认为,我们人类天性喜欢中间状态,喜欢那种随职业和生活状况而生的特殊品质既不太多也不太少的人。这表明了,习惯固然能够影响我们的道德情感,但是我们仍然看重习惯与所引起的调节对象诸如品质、行为方式之间具有的某种合宜性。

第三,不同时代和不同国家的不同情况,容易使生活在这些时代和国家中的大多数人形成不同的性格,人们怎样去评价其品质,在多大程度上责备或称赞其品质,也是随着国家和时代的不同而不同的。斯密例证到,在文明的国家,人道的美德得到更多的培养,在野蛮的国家,自我克制的美德得到更多的培养。这是因为在文明的国度里到处可见歌舞升平和幸福安宁,人们既不会有意识也没有机会磨炼忍受劳累、饥饿和痛苦的耐心,贫困可以轻易地避免,对享乐的节制也无必要,心儿可以随意放松,可以尽情满足出乎本性的各种爱好;而野蛮的社会则完全相反,环境所迫,时时处在持续不断的危险之中,人们必然要能经受各种困苦,培养了人们不屈服于困苦和节制的各种激情。斯密用大量的篇幅在很多方面比较和列举了不同时代和不同国家在习性方面的差异。

尽管如此,斯密坚持认为,我们仍不能高估习惯和风气对道德情感的影响,它们对道德情感的影响总是与合宜性结合在一起的,在很大程度上是我们合宜感对我们的道德情感起着稳定的核心作用。不论是怎样的职业和生活状况,不论是怎样的时代和国家,所养成的习惯和风气影响我们赞

<<< 第一章 斯密《道德情操论》的解读

同或不赞同的情感似乎并不涉及我们的精神世界，或者说不可能动摇我们内心的天然情感的持续和根本性作用。所以，斯密说，"为什么习惯从来没有使我们对人类行为和举止的一般风格和品质所怀有的情感，产生其程度同我们对特殊习惯的合宜或非法所怀有的情感一样的失常。从来不会有任何这样的习惯。"① 斯密告诉我们，尽管习惯和风气可以影响我们的审美感和道德情感，但决不会动摇我们对人们行为的一般品质和品格的基本感情，这是我们全人类天然的、永恒的道德情感，是我们全人类道德判断的基本准则和自然法则。

十四、我们应该如何评判个人德行的美德品质

斯密说，"当我们考虑任何个人的品质时，我们当然要从两个不同的角度来考察它：第一，它对那个人自己的幸福所能产生的影响；第二，它对其他人的幸福所能产生的影响。"②

有利于增进自己幸福的美德品质。

身体的保养和健康状况是我们每个人首先关心的事情，是我们每个人最初和最重要的生存基础，为此，我们产生了为实现身体的保护和健康的天然欲望。而要满足我们这个欲望就不得不对自己身体倍加小心以避免受到伤害，就非得有身外财富的保障以维持身体的健康不可。"为了满足那些天生的欲望，为了得到快乐和避免痛苦，为了获得令人愉快的和避免令人不快的冷热温度，某些小心和预见作为达到这些目的的手段有其必要。保持和增进他的物质财富的艺术，就存在于小心和预见的合宜倾向之中。"③ 显然，谨慎和远虑的品质是我们每个人首先应该具备的。

不仅如此，当我们的物质财富可以为我们身体的健康和保护提供所需的满足之后，我们内心便自然地察觉到自己又有了新的要求，这就是他人对自己的尊重，这同样需要财富的保障，而且成为我们获得和保持财富欲

---

① 斯密：《道德情操论》，商务印书馆，1997年版，第267页
② 斯密：《道德情操论》，商务印书馆，1997年版，第271页
③ 斯密：《道德情操论》，商务印书馆，1997年版，第272页

望的更主要的动机。当我们察觉到自己得到了同等地位人对我们的尊重，察觉到我们拥有的物质财富在很大程度上决定了我们在社会上的名誉和地位，我们才能够顺利和满意地生活下去。所以，"把自己变成这种尊重的合宜对象的愿望，应当在同自己地位相等的人中间得到和实际获得这种名誉和地位的愿望，或许是我们所有的愿望中最强烈的；因而我们急于获得财富的心情，在很大程度上是由这种比提供肉体上所需的各种必需品和便利——这些往往是很容易提供的——的愿望更强烈的欲望引起和激发出来的。"① 然而获得了地位和名誉的人未必会赢得社会的真实认同，一个人如何才能得到社会真实认同与其相应的尊重呢？斯密说，这在很大程度上依赖个人的品质和行为，依据于这些品质和行为在人们中自然激发的信任、尊敬和好意而定。

斯密认为，上述关于"个人的身体状况、财富、地位和名誉，被认为是他此生舒适和幸福所依赖的主要对象，对它们的关心，被看成是通常称为谨慎的那种美德的合宜职责"②。同时，斯密还指出，谨慎美德的首要和重要性在于为我们提供了安全的保障。由于我们从一个好的处境落到一个差的处境所感受的痛苦甚于我们相反过程所感到的快乐，或者说个人的生活、地位等是上去容易下来难，所以，我们是不会把自己的健康、财产、地位或名誉孤注一掷地押出去以免颗粒无归的，我们总是小心谨慎以防陷入危险和痛苦的境地，甚至不愿进取以防患已经拥有的有利条件丧失殆尽，宁小心不冒险，宁保守不进取。所以，"我们所依靠的增进自己财富的主要方法是那些不致遭受损失或危险的方法：在自己的行业或职业中的真才实学，在日常工作中的刻苦和勤勉，以及在所有的花费中的节约，甚至某种程度的吝啬。"③ 正是由于我们认真对待风险的谨慎美德才使我们能够具有未雨绸缪、防患于未然的稳健心态，并发展出应对未来可能面临的各种风险的手段和方法。

谨慎的美德具有什么品质呢？概括起来讲，大致包括谦虚好学、纯朴

---

① 斯密：《道德情操论》，商务印书馆，1997年版，第273页
② 同上
③ 同上

真诚,有礼有节、稳重交友、勤奋节俭、恪守规矩、矜持踏实、不入是非。总而言之,谨慎的美德在用于关心自己的健康、财富、地位和名誉时,是最值得尊重、可爱和适宜的一种品质。但是,此时的谨慎美德仍然不是最令人喜爱和最高贵的美德,也得不到非常热烈的爱戴和赞美。斯密认为,这是因为当谨慎的美德指向比关心自己的健康、财富、地位和名誉更为伟大和高尚的目标时、当超脱了个人自己的狭隘利益时会更加的尽善尽美。伟大的将军、伟大的政治家、伟大的立法者的谨慎就比仅关心自己利益的谨慎美德更加伟大和更加完美。因为,"这种较高级的谨慎,如果推行到最完美的程度,必然意味着艺术、才干以及在各种可能的环境和情况下最合宜的行为习惯或倾向。它必然意味着所有理智和美德的尽善尽美。这是最聪明的头脑同最美好的心灵合二为一。这是最高的智慧和最好的美德两者之间的结合。"① 斯密进一步指出,只是关心自己的谨慎美德更接近于伊壁鸠鲁学派的哲人品质,而指向伟大目标的谨慎美德则接近于苏格拉底学派的哲人品质,还可以说前者更具有经济人的品质特性,后者更具有政治家的品质特性。

斯密最后讲到,谨慎品质的美德意义只有在与其他美德结合起来才会更加绚丽多彩,成为我们最高尚和最美好的道德品质。"谨慎同其他美德结合在一起构成了所有品质中最高尚的品质,不谨慎同其他坏品质结合在一起也构成了所有品质中最卑劣的品质。"②

有可能对别人幸福发生影响的美德品质。

我们总是依据于我们的德行对他人的幸福产生的有意或有害倾向的影响来分析其品质。斯密认为,在我们人类的现实生活中,我们危害或破坏了他人的幸福,一是可以从公正旁观者的愤恨的感情得到证明,二是可以从正义法律的惩罚得以证明。为了约束或惩罚危害或破坏他人幸福的行为,我们制定了有关正义的法则并成为我们行为的准则。斯密强调,我们制定法律准则的原则是来自自然法学,或者说来自在没有法律保护下的人们仍然能够形成的神圣的道德伦理秩序,来自我们尊重美德品质的次序

---

① 斯密:《道德情操论》,商务印书馆,1997年版,第278页
② 斯密:《道德情操论》,商务印书馆,1997年版,第280页

性，而这些似乎是自然或天性所决定的。天性告诉我们，我们对他人幸福有利的影响，首先是指向个人，其次是指向社会。"可以看到，调节天性在其他各方面所作所为的那一种至高无上的智慧，在这一方面也指导着它所给予的那种次序；这一智慧的强弱，常常同我们的善行的必要性的大小或有用性的大小成比例。"①

天性使我们有怎样的关心他人幸福的次序呢？这实际上是斯密解释我们对他人幸福的关心或我们仁慈的情感是按照什么样的次序来安排的，是什么样的机制决定了我们这样的安排。

每个人首先和主要关心的是自己。因为每个人对自己快乐和痛苦的感受当然比对他人的快乐和痛苦的感受要更灵敏，所以当然比他人更适宜和更能关心自己。对自己的感受是原始的感觉，是一种实体上的；对他人的感受是同情的想象，是一种影像上的。

我们关心和同情的其次对象是自己家庭的成员，他的孩子、父母、兄弟姐妹。这是因为，家庭成员们的幸福或痛苦必然最深刻地受到自己行为的影响，相互之间的情投意合和彼此关爱必然直接关系到整个家庭的安定和幸福，彼此之间给对方带来的快乐或痛苦要比给其他人带来的更多更强烈，所以，我们自己更习惯于同情自己的家人，更清楚地知道每件事情对家人会产生怎样的影响，并且对家人的同情比对其他人的同情更为贴切和明确。斯密认为，对家人的关心接近于关心自己。然而，在对家庭成员的关心中也有着一个次序之分，斯密进一步论证了这个次序——子女、父母、兄弟姐妹以及随着亲属关系的逐渐疏远而感情逐渐地淡薄。

斯密认为，我们从关心自己到关心家人的子女、父母、兄弟姐妹……这样一个感情的强烈程度和深切程度的循序变化，是来源于我们普遍和天然性的一种习惯机理。因为，我们的感情，"实际上只是一种习惯性的同情。我们对看作自己感情作用对象的那些人的幸福或痛苦的关心，我们增进他们的幸福和防止他们痛苦的愿望，既是出自这种习惯性同情的具体感受，也是这种感受的必然结果。亲属们通常处于会自然产生这种习惯性同

---

① 斯密：《道德情操论》，商务印书馆，1997年版，第282页

情的环境之中,因而可以期望他们之间会产生相当程度的感情。我们普遍地看到这种感情确实产生;因而,我们必然期待它产生。"① 由此,在我们身上就自然而然地形成了一个共识的准则:有着某种关系的人之间,总是应当有一定的感情;关系越为亲近,感情越为强烈;联系越为频繁,感情越为深厚。所以,斯密认为,即使有着血缘关系的亲人之间,如果长期分离,没有形成天然感情的习惯性的生成环境,必然会减弱彼此之间的亲情,但决不会泯灭彼此之间的亲情。

关于这个习惯性的亲情之感,斯密进一步阐释到,在那些农牧业的国家中,在法制不健全和法律保护乏力的社会中,家族下的各个家庭的联合和彼此关心通常是必要的,这种习惯性的彼此同情是非常强烈的,这种亲情之感的表现也是非常突出的。而在商业的国家中,法制的完善和人口的流动严重地冲击着以亲情为基础的道德和家庭观念,而且随着商业文明状态的不断地延续和完善,这种习惯性的亲情之感或者说对自己亲人的关心会越来越少。人类社会的发展历史充分证明了斯密的这个论点,尽管斯密十分留恋我们人类的淳朴亲情和血脉亲缘。

由此,斯密继续把这种感情扩展和变化的习惯机理运用到对家庭外部人的关心和同情的分析上,这就是我们自己与无亲缘关系的朋友之间的友谊。斯密认为,在我们自己与他人之间,相互顺应的必要和便利,常常产生一种相互关心和同情的友谊,这种友谊与我们在家庭亲人中所产生的习惯性感情是完全一样的。办公室的同事、生意上的伙伴、生活中的邻居,无一不是环境迫使他们之间自然地倾向于和谐相处,称兄道弟,情投意合,彼此如同亲兄弟一般。人们之间的这种依附、关心和同情的友谊,在斯密看来,是环境对人们的必然要求,任何一个有智慧和德性的人总是首先选择合作来赢得便利,避免对立带来的麻烦。

基于上述的分析,斯密总结到,"我们尽可能多地迁就他人和求得一致的这种自然意向,我们认为在我们必须与其共处和经常交往的人们中间已经确立和根深蒂固的我们自己的情感、道义和感受,是对好朋友和坏朋

---

① 斯密:《道德情操论》,商务印书馆,1997年版,第284页

友产生有感染力的影响的原因。"① 显然，在我们与他人经常交往和相互关照的自然过程中，我们或他人的品质、情感必然会对他人或我们产生重要的影响力和感染力。近朱者赤，近墨者黑，就是如此的道理。一个与有美德的人交往的人，即使不会成为有美德的人，也还至少对美德怀有敬意；一个与猥琐和放荡的人打交道的人，虽然不会成为猥琐和放荡之人，但至少会失去对这些劣行的憎恶；家庭成员的几代人总是具有极为相近的品质，一部分来自彼此共处和经常交往而必求和谐一致的意向，另一部分来自血缘关系的基因遗传。

斯密在指出了我们对他人感情是一种习惯性感情之后，提出了还有一种超越习惯性情感的感情。斯密解释到：

"对一个人的全部感情，如果完全是以对这个人高尚的行为和举止所怀有的尊敬和赞同为基础，并为许多经验和长期的交往所证实，则是最可尊重的感情。这种友情并不是来自一种勉强的同情，也不是来自这样一种为了方便和便利而假装和表现为习惯的同情，而是来自一种自然的同情，来自这样一种自然而然的感情——我们自己对这些人的依恋，是尊敬和赞同的自然而又合宜的对象，这种感情只能存在于具有美德的人之中。"②

斯密进一步解释到，建立在对他人品行的道德认同和尊敬基础上的友情是我们最持久、最可靠、最稳定的情谊，这种友情是一切具有智慧和美德的人所普遍具有的，而且只有这种美德的感情才是可以普及化和社会化的。我们完全可以放心地与具有美德的人长期和密切地交往，建立持久和牢固的友谊，因为我们可以完全信赖他们的品行、智慧和美德。至于年轻人之间的亲昵行为、仅限于两人之间的爱恋友情，斯密认为，决不可称为我们神圣和令人肃然起敬的友情。

在我们的天性中，对他人的好感和善意总是往往出于感恩的心情，也就是说，如果一个人有恩于我，这个人就会很自然和更适合地成为我关心、善待和恩惠的对象。斯密认为，造物主或大自然把每一个曾经对他人做过好事的人，变成了人们特定的友好对象。所以，一个人要想成为人们

---

① 斯密：《道德情操论》，商务印书馆，1997年版，第290页
② 斯密：《道德情操论》，商务印书馆，1997年版，第290页

<<< 第一章 斯密《道德情操论》的解读

尊敬的对象,要想得到他人的热爱,要想得到他人的善待,最好的方法是用自己的行为表明自己是真正地热爱他们。

斯密在上述考察了我们对亲人、友人、恩人的感情后指出,无论这些感情是出自习惯性的同情,还是出自对他人品质的赞同,或者是出自感恩的心情,一旦他们成为我们善待的对象,他们所得到的就不是我们称之为友情的感情了,而是我们仁慈的关怀和热情的帮助了。然而,我们所关怀和帮助的亲人、友人和恩人由于所处的境遇不同,有的幸福,有的不幸,有的富裕而有权力,有的贫困而很可怜。此时,我们对他们的感情也就发生了相应的变化,对于幸福和权贵者就自然而然地尊敬,对不幸和贫困者就自然而然地怜悯。可是社会的安定和秩序更多的是依赖于我们对权贵们的敬意和尊崇,这就势必导致我们对平民百姓的关心减轻,形成我们尊敬和怜悯情感的不对称。在实际生活中,常见的是我们对强者的尊敬往往过度,而对弱者的怜悯又往往不足,我们对此总是感觉不大舒服,所以,伦理学家们总是劝告我们要宽以待人,要富有同情心,不要为权贵所迷惑。这种善意的劝告看起来似乎相当人性和合理,但是,斯密则认为,人类的这种感情配置的不对称并非全然过错,因为社会的安定和秩序要比弱者的幸福更为重要,人们对权贵的尊崇和对弱者的淡泊似乎是自然赋予我们人类的一种天性以维持和保证我们社会的安定和秩序,当然这不是一种美德,然而却是我们人类社会的自然法则。正如斯密所阐述的:

"天性作出明智的决断:地位等级的区别,社会的安定和秩序应当更可靠地以门第和财产的清楚和明显的差别为基础,而不是以智慧和美德的不明显并且常常是不确定的差别为基础。大部分人平凡的眼光完全能够察觉前一种差别,而有智慧和有美德的人良好的辨别力有时要辨认出后一种差别却有困难。在上述所有作为我们关心对象的事物序列中,天性善良的智慧同样是明显的。"[①]

显然,斯密具有强烈的自然论精神,自然所赋予人类的天性总是与我们的社会秩序、经济规则紧密相连,我们人类的社会就是在自然的无影无

[①] 斯密:《道德情操论》,商务印书馆,1997年版,第292页

形的引导和调整下进化和发展的，至今我们人类的智慧和理性仍须正视和遵循这个自然之路。

有可能对社会团体产生影响的情感美德。

斯密首先明确指出，当我们把社会团体作为慈善对象而加以排序时，用于指导我们把个人作为同情对象的排序原则同样是适用的。正是那些最重要的社会团体成为我们首先和主要的慈善对象。

我们最重要和最居先的德行指向是政府或国家。"在通常情况下，我们在其中生长和受教育，并且在其保护下继续生活下去的政府或国家，是我们高尚或恶劣行为可以对其幸福或不幸发生很大影响的最重要的社会团体。"[1] 这是因为，不仅我们自己，而且我们仁爱的一切对象，包括子女、父母、亲戚、朋友和恩人以及所有那些我们自然最为热爱和最为尊敬的人，他们的幸福和安全都会依赖于国家的繁荣和安全，国家的繁荣和光荣似乎也给我们自己和他们带来荣誉，由此，天性不仅通过我们身上所有的自私感情，而且通过我们自己身上所有的仁慈感情，使得我们热爱自己的国家。总之，在与其他任何社会团体比较时，我们为国家或社会的优越感到更大的骄傲，为国家在某些方面不如其他社会团体而感到极大的屈辱。我们人类的天性总是引导我们热爱自己的国家和社会，热爱那些爱国的英雄和鄙视那些卖国的败类。这种情感既是天性的，然而又是最合宜的。

正是由于我们对自己国家的热爱便往往怀着猜疑和妒忌的心理去看待任何一个邻国的繁荣和强大，斯密认为，这是我们国家偏见的卑劣本性，是我们民族歧视的恶劣习惯。由于这种以热爱自己的国家为依据的偏见心理，在没有一个共认的正义权威来裁决国与国之间的争端时，彼此之间必然生活在对邻国的持续不断的恐惧和猜疑之中。斯密严肃地批判了这种狭隘的民族主义和爱国主义，他义正词严地提出：

"如果两个国家妒忌对方国内的繁荣昌盛、土地的精耕细作、制造业的发达、商业的兴旺、港口海湾的安全和为数众多、所有文科和自然科学的进步，无疑有损于这两个伟大民族的尊严。这些都是我们生活于其中的

---

[1] 斯密：《道德情操论》，商务印书馆，1997年版，第294页

这个世界的真正的进步。人类因进步而得益，人的天性因这些进步而高贵起来。在这样的进步中，每个民族不仅应当尽力超过邻国，而且应当出于对人类之爱，去促进而不是去阻碍邻国的进步。这些进步都是国与国之间竞争的适宜目标，而不是偏见和妒忌的目标。"①

斯密进一步分析到，我们对国家的热爱并不是来自我们对人类的热爱，它们各自服从于不同的原则。我们热爱自己的国家就是因为它是自己的国家，我们热爱人类就是因为我们同属人类；我们热爱自己的国家不是因为它是人类大家庭的一部分，我们热爱人类不是因为人类是国家的细胞；热爱国家和热爱人类的理由全然无关。斯密发现，我们对国家的热爱胜过对人类的热爱，其原因在于：

"设计出人类感情体系的那种智慧，同设计出天性的一切其他方面的体系的智慧一样，似乎可以断定：把每个人主要的注意力引向人类大家庭的一个特定部分——这个部分基本上处在个人的能力和理解力所及的范围之内——可以大大地促进人类大家庭的利益。"②

一个国家的民族偏见和仇恨一般都会影响到邻近国家的民族，把对方视为潜在的敌人；而一般不会影响到遥远国家的民族，既不会心怀妒忌，也不会给予充分的友好感情。因此，具有开阔视野和长远眼光的政治家们，总是力图筹划和实现与周边国家的结盟，以保持力量平衡，保持一定区域的普遍和平与安定。斯密指出，即使如此，政治家们的根本动机也还是出自本国的利益。

一个独立的国家是由不同的社会阶层和社会团体组成的，各个阶层和团体都有着自己特定的权力和豁免权。而我们每个人也当然从属于其中的某一个阶层和团体并与其产生着千丝万缕的利益联系，所以，我们热爱自己从属的那个特殊阶层和团体的感情必然胜于对其他阶层和团体的热爱——他雄心勃勃地扩展自己这个阶层和社会团体的特权和豁免权，热诚地维护它的权益，小心地提防其他阶层和团体对自身权益的侵犯。然而，一个国家的国体及其稳定取决于我们如何划分不同的阶层和社会团体和它

---

① 斯密：《道德情操论》，商务印书馆，1997年版，第296－297页
② 斯密：《道德情操论》，商务印书馆，1997年版，第297页

们相应的权力、特权、豁免权及其稳定性,其中任何的变化都会或大或小地影响国体的改变。任何社会阶层和社会团体维护自身权益的行为都必须置于国家宪法的约束下,从那里得到安全和保护,这就是宪政。成功的宪政总是可以协调、稳定和保护各个社会阶层和社会团体的特殊利益,并且在此基础上促进社会总体利益的增进。尽管国家有时为了整体的繁荣和生存而要减少某个阶层或社会团体的利益、为了整体的进步和发展而要调整不合理的各个阶层和社会团体的利益格局是相当困难的,甚至有时是不正当的,但是斯密认为,这还是最终有助于维护各个利益集团的均衡,促进整个政治体制的巩固和稳定的。

所以,斯密认为,我们对国家的热爱看起来涉及两条不同的原则:一是对已经确立的宪政结构或组织的一定程度的尊重和尊敬;二是希望我们同胞们的处境趋于安全、体面和幸福这个诚挚的愿望。一个人如果仅做到了第一条,他只是一个合格的公民,但肯定不是一个有爱心的好公民。在斯密看来,在和平和安定的年代,这两个原则完全一致并能在人们的行为中同时相符。在纷争和动乱的年代,这两个原则便产生矛盾并引出完全不同的行为方式,到底是维持现存的政治体制以保护原有的阶层和团体的既得利益,还是为了人民的更大幸福而对政治体制予以改革,这是需要政治上的能人智士作出巨大努力来判断的,即"一个真正的爱国者在什么时候应当维护和努力恢复旧体制的权威;什么时候应当顺从更大胆但也常常是危险的改革精神"[1]。

斯密接着讨论了由爱国原则派生出的公益精神和体制精神。从对斯密思想的理解看,我认为,所谓的公益精神就是以对公民的爱、同情为基础的热心公益的精神,体制精神就是在对某种体制产生美感的基础上对体制本身的完美和秩序的完满的热爱。斯密在这里提及这样两种精神,原因在于当上述两个原则发生矛盾时,公益精神和体制精神会影响我们的政治判断和抉择,所以,这样两种精神对我们的政治判断发生作用和影响的环境通常是对外战争和国内动乱的时期。斯密认为,对外战争和国内党派斗争

---

[1] 斯密:《道德情操论》,商务印书馆,1997年版,第300页

的环境为公益精神提供了极好的表现机会，前者为自己国家而效力而战斗，满足了全体民族的愿望，因此得到人们普遍的感激和赞美；后者只是为某个或某些党派而争，只能获得一部分人的赞美而受到另一部分人的咒骂。所以，在对外战争中公益精神所得到的赞美和荣誉就更为纯真和伟大。但是，取得执政党地位的党派领袖如果有充分的威信使其同僚和下属乃至朋友都以平和的、稳健的心态来行事，他的国家的贡献可能比对外战争取得的辉煌胜利和广泛征服要更为实在、更为重要。

在国内党派斗争激烈的混乱时期，体制精神和公益精神往往混合在一起，更为显著的是体制精神通常会助推合宜的公益精神，常常达到火上浇油至狂热程度。于是，各党各派开始取悦于民，好大喜功，开出无法兑现的许诺，为此夸大某一体制的优越，鼓吹改变现有政体，最后必然招致满盘皆输。可见，公益精神在一国形势动荡和矛盾激化的环境下极易激发出改变现有体制的体制精神，而且这种体制精神总是呈现出激进和民粹的色彩，最后的结果往往是公民利益和福利的极大损害。

斯密在对两种精神阐述的基础上，进一步分析了具有公益精神的政治家和具有体制精神的政治家的特点。斯密认为，具有公益精神的人所以热心公益完全是出自人性和仁爱，因此在他们身上总是尊重现实，反对暴力，适应社会，稳健理性，平和待人处事。对此，斯密赞赏有加。而具有体制精神的政治家们，由于总是对某种政治体制和政治计划的迷恋和崇信，所以在他们身上往往表现出自作聪明，自以为是，蛮横无理，颐指气使，独断专行，甚至崇尚强权专制和暴力革命。对此，斯密强烈谴责。可见，斯密赞扬具有公益精神的人而谴责体制精神的人，赞同公益精神的发扬和体制精神的摒弃。如果我们把斯密的这个政治学倾向与他的经济学思想结合起来看，就不难发现斯密价值观的自由、自然、循序渐进的思想倾向。

不仅如此，我们仁爱的善意还遍及到茫茫世界上的一切生物，斯密称之为普施万物的仁爱。这种仁爱来自何方？具有怎样的特性呢？

斯密认为，我们的善意是没有什么边界的，可以包容整个宇宙。"我们想象不出有任何单纯而有知觉的生物，对他们的幸福，我们不衷心企盼，对他们的不幸当我们设身处地想象这种不幸时，我们不感到某种程度的厌恶。而想到有害的生物，则自然而然地会激起我们的憎恨；但在这种情况下，我们对它怀有的恶意实际上是我们普施万物的仁慈所起的作用。这是我们对另外一些单纯而有知觉的生物——它们的幸福为它的恶意所妨害——身上的不幸和怨恨感到同情的结果。"① 实际上，这就是说我们人类似乎对世界上的所有生物乃至宇宙万物都具有一种人性的感知和情感。

我们人人具有这种普施万物的仁爱之心，但是这个普遍仁爱能否存在并成为我们幸福和快乐的可靠源泉则是有条件的。斯密认为，对于那些不相信有一个全知全能而至高无上的存在（或者称为神——商务印书馆译本）能够指导着人类本性的全部行为并且不停地给人们带来最大限度的幸福的人们来说，这种普施万物的仁爱并不是他幸福的可靠源泉。相反，只有习惯地完全相信这个存在，信仰这个存在的真诚和真实，我们才会始终充满仁爱之心并因此感到由衷的快乐和幸福。

斯密认为，有智慧和有美德的人才具有将普施万物的仁爱付之行为的倾向。斯密对其行为特征和心理特性作了如下的描述：

"有智慧和有美德的人乐意在一切时候为了他那阶层或社会团体的公共利益而牺牲自己的私人利益。他也愿意在一切时候，为了国家或君权更大的利益，而牺牲自己所属阶层或社会团体的局部利益。然而，他得同样乐意为了全世界更大的利益，为了一切有知觉和有理智的生物——上帝本身是这些生物的直接主管和指导者——这个更大的社会的利益，去牺牲上述一切次要的利益。如果他出于习惯和虔诚的信念而深切地感到，这个仁慈和具有无上智慧的神，不会把对普天下的幸福来说是没有必要的局部的邪恶纳入他所管理的范围，那么，他就必须把可能落在自己身上、朋友身上、他那社会团体身上或者他那国家身上的一切灾难，看成是世界繁荣所必需的，从而认为它们不仅是自己应当甘受的灾难，而且是——如果他知道事物之间的一切联系和依赖关系——他自己应当由衷地和虔诚地愿意承受的灾难。"②

---

① 斯密：《道德情操论》，商务印书馆，1997年版，第303-304页
② 斯密：《道德情操论》，商务印书馆，1997年版，第304-305页

斯密认为，我们对上帝这个宇宙伟大主宰意志的高尚顺从，也同样是我们人性所能接受的范围。明知毫无生还希望但仍义无反顾地冲向战场的那些战士们意识到自己正在作出人类所能作出的最高尚的努力，心甘情愿地为了更大的整体幸福而牺牲自己微不足道的血肉之躯，这是人性中最崇高的品德，是每一个有智慧和美德的人应该能做到的。因为他们都会这样的考虑：我们不过是奉宇宙的最大管理者之命前往世上这个凄惨的地方，这对整个世界的来说是必需的，我们就是要听命于这个指派，而且是怀着乐意和愉快的心情接受它。这就是我们所说的崇高的大仁大爱，普世的万物之爱。

斯密看到，我们人类不断地思索这个给万物尽可能大的幸福的神的意念，这是一种神圣和高尚的思索，所有其他的思考与其相比尽显平庸。凡是倾注心力作这种崇高思索的人，必然成为我们肃然起敬的对象，胜于那些最勤勉、最有益的国家君臣。然而，对宇宙这个巨大机体的管理，对宇宙万物的普遍幸福的关怀，却不是人的职责，而是神的职责。因此，人更适合用其绵薄之力对他自己的幸福、他的家庭、朋友和国家幸福的关心，即使他忙于思考更为崇高的神之意念，也不能成为忽略较小事情的理由。所以，"爱沉思的哲学家的最高尚的思考，几乎不能补偿对眼前最小责任的忽略。"[1] 这表明斯密提醒我们要注意协调和正确理解普世仁爱与局部仁爱之间的相互关系。

十五、践行美德的自我控制

当我们按照谨慎、正义和仁慈的准则做人做事，可以说我们是具有完善的美德的人。但是即使你对这些准则如何的正确理解，仍然不能保证将这些准则完美地付诸实践。因为人的激情总是很容易地将自己引入歧途，即使明白做人做事的对错，由于激情就会偏离甚至违背自己在冷静和清醒时所赞同的一切准则。因而，一个人如果没有自我控制的支持，是根本不

---

[1] 斯密：《道德情操论》，商务印书馆，1997年版，第307页

能尽到自己的职责、践行自己的美德的。

什么样的激情导致我们误入歧途而违背道德准则呢？斯密认为，激情可以分为两类，一类是难以抑制甚至是片刻都难以抑制的激情如恐惧、愤怒和惊喜；另一类是虽然在片刻甚或在短期易于抑制但在长期却难以克制的激情如舒适、享乐和赞扬。前一类激情常常促使我们背离自己的职责，后一类激情则常常引诱我们背离自己的职责。对于前一类激情的控制需要我们的意志坚韧、刚毅和坚强，后一类则需要节制、稳重、谨慎和适度。显然，对上述两类激情控制的本身就是一种美，似乎应该得到尊敬和称赞。这种美不同于从控制所得到的效用的美，也不同于从控制而使我们依谨慎、正义和仁慈的要求所采取行为中体现的美，控制自身就是一种美，控制本身就应得到人们的尊敬和赞扬。斯密认为，对于控制这种美之所以得到人们的赞扬和尊敬，在于努力控制所表现出来的力量和高尚而激起人们的尊敬和称颂，在于努力控制所表现的一致性、均等性和坚忍性而激起人们的尊敬和称颂。所以，自我控制本身就是一种美的品质。

关于第一类激情的控制，斯密作了如下分析：第一，面对危险和痛苦，面对死亡，毫不恐惧，镇定自如，这样的人必然博得高度的钦佩。为自由、真理和正义，为了人类和出于对自己祖国的热爱，走上断头台也不失英雄本色，表现出镇静、尊严和坚定；即使是罪大恶极的人也能如此，虽然我们完全赞成对他的惩罚，但仍然钦佩他的庄重和坚强，甚至惋惜这样的人竟会犯下这样卑劣的滔天大罪。显然，控制不仅给具有美德的人的品质增添光辉，也同样给罪犯的品质带来一定程度的敬意，所以，自我控制是一种独立的德性，与人们行为本身的善恶没有关系。只要我们坚韧不拔，临危不惧，视死如归，不论动机是否高尚，目的是否实现，总有几分令人钦佩和赞同的品性。第二，战争是我们自我控制这一高尚品质获得和得到锻炼的大学校，而职业军人身上最具这一高尚的品质。可见，自我控制的品质是后天而来的，并不是生来就有的，通过环境的磨炼和自身的锻炼可以得到的。同时，自我控制的高尚品质在一些特殊职业及其从事这些职业的人身上具有突出的表现，因而成为一切时代的人们特别喜爱的英雄品质的最显著的特征。第三，对恐惧的控制和对愤怒的控制是不同的，对愤怒的控制似乎没有对恐惧的控制那样高尚和崇高。因为，愤怒与宽容比较，控制愤怒只不过是把愤怒抑制在合宜地得到公正旁观者能够同情的程度，但公正旁观者感兴趣的对象并不是发怒者而是发怒的对象，所以在许多情况下，宽容比控制愤怒具有更优越的高尚品质；愤怒的对立面是恐惧，恐惧常常是抑制愤怒的动机，因为恐惧我们才会克制愤怒的情绪，也因为大胆和高于恐惧的气质才可能放纵愤怒。如果一个人因为恐惧而克制愤怒，显然不具有自我克制的品质，还不如正当义愤的自然宣泄更使人同情。所以，斯密说，"在对于恐惧的抑制中，总有某些高尚的东西，不管这种抑制以什么动机为依据。对于愤怒的抑制则并非如此。除非这种抑制完全以体面、尊严、合宜的意识为基础，不然决不会得到完全的赞同。"①第四，自我控制只有在巨大的危险和困难之中，在为正义和仁慈的美德所驱使之中，冷静审慎地行动才会为谨慎、正义和仁慈的美德增光添彩，而且使得自我控制成为伟大的美德。"虔诚地奉行神圣的正义准则，不顾可以引诱我们违反这些准则的重大利益，也不顾可以激怒我们去违反这些准则的重大伤害；从不听任自己的仁慈的性情由于个别人的狠毒和忘恩负义而受到抑制和妨害——这种仁慈可能对这些人实施过，属于最高贵的智慧和美德这样的品质。自制不仅其本身是一种重要的美德，而且，所有其他美德的主要光辉似乎也源自自制。"② 但是，当这种大无畏的勇猛可能用于不义的事业时，就可能成为极端危险的力量。

关于第二类激情的控制，斯密认为，对于那种不尽强大但非常持久的激情的控制，一般是不易用于任何有害目的上的。节制、稳重、谨慎和适度的品行总是可爱的和令人亲切的，纯洁简朴、勤奋节俭、平和稳健这些美好的品行似乎都是来自缓和地持久地实行自我控制的不懈努力。虽然具有这些品质的人不那么光彩夺目，但令人喜爱的程度并不逊色于那些可歌可泣的英雄。

随后，斯密考察了自我控制的合宜性问题。斯密认为，自我控制的合宜程度，就是公正的旁观者所能够赞成的激情的程度，但是这些程度会因

---

① 斯密：《道德情操论》，商务印书馆，1997年版，第312页
② 斯密：《道德情操论》，商务印书馆，1997年版，第313页

激情的不同而不同。有一些激情,过分比不足要好,更易于接近合宜,旁观者最乐于表示同情;有一些激情,不足比过分要好,但不易接近合宜,旁观者最不想表示同情。斯密为此确定了一条一般准则:"旁观者最乐于表示同情的那种激情——因此,其所达到的合宜程度可以说是较高的——是其即时的感受或感觉或多或少合乎当事人心意的一种激情;相反,旁观者最不想表示同情的那种激情——因此,其所达到合宜程度可以说是较低的——是一种其即时的感受或感觉或多或少不合当事人心意的,甚或使他厌烦的激情。"① 斯密认为这个一般准则没有例外,并且用几个事例证明这个准则的真实性。

首先,表现过分比不足更能让人愉快的激情,即仁爱、仁慈、天伦之情、友谊、尊敬的激情,它们总是有利于促进社会人们的团结和和谐,即使过分也使得一个人为每一个人所喜欢。我们虽然会责备它们激情的过分,但不会愤怒和厌恶,只是略有遗憾和轻度批评。对这些激情的当事人来说,纵容激情的过分,不仅是愉快,而且是饶有兴味的。相反,被称之为铁石心肠的人对他人的感受无动于衷,同样,他人也会如此待之,而且也就被排斥在社会上一切最好和最舒畅的友谊和享受之外。

其次,表现不足比过分更能让人接受或者说过分较之不足更能使人不快的激情,即愤怒、憎恨、妒忌、怨恨、仇恨的激情,它们总是不利于人们之间的交往并且有助于切断人类社会的各种联系,即使不足也易于为人们所接受也不会引起人们的指责,然而过分了则会使一个人成为他人憎恨甚至是可怕的对象。但是,这种激情的不足有时也会成为一个人的缺陷,缺乏正义的义愤,不敢捍卫自己和友人的应有权利,就是缺乏这种激情的懦弱。斯密痛斥这种没有骨气和软弱的人,告诉我们"为了在世界上舒舒服服地生活,在所有情况下都有必要像维护自己的生命或财产那样,去维护自己的尊严和地位"②。

斯密确认,真正的美德品性存在于合宜性之中。其一,我们美德品性的形成要素之一是我们自身感受力的强弱,既不能过分以致过于敏感,面

---

① 斯密:《道德情操论》,商务印书馆,1997年版,第315页
② 斯密:《道德情操论》,商务印书馆,1997年版,第317页

<<< 第一章 斯密《道德情操论》的解读

对危险和痛苦而感受过分总是引起人们的不快；也不能不足以致麻木不仁，面对危险和痛苦而畏缩不前，毫无斗志，俨然一懦夫而令人鄙视。所以，一个人对自己受到的伤害和不幸的感受，通常会强烈，也可能很薄弱。如此，"对自己的不幸几乎没有什么感受的人，对他人的不幸必然也总是没有什么感受，并且更不愿意去解除这些不幸。对自己蒙受的伤害几乎没有什么愤恨的人，对他人蒙受的伤害必然也总是没有什么愤恨，并且更不愿意去保护他人或为他人复仇。对人类生活中的各种事变麻木不仁，必然会消减对自己行为合宜性的一切热切而又诚挚的关注。这种关注，构成了美德的真正精髓。"① 显然，感受力是美德品质形成的必要条件和必要前提。

其二，我们美德品性的形成要素之二是我们自身合宜性的判断，它是构成美德品性的充分条件。这就是说，当我们对行为的个人感受具有合宜性的判断时，由这一感受的激情所支配的举止和行为才具有了美德的品性。正如斯密所说，"感受到落在自己身上的灾难所带来的全部痛苦，感受到自己蒙受的伤害所具有的一切卑劣性质，而更强烈地感受到自己的品格所要求具有的那种尊严，并不听任自己受其处境必然会激发的那种散漫的激情所摆布，而是按照他内心的那个伟大居民、那个神一样的人所指定和赞许的那些受约束的和矫正过的情绪来支配自己的全部举止和行为，这样一个人，才是真正具有美德的人，才是热爱、尊敬和钦佩的唯一真正的和合宜的对象。"② 所以，貌似大度的麻木不仁与高尚的坚定即以尊严和合宜的意识为基础的自我控制，完全是两回事，但在许多情况下，高贵的自制所具有的价值总是受到麻木不仁的严重侵蚀。正因如此，斯密说，对于个人所遭受的伤害、对于个人的危险和不幸完全没有感受，会使自我控制的一切价值化为乌有。然而，人们对伤害所引起的感受，往往不是麻木不仁，反而极易过分，虽然人们极力控制过分激情，但却不能始终保持内心的平静和愉快，过分的激情得已控制，但这一过程总是扰乱了我们内心的平静，进而在职责和合宜所许可的范围内就会回避自己不能予以适应的境

---

① 斯密：《道德情操论》，商务印书馆，1997 年版，第 318 页
② 同上

况,正如感情软弱和脆弱的人不会选择从事军人的职业,对伤害过于敏感的人不会投身于党派之争。我们对人类生活中的欢乐和享受的感觉,我们对自我评价或高或低的感觉,同样会因其过分或不足而感到不快,这实质上是一个合宜性的问题。所以,如何合宜地评价自己以实现合宜的自我控制就成为一个重要问题。

对此,斯密提出了合宜性的两个判断标准:理想标准和一般标准。

"在评价我们自己的优点,评价我们自己的品质和行为方面,具有两种不同的、我们必须据以衡量它们的标准。一种是完全合宜和尽善尽美的观念,这是我们每个人都能够理解的观念。另一种是接近于这种观念的标准,通常是世人所能达到的标准,是我们朋友和同伴、对手和竞争者中的大部分或许实际上已经达到的标准。我们在试图评价自己时,很少不或多或少地注意到这两种不同的标准。"①

由于各种各样的人对上述两个标准的注意力不同,有的人有时主要指向前一个标准,有的人有时又指向后一个标准,在这两种标准之间游走波动,构成了这两种标准的分配不同。斯密认为,当我们以第一种即完美或理想标准衡量自己时,通常所看到的是自己的缺点和不足,为此只能表示谦卑、遗憾和悔改,而不可能妄自尊大和自以为是;当我们以第二种即现实或一般标准衡量自己时,由于受到各种因素的影响,通常会感到自己达到、超过或者没有达到这个标准。

斯密进一步提出,具有智慧和美德的人把他的注意力集中于理想标准,按照合宜和完美的观念严格要求自己,为此,斯密给予了高度评价,一个具有自知之明并虚心学习他人之明的人,一个将自知之明与他知之明结合起来的人,一个以自我至善至美与精确合宜的标准要求自己的人,一定是一个充满美德品质的高尚的人。

至于那些把注意力集中于一般标准、按照这个标准要求和评价自己的人,当其中的一些人感到自己的所作所为大大超过了这一标准,即使确实如此,由于没有更完美的标准追求,所以很少意识到自己的缺点和不足,

---

① 斯密:《道德情操论》,商务印书馆,1997年版,第321页

常常是傲慢、自大和专横，而不是谦虚和稳重；常常是不遗余力地自我赞美，而极尽地贬低他人。这类人极易迷惑公众，具有极大的欺骗力，我们不应被其谎言和吹嘘所蒙骗，但是我们却很少不落入他的骗局。同时，斯密看到，以一种较低的标准评判自己的人也还是有出色之人，当他们的自我吹嘘被他们的确也真实和实在的成就和优点所笼罩时，被他们身上多少具有的一些美德所炫耀时，被他们得到的地位和权力所支持时，我们常常被他们的自吹自擂所迷惑，众口交赞，甚至自然而然地倾向于把那些美德、优点、成就变得在一切方面的十全十美，这进而又加剧了他的自我高估，陶醉和沉湎于自我尊崇和他人赞美之中，但是在所有时代都有的是：大部分名噪一时、信誉卓著的人，其名声和信誉常常在不远或很远的后代中变得一文不值，甚至成为后人的笑料。当然，斯密还是看到，如果没有一定程度的这种过度的自我赞赏，就很少会取得人世间的伟大成就。那些有过辉煌成就的人，改革的先行者，伟大的政治家，战功卓著的领导者，建党建国的领袖，他们中的许多人之所以伟大，并不是因为具有很大和很多的优点，而是因为他们中间的一些人同他们的优点不相称的自以为是和自我赞美。问题是，基于这种自我赞赏和自以为是意识的人在取得成就之时，常常会变得更加迷恋虚荣，最后走上个人崇拜和神化。历史上像亚历山大大帝、恺撒这样的事例举不胜举。所以，斯密指出，"在平民百姓的小小打算中，同样也在高层人士的雄心勃勃和勇敢的追求中，巨大的才能和成功的计划起初常常怂恿人们去从事最后必然导致破产和毁灭的事业。"①

　　从旁观者的角度讲，当他对那些过分的自我评价和自以为是的人易于产生钦佩时，总是怀着一种以成败论英雄的心态和习性。旁观者被他们的胜利和成功完全征服，使其不能看到成功中的许多轻率鲁莽之处，许多不符合正义的地方，许多品质中的缺陷，而且是抱着极其热烈的钦佩态度去看待它们，这使我们的道德情感发生了严重的混乱。显然，斯密认为，机遇或命运对人类道德情感具有重大的影响，简单地以成败论英雄是不当

---

① 斯密：《道德情操论》，商务印书馆，1997年版，第327页

的，导致了我们人类道德情感的巨大失调。然而，斯密认为这又不是毫无意义和用处的，正如我们对财富和地位的尊敬一样，对成功的钦佩，是以同一原则为基础的，体现了神的意志和智慧，对于胜利者的崇拜自然地引导我们平静地顺从人类社会的发展进程并不勉强地顺应事实上的社会秩序。

虽然具有端正和谦虚美德的人不如自我评价过高的人在顺利时得到更多的好处，也不如他们得到更多更响亮的赞美声，然而，在斯密看来，前者才是真正具有美德的高尚的人。这种高尚的人"既不把除了自己所真正具有的优点之外的任何其他优点都归于自己，也不希望别人把这种优点归于他人，并不担心丢脸，并不害怕暴露真相，而是对自己品质名副其实的真实性和稳定性感到满意和安心。钦佩他的人可能不太多，他们的赞扬声也可能不很响亮；然而在其近旁观察他和极其深刻地了解他的那个最聪明的人，对他的赞扬最为热烈。一个真正的智者，对另外一个智者对他的审慎而恰如其分的赞美，比对一万个人对他的虽则热情然而出于无知的嘈杂的赞扬声，更感到由衷的满足"①。因而，一个高尚和美德的人是最幸福和深感幸福的人，是一个有着可靠和真实幸福的人。相反，那些自命清高和自我夸大的人，当他看不到身边的智者远远不及他过度自我赞美的敬意时，便心生恶意和妒忌，冷酷无情，滥杀无辜，终生生活在猜忌和怀疑之中，永远不得安生。

我们对于具有显著和卓越优点的杰出人物的过高自我评价，常常是宽容、体谅和同情，并对他们身上的高尚品格给予高度的赞扬和钦佩。但对那些没有什么超人之处的人的过高自我评价，斯密称其为骄傲和虚荣，人们通常是难以原谅和容忍，感到厌恶和憎恨。斯密认为，骄傲和虚荣这两个罪名对于抑制过高的自我评价是相似的，但在许多情况下则是不同的。这些不同是：骄傲的人确信自己身上的长处，有一些自信心，而虚荣的人根本不确信自己身上有人们赞美的长处，没有什么自信心，但他依然希望被赞得宠；虚荣的人附庸风雅，攀比心盛，即使倾家荡产也要得以服装、

---

① 斯密：《道德情操论》，商务印书馆，1997年版，第329–330页

用具等财产和生活方式，显示其高贵和品位，争得人们的敬意，而骄傲的人则很少因这种愚蠢而受人指责，他的自尊自信使其保持独立，更希望出类拔萃、特立独行；骄傲的人不愿意巴结上级，不愿屈尊去迎合他人，因为相形见绌，和他们在一起感到不舒服，也失去了自己的尊严，而虚荣的人则巴结权贵，趋炎附势，以冀他人光彩照耀自身；虚荣的人在心情上总是轻松和愉快的，而且常常是温存的激情，善于撒谎而且谎言意在抬高自己全然无害，而骄傲的人在心情上总是庄重、阴沉和严厉的激情，一般不会卑劣地扯谎，一旦撒起谎来，必是贬低别人，加害他人。但是，骄傲的人常常是爱虚荣的，爱虚荣的人又常常是骄傲的，这两种缺点常常存在于同一种品质中，两者的特点混杂一起，使我们难以识别，不知把某一品质列为骄傲还是虚荣。

尽管如此，斯密依然看到了骄傲和虚荣中的优点，并不赞同人们把有着这两个缺点的人置于我们一般人水平之下。骄傲常常会伴随着一些令人尊敬的美德：真诚、正直、高度的荣誉感、热诚和始终如一的友谊、坚忍不拔和不可动摇的决心；虚荣也同样具有一些亲切的美德：仁爱、礼貌、慷慨。爱好虚荣的人似乎可以倾向被看成可爱的人，身居骄傲的人似乎可以倾向被看成可尊敬的人。

通过斯密《道德情操论》的字里行间可以看到，斯密对骄傲和虚荣并不是等价齐观的，甚至对高傲的人似乎心存好感。"几乎在一切场合，过于骄傲都稍好于在各方面过于谦逊；而且在当事者和公正的旁观者看来，某种过高的自我评价的情感比任何过低的自我评价的情感更少令人不快。"① 即使骄傲和虚荣是人类的两大弱点，但斯密仍然宽大地理解为在这些人类的缺点中存在着神的智慧。

斯密告诫人们，既然我们不能完全地否定或完全地赞美骄傲和虚荣，我们的教育就应该因势利导，把我们人类的虚荣和骄傲引导到正确的目标上去。

斯密最后总结性地阐明了美德、自我控制和合宜感之间的密切关系。

---

① 斯密：《道德情操论》，商务印书馆，1997年版，第341页

"对自己幸福的关心,要求我们具有谨慎的美德;对别人幸福的关心,要求我们具有正义和仁慈的美德。前一种美德约束我们以免受到伤害;后一种美德敦促我们促进他人的幸福。在不去考虑他人的情感是什么、应该是什么,或者在一定的条件下会是什么这些问题的时候,那三种美德中的第一种最初是我们的利己心向我们提出来的要求,另两种美德是我们仁慈的感情向我们提出来的要求。然而,对别人情感的关心,会强迫所有这些美德付诸实施并给予指导;而且一个人若在其整个一生或一生中的大部分时间坚定而又始终如一地仿效谨慎、正义或合宜的仁慈这种思想方式,则其行为便主要是受这样一种尊重的指导,即对那个想象中的公正的旁观者、自己心中的那个伟大居住者、判断自己行为的那个伟大的法官和仲裁者的情感的尊重。

……

虽然谨慎、正义和仁慈这些美德在不同的场合可能是由两种不同的原则几乎相同地向我们提出来的要求,但是,自我控制的美德在大多数场合主要并且几乎完全是由一种原则——合宜感,对想象中的这个公正的旁观者的情感的尊重——向我们提出来的要求。……对他人的情感是什么、应该是什么,或者在一定的条件下会是什么这些问题的重视,在大多数场合,是震慑所有那些难于驾驭和骚动的激情,把它们变成公正的旁观者能够体谅和同情的那种心情和情绪的唯一原则。"①

斯密最后申明,谨慎、正义和仁慈只会给人们带来愉快的后果:

"在对谨慎的人的赞同中,我们非常满足地感到他一定享受着一种安全保障——这是他在沉着镇静和深思熟虑的美德保护下处世时必然能够享受到的。在对正直的人的赞同中,我们同样满足地感到一种安全保障——这是所有同他有联系的人,无论是邻居、打过交道的人,还是有生意来往的人,必然能够从他步步留心切望不伤害或冒犯别人的心情中得到的安全保障。在对仁慈的人的赞同中,我们体会到所有那些受到他恩惠的人所表示的感激,同他们一起深切地理解他的优点。在我们对所有这些美德的赞同中,无论是对实践这些美德的人来说,或是对其他一些人来说,我们对这些美德的令人愉

---

① 斯密:《道德情操论》,商务印书馆,1997年版,第342-343页

快的后果及其效用的感觉,会与我们对这些美德合宜性的感觉结合在一起,并且总是构成那种赞同的值得注意的、常常是十分重要的因素。"①

十六、美德的本质是什么

斯密在这里实际上是在解释他的道德本质论与他人的区别。首先,斯密提出关于美德本质的三种说法,第一种是说美德本质并不存在于任何一种感情中而只存在于对感情合宜的控制和支配中,存在于合宜性中;第二种是说美德本质存在于我们对个人利益和幸福的审慎追求之中,存在于自私自利的谨慎中;第三种是说美德本质存在于以促进他人幸福为目标的感情之中,不存在于自私自利为目标的感情中,无私的仁慈是唯一可以给任何行为烙上美德印记的动机。

在这里,我们不去进一步解读斯密与柏拉图、亚里士多德等的第一种说法的异同,也不去解释斯密与伊壁鸠鲁学派的第二种说法的不同,只是进一步引导我们正确认识斯密与利他主义的第三种说法的关系,因为在我们的头脑中长期以来认为斯密是利他主义的道德观,而《国富论》则是利己主义为基础的经济论,于是相互矛盾,在这个误解中便生出了由德国历史学派所质疑的"斯密问题"。为此,我们需要着重澄清。

首先,斯密承认美德存在于仁慈之中,然而认为这不是唯一的。仁慈不仅存在于神的天性之中,而且成为所有人类行为的至高无上和支配地位的准则,我们所有的美德或全部道德最终是来自仁慈的品质。我们人类出于仁慈动机的行为确实是唯一值得赞美的行为,它几乎全部是优点的品质。合宜的仁慈是一切感情中最优雅和最令人愉快的感情,由于它对他人的仁爱和行善,所以是感激和报答的最合宜对象。由此,仁慈似乎在我们的各种天然感情中占据了比其他感情更高尚、更重要的地位。即使是过分的仁慈也并不令人讨厌,而缺乏仁慈的感情则明显具有道德上的缺陷。对于这些,斯密是认同的,但在文字和论述中总是具有一定的保留和审慎,

---

① 斯密:《道德情操论》,商务印书馆,1997年版,第344-345页

并不具有完全的、唯一的、全部的含义倾向。

其次,斯密认为哈奇森博士是这一学说中无与伦比的天才,但是斯密却并不与他完全相同。在哈奇森看来,仁慈是美德的唯一源泉,我们一旦发现出自仁慈感情的任何行为具有了其他的动机,我们就会相应地减弱对这种行为优点的感觉。就像一个人被认为出自公益精神的行为,被发现其根本动机是希望得到金钱报酬,这就会完全打消对这些行为的优点或值得称赞的全部想法。所以,斯密认为哈奇森是把美德看作为只存在于纯粹而又无私的仁慈之中。作为哈奇森学生的斯密并不赞同老师的观点,认为其最大的问题是否定了自利自爱所具有的道德性,无视自利自爱与利他爱他之间并非矛盾的合理性和正当性的同时并存。所以,哈奇森这个仁爱论体系"没有充分解释我们对谨慎、警惕、慎重、自我克制、坚持不懈、坚定不移等较低级的美德赞同从何而起。我们各种感情的意图和目的,它们倾向于产生的有益或有害的结果,是这个体系所最关心的唯一要点。激起这些感情的原因是合宜还是不合宜,是相称还是不相称,则完全被忽略"①。

第三,斯密直言表明爱己利己也同样是一种非常值得称赞的行为原则。斯密说,"节俭、勤劳、专心致志和思想集中的习惯,通常被认为是根据自私自利的动机养成的,同时也被认为是一种非常值得赞美的品质,应该得到每个人的尊敬和赞同。"② 斯密强调,自利自爱与仁爱在道德本质上并不是对立的,自利自爱与美德也不是对立的品质。斯密解释到,确实,混杂有自私自利的动机,常常会损害本当产生于仁慈感情的行为的美感。但是这并不在于自爱之情不是我们美德行为的动机,而是因为仁慈原则在此时此境下显得缺乏应有的强度,而且同它的对象不相称。换言之,纯粹的仁慈情感是不能含有任何自利情感的因素,当它渗入了自利的情感因素,这时我们对其的美感减弱,不是自利情感的不道德,而是仁慈情感的不强劲、不完美。同样,在完全自利自爱情感下的行为中,混有仁慈的动机,虽然不会削弱我们对其行为合宜性或道德性的感觉,但我们仍不能认为这是他的长处或优点。所以,"如果我们真的相信某个人并不关心自

---

① 斯密:《道德情操论》,商务印书馆,1997年版,第400页
② 同上

己的家庭和朋友们,并不由此恰当地爱护自己的健康、生命或财产这些本来只是自我保护的本能就足以使他去做的事,这无疑是一个缺点,虽然是某种可爱的缺点,它把一个人变成与其说是轻视或憎恨的对象,不如说是可怜的对象。但是,这种缺点还是多少有损于他的尊严和他那品质中令人尊重的地方。满不在乎和不节俭,一般不为人所赞成,但这不是由于缺乏仁慈,而是由于缺乏对自己利益的恰当关心。"[1]

最后,斯密认为,纯粹和完全的仁慈美德,处处事事都毫不利己而完全利他的品性,是我们人类不可能存在的,如果存在只属于神,是神的最为完美的意志原则。斯密说,"仁慈或许是神的行为的唯一原则。而且,在神的行为中,有一些并不是站不住脚的理由有助于说服我们去相信这一点。不能想象,一个神通广大、无所不能的神——她一切都无求于外界,她的幸福完全可以由自己争取——其行动还会出于别的什么动机。但是,尽管上帝的情况是这样,对于人这种不完美的生物来说,维持自己的生存却需要在很大的程度上求助于外界,必然常常根据许多别的动机行事。如果由于人类的天性应当常常影响我们行动的那些感情,不表现为一种美德,或不应当得到任何人的尊敬和称赞,那么,人类天性的外界环境就特别艰难了。"[2]

综其所论,斯密提出,美德本质只存在于对神的意志的服从之中。斯密的这一体系既可以归纳把美德本质置于谨慎之中的那个体系,也可以纳入把美德置于合宜性之中的那个体系。我们为什么要服从神那个在我看来是自然的道德意志即道德律呢?斯密的回答是:"我们应当服从神的意志,因为她是一个法力无边的神,如果我们服从她,她将无休无止地报答我们,如果我们不服从她,她将无休无止地惩罚我们;或者是:姑且不谈对于我们自己的幸福或对于任何一种报酬、惩罚的考虑,一个生灵应当服从它的创造者,一个力量有限和不完善的人,应当顺从力量无限和至善至美的神,这中间有着某种和谐性和合宜性。"[3]

---

[1] 斯密:《道德情操论》,商务印书馆,1997年版,第401页
[2] 斯密:《道德情操论》,商务印书馆,1997年版,第401-402页
[3] 斯密:《道德情操论》,商务印书馆,1997年版,第402页

第二章

斯密《国富论》的判断

《国富论》从发表至今日已经有235年了，这部举世闻名的著作对于我们中国人并不陌生，甚至是无人不知。1901年中国启蒙思想家严复节选翻译了此书，并以《原富》为名介绍到中国，成为最早进入中国的西方经济科学著作。严复当时效法斯密献国策于英王得以实现富民强国的做法，将《原富》献于光绪皇帝以助清末维新大业，但鉴于中国清末社会经济文化等条件与《原富》要求相距过远，所以没有引起大的反响，然而对后来具有资产阶级民主革命性质的辛亥革命产生了很大影响。1931年，王亚南和郭大力二先生再次重译中文版，取名《国富论》，二先生重译之意图在于苏联十月社会主义革命已胜利，中国资本主义前途渺茫，为下一步翻译马克思《资本论》奠定其资产阶级古典经济学来源的基础。建国之后，商务印书馆组织编纂"汉译世界学术名著丛书"，将《国富论》列入其中，在1965年由王亚南再译此书发表，译名由《国富论》改为全称《国民财富的性质和原因的研究》。仅就全称而言没有争议，而对简称即"原富"与"国富"来说，则严译本的"原富"似乎更为贴切和达意，可以创造更多财富的财富即为"原富"，财富之源的财富，此意也。

中国人对于斯密《国富论》之了解和认识，一是沾了马克思主义的光，斯密创立的古典经济学是马克思主义经济学的来源，《国富论》也就当然地成为了《资本论》的来源和继承的对象。由于马克思主义政治经济学是在对古典经济学批判基础上继承而来的，所以对斯密的《国富论》也就毁誉参半，有功有过。二是在上个世纪后期的中国改革开放，由于建立市场经济体制的缘故,斯密成为了中国人在改革中常常挂在嘴上的大师,《国富论》也成为经济学界、大学经济学专业学生的必读之书,甚至还不时掀起"斯密热",《国富论》也炙手可热,在市场上近乎脱销。脱去了马克思光环的斯密和《国富论》成为我们认识市场经济制度的引路使者,成为我们掌握现代西方经济科学的奠基先导,成为我们改革开放的思想领袖和理论导师。《国富论》更是学以所用,不仅是劳动价值论的创始者,而且赋予了"看不见的手"的更著名标识。由此将《国富论》思想放大了的经济自由主义、理性经济人、市场经济最优化配置资源制度以及政府"守夜人"模式成为了我们改革开放的重要理念。思想的解放确实使我们与真实的斯密更加接近。三是在21世纪开始不久,随着中国经济社会的不断发展,从贫困中解脱出来的中国遇到了前所未有的新问题,市场经济制度遇到了前所未有的挑战,更有的是将中国社会显现的一切矛盾和问题嫁祸于市场经济制度,指责于斯密的经济自由主义。此时,一些学者开始把探索的眼光聚焦到斯密思想的全貌和整个体系上,在一个全景式的框架下理解、认识和解释斯密思想,以求破解市场经济与道德伦理、市场经济与政治制度、市场经济与政府职能的内在联系和逻辑关系。所以,过去不大引人关注的《道德情操论》进入了人们的视野,并将其与《国富论》联系起来,突出道德的社会机制、经济的市场机制、正义的法律制度,三者并存相互联系地构架我们一个斯密式社会制度的合理性和必然性。此后,斯密的《国富论》就寓意更为广泛地成为市场经济得以正常运行的理论基础和人类社会得以和谐稳定的思想基础。因而,斯密不仅是一位经济思想家,更是一位哲学思想家,是一位现代文明社会的思想奠基者。

鉴于《国富论》在以上表述中所具有的普及性,本人不再对《国富论》作详细阐述,只是将自己所见所思作体系性的阐述。

斯密《国富论》主题是论证财富的增长以及相应的社会体系,大致有五个方面的重要论述:

第一个论题是商业管制,或者说,国家管制经济的理论依据是错误的,实施商业管制会带来适得其反的结果。斯密认为,一国财富的多寡与其拥有的金银数量无关,衡量一国财富的真正标尺是其所创造的产品和服务的数量，用我们今天的话来讲，就是一国之强大不在于你拥有多少财富，而在于你能创造多少财富，也就是一国创造财富的能力。事实上，国内生产总值，这一今天被人们视为经济学基本常识的概念，就源于斯密对国民财富的"创造性"见解。

第二个论题是国民财富的生产能力取决于劳动分工和资本的累积。社会分工实际上是一种效率增长型的国民财富增长方式，而资本积累实际上是一种数量扩张型的增长方式，但资本积累并不排除资本质量和效率提高的内涵。尽管斯密强调资本积累，这是因为斯密比较看中财富的节制而形成资本财富以促进财富增长。单纯地认为这就是斯密模式，而把熊彼特的创新所带来的财富增长称为熊彼特模式，显然是不妥的。

第三个论题是"资本的累积将决定一国未来的收入"。今天用于提高生产效率的投资越多，明天所能创造的财富也就越多。但是，只有在确定财产安全有保障的情况下，人们才会有积累资本或投资的意愿。因此，能走向繁荣富强的，是资本能够得以积累的，而资本能够得以积累的，是那些恰当运用并被妥善保护的国家。因此，资本产权的清晰、保护和广泛自由地运用就是一个关乎国家盛衰的关键问题。

第四个论题是这个系统是自动和永续的。一国经济的有效运行是靠一只"看不见的手"的机制在引导着，无须借助政府指导，生产资本的关注点一定是集中在国民最迫切的需求上。但是，这一自动系统只有在自由贸易和竞争的条件下才能发挥作用。

第五个论题是探讨了"不同的经济发展阶段对政府机构设置的影响"。最初的狩猎者和采集者几乎没有什么财产，随着农业社会的建立，人们的土地、庄稼、牲畜都是非常重要的财产，于是，人们创造了政府和司法体系以保护财产的安全。到了商业时代，人们开始积累资本，财产变得更加重要。但是在这个时代却充斥着能够运用政治力量并通过特权来扭曲市场以获取更多利益的商人。竞争与自由贸易，受到了生产者能从政府当局那儿寻求的垄断、税收、控制以及其他特权的威胁。由此，斯密主张"政府必须受到限制"。

一、交换分工与国民财富

斯密劳动分工理论。劳动分工的如此有效，不仅发生在工厂内部，也发生在产业之间，甚至是国家之间。劳动分工更为重要的是能带来产出效率，进一步提高的专业机器设备的使用成为可能。劳动分工导致的高效率专业人士的合作正是发达国家的财富之源，使富裕成为一种普遍现象，即使是社会最低层的人们也能享受得到。

斯密产品交换理论。劳动分工带来的收益可以通过物质交换在整个社会扩散的原理。人们喜欢"交换或交易"的天性，其最根本的原因是交易的双方能够从中受益，而这种交易或交换的互惠性是斯密极为重要的洞见。——现在我们以钱易货取代了过去的以货易货，交换的目的似乎只是货币，由于货币被视为财富的象征，因此，只有得到货币的卖方才能从交易中受益。但斯密告诉我们的是，交易总是互惠的，交易总是使双方的境况变得更好，否则交易便会停止。财富，不是固定不变的，而是人类商业活动创造出来的。这也就是说人类社会的交易活动可以使人类社会得到更多有用的财富，得到更大的满足和快乐。这在斯密时代无疑是前所未有的思想。斯密的另一个重要的洞见是，尽管交易双方在整个交易过程中，并没有把他人的福利放在心上，所考虑的完全是自身的利益，但交易的结果是双赢的，是双方福利的同时增加。——"我们期待的晚餐并非来自屠夫、酿酒师和面包师的恩惠，而是来自他们对自身利益的关切。我们不是向他们企求仁慈，而是诉诸他们的自利心；我们从来不向他们谈论自己的需要，而只是谈论交易对他们的好处。"[1] 我们应该明确的是，斯密在这里的"爱己"、"自利"、"利己"，在他那个时代是强调每个人对自身福利的一种完全正当的关注，绝不是指通过伤害他人利益来获取自己利益的"自私"倾向。斯密所提出的自利这一人的重要天性，在他的《道德情操论》中曰为"审慎"。由此我们可以认

---

[1] 斯密：《国富论》（上），商务印书馆，1972年版，第14页

为,人类所面临的各种利益只要是在不伤害他人的公正原则下就一定是正当的利益,也一定是既利己又利他的公平利益。

人们的交易活动和劳动分工是怎样的关系呢？斯密认为,劳动分工的专业化程度取决于交换的可能性,而人们天生具有交换的自然倾向。当人们通过交换得到好处时,自然就促使人们进行专业分工、提高生产剩余以用于交换并得到更多的好处,因而交换是分工的动力。至于今天的人们争论交换与分工孰先孰后、孰因孰果是完全没有意义的,其中对斯密的指责也是不当的。这是因为,交换不是从来就是这样的交换,分工也不是从来就是这样的分工,而是在漫长的人类社会进化过程中,逐渐形成了现在这样的交换和分工形态。试图对在人类远古时代的所谓交换和分工做一个严格的时序安排,既是徒劳的也是无意义的。但有意义的是交换促进分工,分工增进交换,而斯密的真正意图是阐明交换带来收益,收益推动分工,也就是一个更为广阔的交换市场即市场化的经济体是社会分工的决定性因素,也是人类福利不断增长的根基。

斯密的原创性洞见并不在于发现了劳动分工——这一发现可以追溯至柏拉图,而在于认识到真正的财富向多数人扩散,并经数代累积的机制及意义。在斯密之前,拥有财富通常被认为是少数富裕者的专利。通过不断细化的劳动分工使生产性劳动生产出更多的产品并且进入市场,回收成本又产生了净收入,当这部分净收入更多地用于投资而不是更多地用于挥霍,新增加的投资就会带来经济体系中就业的增加,劳动报酬也就会随之提高,财富便会向处于社会最底层的多数人扩散,进而再形成"生活必需品、便利品以及娱乐产品"年产出量的增加,周而复始,脱贫致富。

进一步讲,人们从交换活动中所得到的收益是驱使人类社会进行专业分工、提高生产剩余以用于交换的巨大动力。收益是目的,交换是手段,分工是效率。专业化的发展程度和效率提升来源于交换的可能性,即市场的发展程度。随着市场的发展自然会创造出愈益细致的专业化分工,进而提高生产剩余的效率,市场在引导着人们的专业化发展方向,在不停地创造着专业分工的机会。而市场的愈加广泛和普遍就愈加深化分工的专业化,就愈加提高社会生产效率,就愈加增大一国国民财富。

斯密发现推动市场发展的重要因素之一是货币。物物交换的生活是异常艰辛的,以物易物看似简单,实则不易,它使得交换的时间、成本、代价都会增大,也使得市场难以发展甚至消亡。而交换的动机和力量必然促使人们竭尽全力寻找到解决交换困境的工具,这就是货币。货币成为人们在物物交换中的媒介,因而就产生了商品流通和货币流通的交织作用的交换市场,而且这种作用的显著之处就是无限地推动和加强市场的发展。由此,斯密深入地去探寻以货币为媒介的商品交易或是以货易货的商品交易的比例关系究竟是如何决定的呢？一只羊为何交换二把斧子或一只羊何以表示为一盎司黄金？令斯密感到困惑的是,一些根本用处不大的东西如钻石,在交换过程中拥有很高的价值,而一些至关重要的东西如水却不怎么值钱。这就是留给后人们去破解的"水与钻石之谜"。对于这个谜底的揭晓,今天我们可以用边际效用决定价值理论：由于钻石的稀缺而导致钻石的边际价值很高,由于水资源的极其丰富而导致最后一杯水的效用很小,因而其边际价值很低,所以,水不值钱而钻石很贵；我们也可以用供求决定价值理论：水因为供给多于需求而价值不高,钻石因为稀少而供不应求致其价值很高。但不幸的是,上述第一种解释在当时并不存在,而第二种解释斯密自感并不完美。

于是,斯密提出了劳动价值理论。他认为,在原始社会中,物品价值反映了该物品在生产过程中所包含的劳动。人们为所出售的产品付出了辛苦的劳动,而出售产品的目的是使自己免受生产所购产品或所换产品之苦,人们不会购买或交换自己轻松就可以制造的产品,因此,买卖或交换的任何一方都会以反映等量劳动付出的交换比例来实现理想的买卖或交换,这似乎是一件十分自然的事情。"如果猎杀一只海狸所要付出的劳动通常是一头鹿的两倍,那么在市场交换中,一只海狸的价格应该就值两头鹿。"① 随之,斯密还观察到了不是所有劳动都是相同的,有些产品的生产劳动可能需要更加艰辛和更有创新的努力,或者需要更多的培训和经验为前提。劳动的等量决定交换比例以及不同程度的同量劳动的转换,在斯密

---

① 斯密：《国富论》(上),商务印书馆,1972年版,第42页

那里是通过在市场的讨价还价过程中得以实现的，显然，斯密无法运用科学的方式证明这一点，他只是凭借着历史的经验和自然的感觉。正是由于斯密的劳动价值理论为后来马克思的关于资本的理论体系奠定了基础。

在狩猎时代人们获得产品的代价几乎只有劳动，一旦进入了斯密所处的时代，人们获得产品的代价就要复杂得多，斯密回到了现实现象中，他引出了一个极为重要的概念：生产成本，即生产成本决定价值的观点。除了劳动，斯密发现了其他两类迄今仍十分重要的生产要素——土地和资本，所有为生产产品而花费在劳动、土地和资本的代价决定了该商品的价值。后来，斯密引入了供求关系问题，解释了供求关系对价格的影响以及这一机制对整个生产和分配的调节作用。

上述斯密关于价值决定的不同结论，在其《国富论》中花费了很大篇幅加以讨论，并同时阐明了人类社会从劳动单一价值源泉向复杂演化的发展和转化的历史轨迹。而且，这些在当时都是相当前沿的思想，引发出斯密后时代的一批优秀的经济思想家的产生和争论，开创了经济科学的新纪元。

二、国民财富应该给谁

土地、劳动和资本共同创造国民财富，其所有者也共同获得相应收入。自斯密时代起，任何生产活动，都需要劳动者、劳动者所使用之工具或机器设备以及劳动者之劳动场所。因此，斯密提出，生产总代价或生产总成本可以分为三大类要素：劳动、资本和土地。而这些生产要素的所有者依据其所有权获取相应收入：劳动得到工资，资本得到利润，土地得到地租。正是在生产中三大要素的共同作用，形成了劳动所有者的工人、资本所有者的雇主和土地所有者的地主之间的经济关系，且这种相互依赖、相互依存的关系并不仅仅表现在生产上，更重要的是在产品的价值实现和分配过程中。斯密的论述使我们认识到，一个国家的财富生产、价值的实现和利益的分配绝不是孤立的，所有身在其中的生产、交换和分配都作为一个经济体内相互关联的部分同时进行着，所有人都是参与者，由此形成的各种相互联系或关系都是至关重要的。斯密的这一观点就当时而言，无疑是理论上的巨大突破，也成为人们后来发生和解决经济社会问题的关键点。

斯密在随后的章节里讨论了市场机制的问题。斯密的《国富论》给我们提供了以下论点：第一，市场机制可以自然地引导生产；第二，引导的作用效率取决于市场中价格、竞争、供求的完全性和充分性；第三，任何不利于完全性和充分性的影响因素都会导致这一引导产生偏差或失误。斯密认为，产品交换的实际"市场价格"可能高于也可能低于其生产总成本（斯密称为"自然价格"）。当供不应求时，市场价格会高于卖家的自然价格，因此而有利可得，反之，就会亏本。但是市场价格不会长时间低于自然价格，因为卖家会选择退出市场，不会让自己血本无归，于是供给减少而市场价格上升；市场价格也不会长时间高于自然价格，因为超高的利润空间会自然地向竞争者发出刺激信号，吸引新的生产者涌入，于是供给增加而市场价格回落。斯密在这里不停地强调对供给之影响而忽略对需求之影响，其意图就是明确市场机制可以自然地引导生产，这是一个天才的思路。当然，竞争并不总是完全和充分的。比如，人为的管制可能会带来市场进入壁垒，自发的垄断者可能会故意将生产量保持在需求量以下以抬高市场价格。因此，只有竞争、供求和价格机制的完全和充分，市场的问题必定可以通过市场的方式得以解决，而任何人为的强制解决必定会带来更为深远的灾祸。

接着，斯密以不完全竞争的劳动市场给我们提出了解决问题的思路，也同时构成了他的工资理论。斯密指出，土地、资本和劳动即使是相互依赖的，但在工人与雇主之间也存在着矛盾和斗争，二者之间往往是不平等的。虽然雇主自己经常联合起来统一行动，但他们总是极力促使政府发布禁止工人联合的法律。雇主们应该清楚，低工资是一个错误的经济策略，因为更好的报酬与更好的生产环境能够促进生产效率的提高，从而带来更多的资本回报。斯密对工人们讲，工人们的最好朋友是资本的增长与国民收入的提高，因为它们会带来工资的上涨。而拥有工资之外的更多剩余收入的雇主也就可以雇用更多的工人。换句话说，只有当国民财富增加时，市场对劳动的需求才会上升，丰厚的劳动报酬源于经济的增长。斯密给我们描绘出了一个理想的和谐循环秩序——劳动报酬提高→资本收益增加→资本投入增加→劳动就业增加→劳动报酬提高→……，其中每一环节都紧密联系着或意味着国民收入或国民经济增长的不断推进。那如何达到这样的和谐秩序和顺利循环呢？斯密的思想是：市场和市场机制。

斯密继续提出了衡量工资的真正尺度是其购买力的大小。斯密指出，征税虽然提高了一些产品特别是奢侈品的价格，但由于市场机制的作用，食品和其他生活必需品的价格不断下降，这对于穷人意义更为重大，对整个社会也会从中受益，因为如果一个社会有较高比例的成员生活在贫穷困顿之中，那么这个社会就不可能真正地繁荣幸福。

斯密提出，工资从理论上讲应该是趋于平等的，这是因为劳动的市场机制会自动地调节工资水平至平衡点，但为什么工资率的实际表现不是如此呢？斯密的回答是，我们必须看到劳动在"金钱"和非金钱两个方面的报酬。有的工作，环境非常艰苦或者工作性质比较令人痛苦——屠夫和刽子手的收入往往比织布工人的工资高；有的生意具有一定的季节性——季节性强的工作往往在相同的时期上显得高于非季节性工作的工资；有的职业要求有较高的学习成本才能胜任——律师和医生的工资往往高于搬运工等一般人就可胜任的工作的工资；有的即使在前期付出了极大努力，但其成功的希望仍十分渺茫——歌剧演员和科学家们的报酬往往高于中学教师风险低的工作的工资；所有这些因素都会对不同行业中的劳动市场价格产生微妙的影响。

斯密还发现了政治也是影响工资的因素之一。当时的政府管制法规规定了刀具业、纺织业和制帽业师父所带徒弟的数量，甚至规定了限制工人从"夕阳产业"向"朝阳产业"的流动。诸如此类的地方法规定为刀具师、织布师和制帽师等少数人的高工资水平提供了保障，但这是以剥夺他人对劳动的神圣权利为代价的。斯密对此分析说，政客和法律需要对此承担责任，因为政客们制定并强制执行的管制规定提高了同业共谋的可能性与效力。从中世纪开始，行会所享有的特权就已经为形成和维持其垄断地位竭诚尽力，一方面通过准入制度限制新人的进入，对获得从业资格的人登记造册，另一方面又从其行会的成员

第二章 斯密《国富论》的判断

中募集资金为业内弱势群体提供福利保障。上述两方面提高了同行之间的聚集必然性和同业共谋性，无一不是在强化其行业的垄断地位而限制竞争。如果法律再允许行业公会以多数原则决定政策，那么它对于竞争的限制将比任何自愿联合都更为有效、更为持久，法律此时只是助纣为虐。斯密认为，只有以顾客主导的自由市场制度才是真实有效地解决上述商业劣行的方式，它比任何官方的法规政策都是更为有效地规范商业行为的手段，而政府的法规政策往往带来与其所宣称的目的背道而驰的结果。斯密在这里再一次强调市场机制而摈弃政府干预。

斯密顺势而行，进一步提出不适当的政府管制还会影响到生产的另一个因素——资本，从而构成其资本利润学说。斯密提出了资本的含义，并把资本区分为固定资本与流动资本。他还认为，资本要得到利润，即投资人投入生产性产业的回报，但这一回报却有着相当大的变数。斯密认为决定这一回报可能性和多寡的主要因素应该包括商品的价格、竞争者的经营状况以及商品在运输和储藏过程中可能发生的偶然事件及各种意外。斯密提出利息率大致可以作为利润率的衡量标准，也就是说可以以利息率来判断和衡量一个大致的利润率，这是因为假如人们愿意为贷款支付较高的价格——利息率，这就表示他们有能力利用所借款项进行投资生产以获高额利润回报。斯密这一解析为后来人阐明利息率与利润率之关系提供了理论基础。接着，斯密以美洲殖民地的超高利息率为例进行了说明，美洲是一个土地资源极其丰富而资本和劳动资源又极其匮乏的地方，因此，那里的土地比较便宜而劳动和资本比较昂贵，具体表现在市场上就是高利息率、高利润率和高工资率。

生产的另一要素是土地，而土地所有者凭借其土地所有权得到相应的报酬即地租。斯密是如何阐明土地和地租的呢？斯密认为，地主享有"垄断价格"，这不是因为地主的努力，而是他们拥有土地的所有权、土地的位置与肥力及其自然条件，同时，富商们对拥有风景迷人的乡村地产的渴望，增大了对土地的需求，从而进一步提高了土地的价格和地租。当然，土地除了能够生产食物和提供空间外，还可能埋藏着矿产资源，斯密有关白银的长篇论述，似乎离题万里，但实际上是在为他"随着国民收入的增

207

长,制造业产品会越来越便宜,而土地会越来越贵"的观点提供理论依据。

斯密总结到,一个国家的年产出最终会分解为工资、利润和地租,这就意味着工人、资本家和土地所有者必然是相互依赖和依存的。他们结合组成了一个由商品的生产、交换、消费和更替等环节形成的完美体系,这个体系会自动地运行,资源也会自动地流向最需要的地方。但既得利益者可能为了自己的利益而破坏这个运行机制,通过利用政府的力量扭曲自由市场机制,导致资源流向的阻断和错误,谁最有这种可能呢?斯密指出,地主或许太懒惰,工人或许太软弱,只有资本家既有动力又有能力去推动政府作出有利于自己而阻碍竞争的管制规定。斯密在这里实际上是在告诫人们,我们要小心政府!我们要以审慎和质疑的态度对待政府的每一项法律和规定。"因为我们的管制规定源自一个人治的秩序,且掌握政治权力的人,他们的利益与公众的利益从来都不一致,对他们而言,欺骗甚至压迫公众通常是其利益所在,而他们也确实为了自己的利益,干过很多这样的事情。"[1]

三、国民财富再产出财富

生产分工可以增加国民财富,资本积累同样可以增加国民财富。斯密新辟章节开始讨论资本积累问题。斯密认为,资本积累是经济发展的必要条件。剩余产生交换,交换促进分工,分工创造更多剩余,剩余反过来被用于投资新的、省力的专业设备。分工和积累相互促进、相互加速地促进国民财富的增长。斯密着重强调,正是得益于这一资本增长过程,繁荣富裕成为了一块越做越大的蛋糕:一个人(或一国国民)的富裕,无须以另一个人(或另一国国民)的贫穷为代价。而且,随着财富的扩张,整个国民都会变得更加富裕,整个国家也就会变得更加强大。在斯密头脑中,资本是财富,用财富生产更多的财富,才是真正的财富。

---

[1] 斯密:《国富论》(上),商务印书馆,1972年版,第244页

斯密批判了重商主义的观点，认为重商主义者混淆了货币和财富的概念，而提出货币本身只是一个交换的工具，货币本身并不是真正的财富，真正的财富是货币所购买的产品，流通中货币的数量并不等于一国财富数量，也不等于一国国民的总收入量。同时，货币放在自己的手里是不能带来财富的，成为了"死钱"，通过有效的金融系统可以使货币生长出财富。在这里，斯密告诉我们，货币的多寡并不代表财富的多寡，只有运动的"活钱"而不是"死钱"才能带来更多的财富。只有将货币不断地投入生产过程中，才会形成资本积累的良性循环，进而不断地创造出财富，而金融体系可以在此发挥一定作用。我们还可以看到，尽管斯密的时代不存在国家发行的法定货币，但银行以黄金储备量作为基础发行的银行券还是存在的，因而银行券就可能超量发行，形成了一定风险，特别是很多苏格兰银行在1772年的倒闭，使斯密认识到，尽管市场竞争可以促使银行保持审慎的态度，但金融管制也是可以发挥一定避免风险的作用的。由此可见，斯密并不是反对所有的经济管制，他所反对的是将特权利益置于公众利益之上的管制，不管这一特权利益是来自国家还是来自集团。

　　资本积累的去向在哪里呢？斯密将劳动分为生产性和非生产性两类。生产性劳动是指可以超过成本并带来可以用于再积累再投资的剩余的劳动，比如各种生产产品的劳动；非生产性劳动则是指即时消费的劳动，也就是没有带来可以用于再积累再投资的剩余的劳动，比如医生、音乐家、政府官员等的服务性劳动。今天看来这一区分就是将社会经济部门分为生产部门和服务部门的基本常识。然而，斯密的意图在于指明人们消费服务性的劳动就意味着人们留下的剩余减少，而可用于未来投资即积累的剩余是我们未来收入和财富增长的保障，消费越多，人们必须放弃的未来收入和财富增长也就越多。因而，我们资本积累的投入方向是生产性劳动部门而不是非生产性劳动部门，这是财富和收入不断增长的重要途径。每一位资本积累的私人不应该是消费资本而应该是生产资本，斯密对此并不担忧。斯密担忧的是政府行为，"伟大的国家从来不会因为私人的选择而陷入贫困，而公共部门的铺张浪费与错误决策有时则可能使国家由富变穷。"① 因为普通人知道自己生活状况的改善必须通过节约积累资本进行投资而增加财富的途径得以实现，但政府则没有这样的热情和动机，政府的任务就是将所有收入用于为即时消费即非生产性劳动开支，而不是为生产投资。"认为国王和大臣们可以为私人经济保驾护航，显然是一种主观臆断；国王和大臣，毫无例外地是这个社会中最大的蛀虫。如果他们的挥霍无度没有毁掉这个国家，那么臣民们的奢侈放纵也不会。"② 虽然斯密在这里是对封建政府的抨击，但也是在警示着今天的人们，一个庞大的政府，一个充斥着权利力政府，既不会是一个节俭的政府，也不会是一个廉洁的政府。而且，这样的政府反而会迫使纳税人挥霍他们的资本，直到人们再也无法维持这样的挥霍以及生产力的下降。斯密接着转向了市场机制，极力强调市场经济是一个强有力的机制，大政府或许会阻碍一国之发展，但它不能阻滞这一发展进程。因为每一个人为改善自身的生活状况，必然始终如一并且不懈努力，这一天然力量足以使事物趋向进步的自然进程。一个明智的政府只有顺应自然和改变自身，否则必然被市场的力量所推翻。

斯密进而对资本开始了更深层次的思考。首先，斯密发现政府限制某一经济事项的发展如给酒吧发放许可证是一件好笑的事情。因为人们的酗酒倾向必然使酒吧业得以繁荣兴旺，而不是为数众多的酒吧存在才导致民众喜欢花钱买醉。斯密认为在这里是需求决定了供给而不是相反，所以，政府限制酒吧业的做法是十分荒唐的。其次，一国财富增长的循环过程与一国国库中存储的金银数量无关。斯密认为将劳动成果积累起来而不是全部消费掉，可以投资形成生产性资本，生产性资本又可以扩大生产，进而带来更多的积累和生产资本，周而复始，在不停的循环过程中不断地实现财富增长。重商主义者不断贮藏金银货币以使财富增长的观点是一个谬误，充其量不过是一个吝啬的守财奴，庞大的金银堆积绝不会带来一分钱的财富增长。再次，资本的积累并不单纯意味着数量的扩大，而是有利于推动更精细的专业分工和更先进的工艺开发。在斯密的劳动分工理论中，

---

① 斯密：《国富论》（上），商务印书馆，1972年版，第319－320页
② 同上

劳动的专业化分工是效率提高的前提,在这里,斯密则强调分工越细对劳动力需求越大,因此,工资会随着资本的积累而上升。尽管在斯密时代,工业革命的影响还不甚明显,手工劳动仍然是经济的主要支柱,但是在斯密的《国富论》中已经可以看到资本积累既带来数量上的财富增长,也带来效率上的财富增长,因为资本积累既可以是生产资本的扩大,也可以是劳动分工的专业化。最后,市场经济在推进国民财富增长方面具有无与伦比的优势,而且财富会扩散到社会所有阶层的每一个角落。到目前为止的事实证明,采取市场经济制度的富裕国家,即使是穷人,也要比没有采取市场经济制度的贫困国家的富人生活要好。斯密给我们传达的信息是:放弃自给自足的经济,取消与别国的贸易壁垒,国家和它的人民会更加富庶和幸福。

四、人类在历史上如何创造自己的财富

斯密在《国富论》中依据大量的历史事实,给我们展现了人类经济制度和经济关系的发展历程。斯密首先回顾了农业社会到工业社会的演变过程,然后对欧洲封建制度的衰落进行了详细的讨论并着重分析了罗马帝国在中世纪的衰落后封建法律的起源,以及商业发展导致封建法律退出历史舞台的原因。

在这一历史进程的论述中,值得我们关注的,一是斯密认为城镇的出现与发展,城镇与农村之间的相互依赖关系,完全是自然演化的结果。城镇的手工业者对食物和农民对农用生产工具的对应需求,使二者之间相互依赖地联系在一起,而城镇为他们提供了交易市场。工农之间联系愈益紧密,市场就愈益扩大,城镇也就愈益扩大。因此,我们今天可以据此认为,一国城市化的发展不是一个人为的过程,而是一个自然的过程。只有在生产逐步社会化的进程中才逐步地实现其城市化,任何主观臆造的人为运动只会使这一过程更多反复和延迟,任何主观意志的强制阻断也只会是徒劳无用的,政府所能做的只有因势利导和有序引导。

二是斯密认为任何法律不过是经济权利变化的结果。斯密看到,商业

贸易的兴起，由于每个人对自有财产安全性的要求，使得先前的封建法律开始让位于人人平等的法治，也使得经济从政治权力中独立起来，而经济力量的强大是毋庸置疑的。在斯密看来，经济力量的独立和人人平等的制度，对于人类社会发展而言是一个伟大的成就，因为它保护了人们的财产或资本，对任何人的经济行为的任何超经济的政治强制一去不复返，由此让所有经济活动在安全和公正的环境下极大发展。在此，我们更深刻地理解了斯密——人在追求自身利益与个人财产安全目的下所做的行为选择，一定带来有益于公共利益的"无意"结果。这就是我们所说的，自由意志的选择一定要求法律的保障，自由的市场经济一定是法制的社会。

五、国民财富不断增长的机制——自由的市场以及干预可以增加我们的财富吗

斯密对经济干预主义的批判。重商主义是国家干预主义的，斯密首先从重商主义及其财富观的错误思想出发，讨论了受其影响的国家干预主义的贸易政策。斯密指出，金银货币只是为交换提供便利的工具，在国际贸易只占总的商业活动很小一部分时，黄金的跨国流动不大会伤害一个国家。一个聪明的国家不会愚蠢到不顾自己的实际需要而一味地囤积金银。过多的闲置资金是死的资本，而死的资本不可能为我们带来财富。显然，斯密在这里是对重商主义的批判。限制金银的国际流动、囤积金银货币、财富即为金银的种种观念，来自重商主义的错误思想。斯密批判而得出的正确观念是，金银货币只是财富的一般代表而不是真正意义上的有用财富，金银的有用性在于不断地在国际间流动，通过买进和卖出的交换媒介作用实现财富的增加，一国储备金银货币应该是适度而不应是囤积，这个适度就是一国实际需要的数量。斯密告诉我们，一国真正的财富创造不是金条或银块，不是国家拥有货币的多寡，而是源自社会中土地与劳动等生产要素的产出与分配，并最终表现为人们所拥有的实实在在的财富，这是衡量一个国家相对富裕程度的真正标尺。即使在今天，斯密的观点也是正确的，当一个国家为储备世界货币而贸易并大大超过其实际需要数量时，显然是重商主义的现代再版，这一做法不会带来一国财富的长期增长，反

而给一国经济带来沉重的负担和积弊以及经济体内的系统风险，最终会制约和拖累一国财富的增长进程。

斯密接着分析到，当我们为了保护和增加金银储量而限制进口时，就意味着国内消费者的选择减少，他们不能从众多的国外生产者那里挑选可能更加物美价廉的产品，而只能面对国内的厂商。因此，限制进口的政策是不可取的，它不会给一国民众带来更多的福利，反而牺牲了他们的利益。斯密提出，随着劳动分工与贸易的发展，一国应关注于他们最擅长的领域，并将生产剩余用于交换。这就是斯密的"绝对优势原理"。发挥自己之所长，通过贸易，而弥补自己之所短，如每一国都如此贸易，必对交易双方有利，因而必致一国财富乃至整个人类财富大增。斯密以例为证，"利用玻璃房、温床、温墙，苏格兰也可以种出非常好的葡萄，并酿造出优质的葡萄酒，但酿造成本却是从国外进口同样质量的葡萄酒所需支付的价格的三十倍。那么，请问仅仅为了鼓励在苏格兰生产葡萄酒，而出台禁止进口任何外国葡萄酒的法律，这难道是合理的吗？"[①] 政府如果制定这样的法规和贸易的干预政策，不仅是非理性的，也是极其愚蠢的。如果政治家们企图引导私人如何在贸易中运用其资本或者把这一企图付诸于某一个人或机构，那纯粹是浪费精力，因为经济的自动调节机制会自然地促成私人理性地运用其资本；而且也是在攫取权力，必然滋生腐化堕落并且带来危险，因为不适宜的权力必然形成不正当的权利，政府的特权力量和自身利益必然侵犯私人的正当权利，政府的自以为是和过分自恋必然把社会引入危险境地，政府运用或引导别人的资产必然产生政府的非理性倾向，所以在正常的经济生活中市场远远胜过政府。

斯密对关税和补贴的分析引申出他的贸易自由主义的政策主张。斯密承认，一国采取关税制度和补贴制度或许是必要的，但前提必须是迫使其他国家降低或取消关税和补贴。在一般情况下，关税和补贴制度要么没有任何意义，要么会带来适得其反的结果。斯密以事例说明了这一点，英国对进口的葡萄酒和啤酒征收关税，其理由是这样有助于减少酗酒现象。对

[①] 斯密：《国富论》（下），商务印书馆，1974年版，第29-30页

此，斯密反驳道，尽管酒精可能会被滥用，但能够以比我们自己酿造更便宜的价格购买它，对我们仍然是有益的。而且，当我们采用这一方式时对方也会如法炮制，这就使我们失去了可能比其他国家更好的顾客。斯密抱怨道，"由此可见，贩夫走卒的思维方式，就这样变成了指导一个伟大帝国的行为的政治箴言。"①斯密还提醒我们不应该为贸易逆差感到紧张。因为他认为只要一国的生产量大于其消费量，那么这个国家的资本就会增长，由资本所生产的财富就会增长。即使该国的进口多于出口，它仍会继续生产出剩余，并越来越富裕。斯密的这一结论是在他市场机制的前提下得以成立的。我们可能会问，资本所生产的未必是我们所需要的，进口多于出口可能导致一国货币流向他国，但是斯密并不担心，因为市场的自动调节机制必然自然地实现所产与所需的对称，国际贸易的不平衡也会自动地由国内贸易机制得以补偿，尽管这一过程会带来必要的代价，但其代价是随着这一过程的重复而不断递减的，最终是经济人的理性主义战胜机会主义，是国际市场与国内市场的协调统一。杞人忧天般的担忧市场的调节力量，而过分相信政府的强制力量，只能使政府拴上沉重的锁链，最后把一国经济拖向深渊。人们在政府的胜利面前只能是得意于一时，受难到永远。斯密诙谐地批评了政府退税和补贴的贸易干预政策，"白鲱鱼的捕捞是按吨位发放补贴，且发放补贴的金额与渔船的负载成正比，而与其在捕捞方面的努力或成果没有直接联系；因此，我想，恐怕大部分的渔船重装下海的唯一目的不是捕捞白鲱鱼，而是补贴。"②为补贴而进行的生产对一个国家的财富增长有何意义呢！生产不是为了市场需要，而是为了得到补贴，政府出于好心的价格干预和补贴、过分的税收，以政府代替市场，只能得到事与愿违的结果，是好心人办了比坏人办坏事更坏的事。

就在《国富论》出版的前几个月里，在英国殖民地的美洲爆发了史上著名的独立战争——产生了后来的美利坚合众国。在斯密的《国富论》中，我们看到了他对美洲的同情，因为他认为重商主义的贸易限制政策伤害了美洲的贸易。另外，从正义的角度看，既然美洲殖民地的人民为税收

---

① 斯密：《国富论》（下），商务印书馆，1974年版，第29-30页，第65页
② 斯密：《国富论》（下），商务印书馆，1974年版，第90页

作出了贡献，那么他们就有权在议会中拥有代表席位。不幸的是，英国政府强制要求美洲殖民地只能与宗主国进行贸易往来，这就把英国的资本和企业引向了在生产效率不具有竞争优势的领域，结果导致殖民地与宗主国的发展受到限制，两地的资本积累速度减慢，未来收入下降。而且，英国的限制贸易政策，原本企图将殖民地的人民变成英国商品输出的消费者，结果却适得其反地使美洲的殖民成为了寻求自立的政客。如何解决呢？只有贸易——政治上的自由解放可以缓解，但由于前期英国政策扭曲了投资方向，即使进行调整也必是一个痛苦的过程。可见，斯密认为，政府的干预政策是导致作为宗主国的英国与殖民地矛盾无法逆转的原因，我们要警惕政府！

斯密还善意地批评和赞扬了重农主义的一些观点。重农主义认为财富只来源于土地和农业劳动，而城镇和居民劳动没有创造任何财富而只是对财富重新安排。斯密指出，城镇居民的劳动是生产性的，他们并非简单地消费资本，同样要创造资本。无论是农村的农业还是城镇的手工业都是生产性的劳动，同样创造国民财富。斯密的生产性劳动的范围和领域远远超越重农主义，这是一个重大的发现和进步，改变了人类对财富源泉的观念。斯密欣赏重农主义的完全自由的贸易是产出最大化的最佳方法的经济哲学思想，相信自由经济体系的神奇之处是可以自动地运转。这个"显而易见的、简单的天赋自由体系是自发建立的"，在这个体系中，人们自由地追求自己的利益，而他们为追求自己利益的努力，无意地促进了所有人的利益，在这其中并不需要政府的指令。斯密说："有了这一自发体系，君主完全可以摆脱这样一种超越了人类智慧与知识的职责：即管理私人的生产活动，并将其引导至最符合社会利益的领域。"[1] 斯密为我们提供了一个极为深刻的论断，提供了一个社会得以正常运转的自动机制，任何试图摆脱这一机制或凌驾于这一机制之上以控制和引导经济走向的体系，都会带来与其意欲实现的理想目标相反的结果。在今天，斯密的论断仍不失为至理名言。

---

[1] 斯密：《国富论》（下），商务印书馆，1974年版，第253页

六、政府在财富的创造中应该做什么

斯密不是一个无政府主义者,在市场机制自动地引导社会经济运行的体系下,政府的职能是斯密探讨的另一个重要问题。斯密认为,市场机制得以充分地发挥积极作用,只有在遵守市场规则、保障财产权利、信守承诺合同、尊重平等人权的条件下方可实现,因此,维持司法和法治是十分重要的。所以我们说,斯密市场经济体系的创见是建立法制社会的思想基础。斯密的思考逻辑是,在社会的长期发展中,正是因为人们为了保护自己的财产利益不受他人的侵犯而建立了保护财产权利的政府,正如斯密所说,"有产者的富足通常会激起穷人的愤慨,并且在贫困和嫉妒的驱使下,后者很可能会做出侵占前者财产的举动。只有在政府的庇护下,那些经过多年或数代人的艰苦努力积攒下财富的人,才能安稳地睡个好觉。"[①] 显然,在斯密眼里,政府是社会冲突和不平等的自然产物,通常会有益于社会,但绝不完美。一是因为政府虽然是为了保护财产安全,但实际上是为了保护富人防范穷人,保护有产者防范无产者;二是因为为了实现这样的权力必然赋予其征税的权力,以此蔓延造成政府积累大量的资源,而这种公共资源不可能像私人那样有效地进行管理,因为政府缺乏激励。前者解决的途径是:发展经济,提高国民收入,使每个人都多多少少拥有自己的财产,使每个人都愿意接受具有司法独立的法官权力。政府自然就成为建立和保障司法和立法独立这一法制社会的承担者。后者解决的途径是:政府管理效率,"只有在政府官员的薪酬由公共服务的最终绩效决定,并与他们为提供公共服务所付出的努力成正比时,公共服务的质量才可以得到保证。"[②]

保护国家主权即国民权利的安全当然也是政府的重要职能,因为我们同样不允许本国国民在本国所赋予的权利受到他国人的侵犯。斯密推测,在狩猎时代,人们几乎没有什么财产,因此不需要任何的中央权威。到了

[①] 斯密:《国富论》(下),商务印书馆,1974年版,第272-273页
[②] 斯密:《国富论》(下),商务印书馆,1974年版,第281页

农业社会，人们开始拥有了财产，因而保护财产就成了需要优先考虑的事情，一支专业化的军队建立起来了。当然，财产多的人就享受军队的服务多，但富人们不允许财产少的人沾光，所以所有人都要为之付费，于是，国防就成了政府的一项职能。因而，直至今天，建立和建设国防，维护国家主权和领土完整，保护国民生命和财产安全，历来是政府义不容辞的职责。这是无可争议的。

斯密还提出，建设公共工程和促进教育也是政府应当承担的职能。这是因为私人或个体出于自身利益的考虑，不可能创办或维持公共工程和公共机构。所谓自身利益的考虑是源于投资于公共工程或公共机构无利可图和有利而无法得。斯密认为，公共工程和公共机构包括基础设施和教育，前者有助于促进商业发展，后者有助于将人塑造成社会经济秩序的建设性力量。

对于公共工程，斯密以为，社会繁荣兴旺需要商业的发展，而商业的发展则需要道路、桥梁和港口等基础设施。由于有些基础设施不可能完全收回投资，因此需要用税收的形式来提供这些公共设施。斯密认为，谁是公共工程的受益者或使用者，谁就应该是纳税者，比如伦敦平整的街道与明亮的街灯应该由伦敦的纳税人付费，沿海区域的渔民享受了航标灯带来的安全当然应该由这一区域的纳税人付费。在这里，今天的人们常常会挑剔地指责斯密对这一问题认识的局限性，诸如道路、桥梁和港口的建设为什么不能以商业的方式进行？为什么不能通过向使用者收回所有的成本？即使是道路的整修和街灯的安装，为什么不能由从中获利的商业组织来完成？如果开辟新的贸易通道能够为商业组织带来利润回报，政府何必参与其中？请记住，斯密在此告诉我们的是，凡是无利可得或者有利而无法得到但又是社会经济发展必不可少的工程，都应该是政府承担的职责，私人是不会承担的，除非是出于慈善的心愿；凡是有利可得但私人资本无力承担或者可以产生比私人资本更高效率的工程，也应该由政府承担，但不论政府采取何种承担方式，都应以收支平衡为其原则。显然，斯密给予了政府承担公共工程的职能一个界限：无利可逐的领域和不可逐利的原则。基于上述原因，我们也就可以理解斯密关于政府职能论断的本质，同时，我们也就能更深刻地领悟《国富论》在这一问题上从更广泛的角度谴责政府"控制社会资源走向"的思想。

  对于政府促进教育的职能，斯密给我们提供了一个非同寻常的分析和建议。斯密认为，尽管劳动分工有各种好处，但也会给社会带来负面的影响。"专业化使人将毕生的精力都花在一些简单的操作上，最后的操作结果也都大同小异；因此，他几乎没有机会发挥自己的聪明才智以克服工作过程中所遇到的困难。"[1] 这就是说，在劳动分工的社会环境下，工作对每一个人来讲，简单、固定和重复的劳动工作变得日益枯燥和单调，马克思把这种情况称之为"异化"，即人们与劳动的对立和反感。斯密认为，通过教育可以纠正这一倾向，因为教育可以扩大人们的视野和兴趣范围；而且，教育应该更关注生活最艰辛的穷苦劳动人民，因为生产商和贸易商比生活艰辛的人们要有更刺激的生活世界。斯密还提出，要想推进商业的发展，创造更多的国民财富，人们就必须具备"读、写、算"的能力，几何学和机械学也很重要。斯密给我们呈献了一个重教才可兴业、重教才可富民的思想成果，也提醒世人们关注教育平民化和普及化的重要性，而且教育是摆脱人类劳动异化的一个不可或缺的途径。现在让我们回到政府促进教育的职能上来，斯密对此提出政府应该出资来建立学校和支持发展教育，但他认为，虽然政府可以为学校等设施付费，但政府不应支付教师的全部工资，原因是如果教师的报酬取决于学生缴纳的学费，他们的工作绩效会好很多。斯密的这一想法来源于他在牛津的学习经历，在那儿"学校获得全额资助的制度安排，或多或少地降低了教师努力的必要性。他们的去留与他们在专业领域所获得的成绩与名望几乎没有关系"[2]。如果我们没有忘记斯密对政府官员的薪酬与其绩效关系的论述，就可以清楚地看到斯密是在力图解决公共机构的激励机制问题，他似乎更倾向于引入市场机制来解决公共机构的内部分配问题。虽然斯密给我们提供了一条解决这一问题的思路，但直至今天还是没有一个令人满意的答案。斯密在政府促进教育的职能论述中，细分了不同教育下政府的职责，对于技能性的培训应该

---

  [1] 斯密：《国富论》(下)，商务印书馆，1974年版，第339页
  [2] 斯密：《国富论》(下)，商务印书馆，1974年版，第320-321页

由学生支付所有成本的私立学校来提供,对于基础教育应该由政府资助的公立学校来提供,至于政府资助到何种程度,斯密并没有做出明确的回答。斯密虽然不是教育学家,但他的这一见解却形成了现代西方国家的教育体系,造就出了现代西方的教育列强。斯密还认为,政府在促进成人教育与宗教教育方面也应有所作为,主张在人们面对的各种诱惑越来越大的情形下,宗教和道德教育的重要性是不可低估的,政府至少应该在科学、哲学和艺术教育方面发挥一些作用。斯密还提出政府应该重视帮助人们克服懦弱的问题。斯密似乎在警示我们不能忘记道德情操的人文力量,物质上的富裕与精神上的文明是强国裕民之要。

斯密认为由税收支付的最后一项政府职能是维持"国家主权的尊严",包括君主政体与刑事审判的成本。对于民事审判的成本,斯密则主张应由争辩的当事人承担大部分成本,因为他们是主要的受益者。

政府必须承担的上述职能的顺利实现,需要通过税收的支付方式来保证。因此,斯密便转而讨论政府征税的原则。斯密首先严厉地告知人们,政府在借鉴其他政府榨取民众血汗之经验方面是最有天赋的。因此,我们必须对政府的征税行为加以限制,由此,斯密提出了著名的"税收四原则"。一是合理负税,即纳税额应与其享受的政府安全保护的收入所得额成一定比例。二是税量稳定,即税收应是一个定值而不可经常变动。三是纳收便利,即税收的缴纳应该便利于纳税人。四是税收经济,即征税成本低、纳税负担轻、不频繁查税。斯密还提出了富有远见的观点,税收重要到政府身在其中的行为选择必须没有差错,比如对公司征税就是一个不明智的选择,因为公司收入所依赖的资本是极具流动性的,"资本的所有者就像是世界公民,他无须依附于任何特定的国家。如果他目前所在的国家税收负担沉重,且征税程序繁琐,那么他多半会选择离开,将资本转移到他能够继续经营事业并轻松享受财富的国家。"[1] 斯密在这里还表示,反对征收必需品消费税,而支持征收奢侈品消费税;支持人们依据收入按比例纳税,更希望富人在既定比例之外纳更多税。斯密的税收思想到今天看来

---

[1] 斯密:《国富论》(下),商务印书馆,1974年版,第408页

都很具有远见卓识,当今世界很多政府的税收政策的失败和引起国民的反对或抵制,无一不能从与斯密思想的背离中找到蛛丝马迹,政府还是要重温斯密的税收思想,审慎地决策税收政策,公正地确立税收制度,民主地选择税收行为。

在《国富论》的最后分析中,斯密强调,政府有超预算、多花钱的倾向,由此造成的巨额国债的危害是极大的。斯密认为,危害来自两个方面,一方面是政府国债将本可以用于投资和发展的资本引向了政府活动的即时消费,这意味着经济发展速度的减缓;另一方面政府国债为政客们实现自己权力的扩张提供了方便,这不同于纳税会引起纳税人的警觉。基于上述原因,斯密警示人们,国债并非资本从一个群体向另一个群体的良性转移,它是对自由的真正威胁,从而也是对社会繁荣兴旺的真正威胁。

七.《国富论》的最伟大财富——人的自由与自由社会

人人生而自由,这是因为作为一个自然的生命体,拥有天然的权利去追求自我生命的自由以保证生命的存在和延续。斯密与佛格森、休谟等杰出的思想家在18世纪初发起的苏格兰启蒙运动,形成了一场自由主义的思想运动,其实质就是昭示和启发人们对上述理念的正当性、神圣性和不可剥夺性的认知。正如启蒙运动的先行者和奠基人洛克要告诉人们的,"本质上,每个人都被自然赋予了个人的所有权,任何人不得侵犯或强夺:因为每个人都是他自己,因此,他拥有自己的所有物……除此之外,我的和你的都不是他的;没有人可以支配我的权利和我的自由,我也不能对别人如此;我只是一个个体,享有我的自我,和我自己的所有物,我只能占有我自己的,而不能比这更多……"[①] 斯密的《道德情操论》和《国富论》正是对洛克所宣扬的人之自由本性的先声的继续和发展,斯密运用前者的伦理学研究与后者的经济学信仰的相互补充,创造了一个经典的自由哲学观。

---

① 洛克:《政府论》,商务印书馆,2008年版

斯密认为，人的所有激情来自人的本性即追求自我生命的保全和延续，由这种激情所驱动的自利自爱自尊的行动在道德上都是正当的也是自然的，因而每个人在他这样的行为上不应受到传统道德说教所要求的那种美德约束，也不应受到他人或一些人的强制性的命令约束，每个人都可以平等地在没有或很少这样约束的状态下追求自己生命的目的，这就是我们人类即每个人的自由，而能够实现这种个人自由的社会就是自由社会。众所周知，人们通常认为斯密是一个经济自由主义者，这主要来自人们对他在《国富论》中体现的自由思想而得出的。如果我们仅仅停留在《国富论》表面的文字论述中来理解斯密的自由，显然是远远不够的。只有透过斯密的论述表面才能够发现在其背后丰厚的自由哲学思想，才能够确立他是历史上一位杰出的自由社会的设计师。

在斯密的劳动价值论中，劳动是物品价值的来源。这之中没有明言的前提是：在某物品上付出劳动，就可取得该物品的所有权。以此，斯密认为，在早期的原始社会，或者说在未进入文明阶段的社会，那时人们拥有唯一具生产力的资源就是自身的劳动力，所以，劳动的全部产品，皆属于劳动者自己。随着土地一旦成为私有财产，劳动者想由土地生产物品，就不得不在所产物品中拿出一定的份额以地租的形式缴于土地所有者。到了资本逐渐积累的时代，一些人拥有了可以投入生产过程的资财即以生产资料表现的资本时，资本的所有者对于劳动者的劳动生产物，或者说，对于劳动附加在材料上的追加价值部分以利润形式而享有。由于一切价值来源于劳动，劳动者就以劳动能力的所有者身份以工资的形式分享一部分价值，而资本的所有者和土地的所有者依照传统上或法律上的权利，去分享劳动者利用他们的财物所生产物品价值的另一部分。无论如何，在斯密看来，上述的所有人都是自由人。这里暗含着斯密的重要的自由观是，第一，每个人作为一个自然个体，首先就是对自己的所有权、对自身的所有权，这就是自己决定自己，自己对自己负责，这是自由的核心；第二，每个人不仅天然地拥有追求自我生命保全和延续的自由，同时还有权去追求生命生存的手段的自由，后者是前者的保证和实现；没有了后者，也就没有了自由的意义。所以，个人财产的所有权即私有产权的确立和不可侵犯在斯密那里是一个不言自明的自由要素和自由前提；第三，基于上述两点，为了最有效地实现自我生命的最大活力，在人们之间可以自由地进行产权的配置，正如劳动者自由地让渡自己的部分劳动与资本所有者自由地让渡自己的部分产权之间的配置结合，由此在斯密自由思想中就必然包含着自由订约、同意的自由要素。而又独立自由且神志清醒的人之间互相承诺所作的任何约定，不可能是不正义的，这样契约又创制了正义。

在斯密的财富分配理论中，劳动者、资本所有者、土地所有者是依据于工资的自然率、利润的自然率和地租的自然率来获得相应的收入的，这个自然率就是斯密在价格理论中所说的构成一物品自然价格的组成内容。什么是自然价格？斯密认为，自然价格就是物品依照自然报酬率所出卖的价格，也就是恰好可以依照自然报酬率支付工资、利润和地租的价格，也就是价值。而我们所见的市场价格通常是商品在市场上出卖的价格，它并不一定等于往往也并不等于自然价格，这是因为市场价格由于市场供给和需求的对比关系而发生对自然价格的偏离，而这种偏离引导着劳动、资本、土地在不同的产业、部门、地区之间的流动，实现资源的有效配置。在这里，我们可以进一步地深究，"自然"在斯密的字面上看就是普通或平均，而当我们领悟到斯密的自然观就可以发现，自然就是万事万物据以各就其位的一种内在的规则或原则，它既表示为一种存在的要求，又表示为得以存在的一种力量，两者促成所有事物的存在之最大化或达致其极限。所以说自然而然是对的，是事物的本质或本性的必然，任何人随着他的这种本性而做的任何事，皆由他最高的、自然而对的立场而做，他对自然有多大的权利全在于他有多大的力量。在斯密看来，一个人能力的全面行使而最大地实现自我保全就是自然的必然。劳动所有者、资本所有者、土地所有者同样依照这样的自然律而行事，在他最大能力的限度内实现收入的最大化或据为己有为多。于此我们就可以把斯密的自由理解为自然而始终存在着每个人享有的可以按其自己的能力、决定和计划行事的自由，是独立于他人专断意志而行事的自由。可见，斯密的自由，既不是一种权利，也不是一种手段，而是人的一种自然状态，人的自然本性。由此，我们可以进一步认知到，自由本身并无正义与邪恶之分，只是在可以自由地选择所运用的手段上具有这样的区分。斯密将自由建立在一种自然而必然的基础上，随之而来的就是自由至高无上。

斯密在《国富论》中的一段经典名言是这样的："因此，由于每个个人都努力把他的资本尽可能用来支持和管理国内产业，使其生产物的价值能够达到最高程度，他就必然为产生出尽可能多的社会岁入而辛苦劳作。事实上，一般来说他既无意于促进公共利益，也不知道他为公共利益做了多少贡献。由于宁愿支持国内产业而不支持国外产业，他所盘算的也只是他自己的利益。由于以产出价值最大化的方式管理这种产业，他所关注的只是他自己的所得。就像许多其他场合一样，在这种场合，他被一只看不见的手指引着去尽力达到一个并非他本意想要达到的目标。对于社会来说，这个目标并非他的本意并不总是坏事。较之于有意为之，他通过追求自己的利益，往往更为有效地促进了社会的利益。"[1] 在斯密这段著名的"看不见的手"的表述中，他发出了近现时代最强有力的主张，我们实际上并不需要政府去组织社会，至少不需要政府干预我们个人的交易、打扰我们个人的生活。虽然看似我们是一个一个家庭、一个一个个体生活在这个世界上，但斯密却觉得只有我们成千上万的人的互助与协作才能保障我们自己的基本生活，而实现我们每个人之间相互合作和互助的、保证我们生存文明的并非一个圣明的君主和严厉的政府，而是一只看不见的手——自生自发的市场机制——自由的市场经济，在此基础上，斯密提出了他的国家职能的学说。从中我们可以仔细地发现，第一，斯密的自由是个人主义的，是每个人的自由，因为每个人出于利己的动机，为了个人或家庭或亲朋好友的利益而被这只"看不见的手"所引导而无意间实现了社会利益的最大化，而如果是国家或政府也就不存在这样的"看不见的手"了，因为国家或政府所追求的利益在本质上讲就应该是全社会利益。第二，斯密的自由是否定性的自由，即任何他人、组织乃至政府不得干涉，否定外来的强制或约束或强迫，这实际上就意味着除契约（法律）规定禁止者以外一切都许可——后来的个人奉行的"法无禁止即自由"和政府奉行的"法

---

[1] 斯密：《国富论》（下），商务印书馆，1974年版，第27页

无授权即限制"。斯密的这一重要思想后来被我们归结为"经济自由主义"且与凯恩斯的"国家干预主义"相对立。

斯密在《国富论》的国家学说中指出,"一切特惠或限制的制度,一经完全废除,最明白最单纯的自由制度就会树立起来。每一个人,在他不违反正义的法律时,都应听其完全自由,让他采用自己的方法,追求自己的利益,以其劳动及资本和任何其他人或其他阶级相竞争。这样,君主们就被完全解除了监督私人产业、指导私人产业、使之最适合于社会利益的义务……按照自然自由的制度,君主只有三个应尽的义务……第一,保护社会,使其不受其他独立社会的侵犯。第二,尽可能保护社会上每个人,使不受社会上任何其他人的侵害或压迫,这就是说,要设立严正的司法机关。第三,建设并维护某些公共事业和某些公共设施"①。在这里我们看到,斯密首先清除了那种繁孳生长政府或君主专横、压迫权力的社会形态,然后同时确立了一个法治的自由社会——每个人都受到法律保障的社会得以在最有利情况下自由发展。这个开放的社会——在斯密那里即为商业社会或资本主义社会——既植根于自由,又开放出自由之花。如果我们结合斯密的《道德情操论》,可以窥见其自由的新含义:自由是有秩序的自由。这一方面是指人们由激情产生的公序良德而形成的自我(德性)约束下的自由,如克制、诚实、慷慨等,另一方面是指人们由理性演进的法律秩序而形成的戒律(正义)约束下的自由,如宪法以及刑法、民法等。所以说,自由社会就是保证了这样的激情:每个人都具备通过自由竞争获取财富以保存自己而同时又受到约束或控制的激情。这就是斯密的自由社会观——法治和道德的自由社会。

---

① 斯密:《国富论》(下),商务印书馆,1974年版,第253页

第三章

斯密思想的现代启示

一、政府与市场——我们更需要谁

"看不见的手"是亚当·斯密最著名的思想之一，对于我们中国人来讲似乎并不生疏，在我们阐述马克思的价值规律时，在我们建立市场经济的实践过程中，总是联系或牵涉到斯密的"看不见的手"，耳熟能详，倒背如流。然而，这也只是停留在口头上，记忆在头脑中，仅此而已。我们至今仍然不能全面和正确地理解斯密"看不见的手"的思想精髓，甚至在这只"看不见的手"以它自身的力量自然地惩罚我们不当的经济行为时，反而诬其是"失灵"和"缺陷"，以"看得见的手"来调整和修正这只"看不见的手"，其结果，众所周知，人祸灾难接踵而至，并埋下下一次更大人为灾难的祸根。

事实上，斯密在他正式的著作中只提到过两次这个"看不见的手"。

在《道德情操论》中是这样的：

"在任何时候，土地产品供养的人数都接近于它所能供养的居民人数。富人只是从这大量的产品中选用了最重要和最中意的东西。他们的消费量比穷人少；尽管他们的天性是自私的和贪婪的，虽然他们只图自己方便，虽然他们雇佣千百人来为自己劳动的唯一目的是满足自己无聊而又贪得无厌的欲望，但是他们还是同穷人一样分享他们所作一切改良的成果。一只

225

"看不见的手"引导他们对生活必需品作出几乎同土地在平均分配给全体居民的情况下所能作出的一样的分配,从而不知不觉地增进了社会利益,并为不断增多的人口提供生活资料。"①

在《国富论》中是这样的:

"由于每个个人都努力把他的资本尽可能用来支持国内产业,都努力管理国内产业,使其生产物的价值能达到最高程度,他就必然竭力使社会的年收入尽量增大起来。确实,他通常既不打算促进公共的利益,也不知道他自己是在什么程度上促进那种利益。由于宁愿投资支持国内产业而不支持国外产业,他只是盘算他自己的安全;由于他管理产业的方式目的在于使其生产物的价值能达到最大程度,他所盘算的也只是他自己的利益。在这场合,像在其他许多场合一样,他受到一只'看不见的手'的指导,去尽力达到一个并非他本意想要达到的目的。也并不因为是否出于本意,就对社会有害。他追求自己的利益,往往使他能比在真正出于本意的情况下更有效地促进社会的利益。"②

除上述"看不见的手"的两个直接引文,如果我们把它们各自置于斯密的相应著作之中,即使生搬硬套,也能大致理解斯密的基本思想。在《道德情操论》中斯密是在论及"效用对我们美感的作用和影响"中提出"看不见的手";在《国富论》中斯密是在论述"政府以促进国内产业发展而限制从国外输入货物"中提出"看不见的手"。作为前者,斯密是在讲,人们出于物品的效用所引发的美感和快乐,错把作为手段的效用当成目的,以为财富和地位以及所有事物的效用就是幸福,就是我们追求的目的,颠倒了目的与手段,陷入了追求财富、地位这些手段性的事物中而不能自拔。然而,在斯密看来,这种手段与目的的错位和异化确是我们人类的幸运,是我们人类自然地走向新生活的根本源泉,是我们人类不断创造财富的不竭动力。斯密认为,这是自然所采取的一个骗术,利用人们对效用的美感之心将人类骗入最大的幸福之中,由此便构成了一种机制引导人类有序地不断充满激情地勤奋劳动以创造财富得以幸福生活。这就是"看

---

① 斯密:《道德情操论》,商务印书馆,1997年版,第229-230页
② 斯密:《国富论》(下),商务印书馆,1974年版,第27页

不见的手"，它是自然之手，隐含在指引我们经济活动和社会生活的机制之中。作为后者，斯密是在讲，当政府以高关税或者绝对禁止的办法限制从外国进口国内能够生产的货物，国内生产这些限制进口货物的产业就可以确立在国内市场的独占，所以，贸易保护对于在国内具有独占权的产业是有很大的鼓励。然而，斯密质疑这样的政府政策，它是否增进社会的全部产业，是否引导全部产业走上最有利的方向，是否比自然的方向更有利于社会。正是在这样的条件下，斯密提出，我们每个人总是以自我利益而不是以社会利益为出发点来选择最有利的投资场所，基于每个人对自我利益的比较和判断自然会引导他选择最有利于社会的投资领域。这种个人意图与社会结果的差异，由个体出发却得到整体结果，由个人利益为目标却带来社会利益最大的结果，由利己或自利的盘算却实现利他和公共福利最大的结果，究其原因，是一只"看不见的手"所使然，这只神来之手自然而然地促成我们人类实现自身的全部幸福。所以，我们既不用费尽口舌去劝阻人们，也不必听信道貌岸然的人去装模作样地鼓吹为公共幸福和人民利益，我们的一切都在这只"看不见的手"的掌控之中，我们的一切都来自这只"看不见的手"的天道，天道难违也不可违。

因此，我们便可以得到以下的看法：一是基于《道德情操论》，"看不见的手"不仅能够实现创造财富的最大化和持续性，而且可以实现财富分配的均等化。尽管富人们自私和贪婪，尽管他们只图自己方便，然而"看不见的手"还是不可抗拒地迫使他们与穷人共享财富成果，在生活消费品的分配上渐进地趋于平等化。我以为，贫富差距的不断缩小和财富分配的均等化是市场经济中这只"看不见的手"作用机理的必然结果，只要我们把我们社会置于一个净化和完善的市场经济环境下，就必然会显现出这样的结果，在从一个非市场化经济体走向市场化的经济体过程中，也同样会渐进地呈现这样的结果。原因在于，财富效用给人们带来的美感和快乐使得追求财富成为人们生活的目的和动力，拥有财富成为人们生活的欲望，而如何实现这样的目的和满足这样的欲望呢？财富是能够带来效用的资源，用财富带来更多的财富似乎是"看不见的手"引导我们人类实现上述目的和满足上述欲望的唯一选择。财富的有限性和欲望的无限性促使人们特别是已经拥有财富的富人将更多的财富用来生产和创造更多的财富，因而就要节制自己的消费而扩大自己的生产并自然地增加他人的就业机会和促进他人的消费，这样在消费品的分配上就会自然地趋于均等化——富人的节制和穷人的消费。原因还在于，在人们天性的自爱自利的激情驱使下走向贪婪直至侵犯他人利益的极端自私，贫富差距日益扩大，以致突破了"看不见的手"的容忍限度，这只"看不见的手"就会如同机器一般发动起来施以威力，以它特有的方式矫正和调整人类的行为方式，这种特有的方式通常是惩罚性的，在这样的惩罚和打击下人们得以改邪归正，得以谨慎、稳健和克制。可悲的是，人们自以为的理性总是胜于天道，不仅不断地犯下新错，甚至错后还想免遭惩罚，然而，天网恢恢，疏而不漏，有错必罚；试图免罚，只是错上加错，重罚必至；一时的规避和逃脱，将招致更强烈更持久的惩罚和打击。人间有道，循道者昌，逆道者衰。我们人类的历史就是这样告诉我们的。当我们没有看到这样的"看不见的手"的结果时，或者是由于正在结果的形成之中，或者是由于有一只我们不愿意看到的"看得见的手"在作祟、在阻止、在扰乱，可喜的是，"看不见的手"必定战胜这只不该出现的"看得见的手"。

二是基于《国富论》，"看不见的手"可以自然地促成一国各产业的均衡发展，可以在自我利益的实现中自然地促成社会利益的更大增进，这既不需要政府的发号施令和刻意调控，也不需要政治家们和立法者们的好言规劝，一切都在这只"看不见的手"的机制作用下得到一个比政府、政治家和立法者们所臆想的更好结果。所以，在斯密那里，市场经济虽然不是无政府的，但却是反政府的"看得见的手"。正是由于人们自利的天性，总会使得每一个人自然地努力运用其资本生产出需求最大、价值最高的产品，他所用资本的任何选择和判断都与他的自身利益紧密联系，因而是最精打细算和最高效理智的，随之在"看不见的手"的引导下产生了我们行为的无意识后果即社会利益的增进，显然这要胜于政府的有意识判断，强于政治家们对私人资本运用的任何引导。既然"看不见的手"可以通过我们个人行为的无意识而最有效地实现人类有意识的目标，政府又何必自作多情，自寻烦恼呢！所以，斯密明确表示，以高关税和贸易管制来限制从国外输入货物以保护本国某些产业的独占地位，就是在某种程度上指导私人应如何使用他们的资本，而这种管制和指导几乎毫无例外地必定是无用的或有害的。每一个精明的个人都知道，如果一件物品在购买时所费的代价比自己生产所费要小，就不会自己生产，正如裁缝不想制作自己的鞋子，而向鞋匠购买，鞋匠也不想制作自己的衣服，而雇裁缝制作。所有资源在所有产业中自由流动和高效使用，即使个人得利，同时社会利益增进，这在一私人行为中的精明的事情，在一个国家行为中也应当如此。只要我们可以自由地投资、自由地交换和自由地定价，"看不见的手"就必然引领我们走向繁荣和强盛。正因如此，我们就需要法制社会和公序良德，至此"看不见的手"引导我们必然产生的结果：个人的自利行为能够带来一个运行良好且有益于所有人的社会秩序。可见，斯密既反对政府干预，又反对产业独占。如果是政府拥有的产业独占，不知斯密作何感想，公共机构成为了利益主体，权力者成为了权利者，守夜人成为了间接营业人，斯密把政府的管制和指导都认为是有害的，此时大概就不仅是有害了，而是灾难了。

现在，我们通过对斯密"看不见的手"在他两部著作中的出处得到如下结论，一是市场经济是目前为止最具活力和创造力的一种经济制度，它不仅创造财富使财富不断地涌现，而且更重要的是可以实现财富分配的均等和社会的平等；二是市场经济的优越性只有在自由、竞争、平等和法制社会及公序良德的环境下得以充分发挥和实现，所以，排斥政府的干预和指导，反对政府涉入有利益的经济活动是斯密引导我们得出的具有极大现实意义的观念。

如果我们将"看不见的手"原理置于斯密全部的思想体系中，还可以进一步得到一些新的理解。

我们人类社会是一个自我永续的完整体系。无论是斯密的"看不见的手"，还是在《道德情操论》中我们内心的那个至高无上的神圣法官，都明显地表现出斯密的自然神的观念或者说是一种自然主义的倾向，似乎我们这一社会体系的存在和发展是因循于一个神圣的天道，一个我们无法抗拒的自然存在。在道德伦理社会，我们人性的心理机制和旁观者的社会机制总是在无形地天然促成我们情感的合宜和美德的发扬,由此形成了我们人类社会的伦理秩序和有德品行;在经济社会,我们生来就有的自利本性,由一只"看不见的手"的引导实现了我们人类的共同幸福,这种人类行为的无意识后果由何而来,也同样是一个神奇和神圣的天道圣主。所以,我们人类社会总是有一种隐约可以感受到的自然力量,无时不在、无处不在地引导着我们,对我们人类的行为不停地校正和调整,或者以某种形式惩罚,或者以某种形式激励,甚至用"骗术"将你纳入天道,由此构成了我们社会的一种自然的、自我永续的完整体系。这大概就是我们所说的人类社会内在的本质的必然的客观发展规律,我们既不能创造,也不能消灭,唯有顺应和尊重。我们可以因势利导,可以借助自然之手,可以感应自然之意旨,推动自身实现自然与人类的不谋而合的伟大目标。一个有智慧的国家和民族,总是能够深刻地理解和谨慎地把握自然的精神和技艺,既不会恣意妄为,也不会畏缩不前,而是适时适量适宜。正如斯密所表明的,我们人类似乎天性上会以自我为中心,会嫉妒别人、爱慕虚荣、怨恨他人,当我们的这些情感倾向过于泛滥时便会产生破坏性的后果,当我们毫无这些情感倾向时便会产生被抛弃的后果,所以,适量的情感倾向还是有重要意义的,比如,自利行为促使我们讨价还价并达到惠及他人的交易,对富人的嫉妒可以鼓励我们付出更多的努力并促进社会各业的发展,虚荣的爱慕可以使得我们为了得到他人的尊敬而做出善举,对他人的怨恨可以使我们同他人一样地感同身受地感到难过而避免伤害他人。

因此,在"看不见的手"的市场经济中,就应该敬畏市场,尊重市场,也就是说让"看不见的手"充分而完美地发挥作用。为此,就要为这只"看不见的手"创造必要的社会环境和条件,这就是政府的职责。充分的竞争、自由的供求、开放的价格、公正的秩序是市场经济完善和高效的必要充分条件,只有在这样的市场下才可使"看不见的手"得以顺利和灵活地发生作用,我们也才能对它的作用得到敏锐和清晰的感应和认知,使得人类主观意识与"看不见的手"的客观作用得到完美的契合,以避免我们人类经济行为的一错再错,以避免我们人类经济社会的大灾难。可以这样去讲,就目前而言,我们在经济活动中的重大挫折和失败,或者是源于市场经济的不完善和不全面,这属于政府的失职;或者是源于政府对市场经济的干涉和越位,这属于政府的越权。我们应该相信,"看不见的手"总是力图使我们人类能够最大限度地自由创造和创新财富,通过它的自然力量使我们人类在所有的活动和行为中犯错的频率降低,振幅趋缓。从过去到今天,我们已经不再发生更大的实体经济危机,以后我们可能不再发生更大的虚拟经济危机,如果我们再清醒一下就可能不再发生更大的国家财政危机,当然,我们还是可能在一些我们现在还未知的创新领域发生我们不清楚的危机。这就是"看不见的手"对我们人类的引导,也是对我们人类的启蒙和警示,由此我们才会自然而稳健地永不停息地前行。

我们的人类社会是一个以尊重个人为优先的秩序社会。在斯密看来,一个社会作为一个完整的体系若要自动和顺畅地运行就必须遵循一些规则,这包括阻止伤害他人侵犯他人财产的正义规则,促进我们克制自身不当欲望的道德规则,增进我们财富和利益的财产及契约规则,所有这些规则无一不是在我们个人与他人的社会化过程中形成和建立的,有些成为正式化的规则如法律、制度,有些则是非正式化的如道德、习俗,将这些所有的个人行为的规则集合一起便创建出一个有益的社会秩序。出自个人自然本能并且社会化地符合个人自然本能即趋向人性的规则会成为我们更加可靠的行动指南,反之,一个和谐的社会是可以不需要政府或某个中央机构的发号施令来产生的。这里要强调的是,一是我们所有的规则来自个人行为的社会化过程,正如斯密公正的旁观者的原理,正是有这样的个人行为的合宜性的判断机体,我们才形成了社会性的公序良德;二是我们所有的规则必然倾向于人性和以对个人为尊重对象,即使赋有特权的规则制定者也应同样如此,一个没有建立在尊重个人基点上的规则绝不可能形成集体的力量和社会的和谐,"看不见的手"原则就是一个从个人利益出发无意识地形成了社会利益的最大化。正像我们通过简单地遵循由个体交流所形成的一些语法规则而无意识地创造了一个高效的沟通体系,我们每一个人似乎很自然地遵循着这些语法规则,而无需他人的指手画脚;我们通过简单地遵守由个人情感与公正旁观者的感同身受所形成的一些道德准则而无意识地构造了一个共识的公序良德,我们似乎很自然地遵循这些道德准则,而无需他人的道德说教;我们通过基本地遵循在商业社会中以个人利益出发所形成的市场规则而无意识地实现了社会化生产和交换以及社会利益的不断增进,我们很自然地知道生产什么和如何生产,也很自然地遵守市场规则,而无需他人的命令指挥。所以建立在尊重个人优先和注重个人利益的前提下的市场经济,才有可能实现社会利益的均衡分享和不断增进。自然使我们的每一方力量达到均衡,在人类社会的全部体系中相互制衡,协调并进,在社会的和谐运行中实现每一个人自我选择的幸福,我们很难解释为什么会是如此巧妙和艺术,但我们知道任何一个外在的未经许可的强制力和特权力,总是会阻滞和扰乱我们正常和渐进地走向文明。

无需政府部门的引导和命令,所有国家的成千上万的人,仅凭个人自利动机的驱使就可以自动地进行协作,看起来是不可思议的,但确实如此。斯密的解释是,自由自愿的交换只在交换双方都期望从交换中得到利益的情况下才会发生。交换的每一方都用他们不那么想要的东西换取他们更想要的东西,比如用自己的劳动换得金钱,用金钱换得商品和他人的劳务,当数以万计的个人都以这样的方式与他人进行交易时,这种利益就在整个社会广泛而又迅速地扩展和传播开来。斯密还解释到,作为人的本性似乎都想去满足自己的欲望,然而个人想要满足的欲望又往往容易与他人的欲望之间发生冲突,冲突往往导致的结果是自己的欲望和他人的欲望都得不到满足,渐渐地,我们自己学会了克制自己,容忍他人,使自己的情感和行为与他人和社会的要求相合宜,学会了共存共赢,由此避免产生破坏性的劣德和暴行,如此一来,在人类自然的同情心的帮助下,我们形成了以不伤害他人为前提的自由追求自身利益的正义规则。不仅如此,我们还学会了以个人利益出发通过惠及他人而实现自利的方式在经济领域以及其他社会交往领域进行协作,自然形成了我们利益共享、情感共有的合宜社会。可见,建立在以个人自由选择为基础和以个人利益为动机的社会中,总是可以达到并非源自我们有意选择的社会结果——"看不见的手"引导的必然结果。自由的自然总是期待它的创造物——人类也拥有与其相适应的自由,从自由出发我们就可以得到正义和平等。正是因为我们拥有自由和个人权利,我们才可能自愿地交换,而不能强买强卖;我们才可能平等地交换，而不能仗势欺人；我们才可能诚信地交换，而不能欺诈蒙骗；我们才可能公平地交换，而不能巧取豪夺；当人们的行为违背了自由的人权，自然必然举起正义之剑引导人类惩罚罪恶，久而久之，我们人类就拥有了正义的准则，就拥有了有益于所有个人的社会秩序。维护社会正义就是要捍卫自由的人权，这就是国家的使命和职责。完善市场规则就是要实现和保护个人的利益，这就是政府的责任和权力。政府既不能跨入消费者的家庭，也不能进入生产者的会议室。敬畏和信任市场，尊重和相信个人，是一个明智政府的当然选择，既不如此必遭自然之惩罚。当我们自命清高地灌输一种思想、强行一种道德、强立一种主义、强制统驭市场，只能是得逞于一时而受难到永远。

在斯密那里，对自由市场机制的功能所给予的评价是极高的。市场经济可以最优化地配置资源，市场经济可以最充分地调动每一个人的积极性，市场经济可以在每个人基于对个人利益的关心下的相互之间的公平竞争中实现社会利益的最大化和均衡化，市场经济可以促使我们将个人利益的追求激情和行为导向与社会合宜的道德情感以及承担相应社会责任的行为方式。诸如此类的评价举不胜举，不再一一道来。与此相应，对于市场经济中政府的职能和作用，斯密则是很有限度和客观的评价，作为"守夜人"的政府要维护司法和法治以保护个人权利，建立国防以保持国家安全，提供公共产品以完善的社会环境和条件实现个人的全面幸福，促进教育科技以使每一个人得到全面发展。我们有必要引入斯密《国富论》的一些经典名言。

在论述资本积累和反对浪费的问题时，斯密指出：

"英格兰从来没有过很节俭的政府，所以，居民亦没有节俭的特性。由此可见，那些王公大臣不自反省，而颁布节俭法令，甚至禁止外国奢侈品输入，倡言要监督私人经济，节制铺张浪费，实是最放肆、最专横的行为。他们不知道，他们自己始终无例外的是社会上最浪费的阶级。他们好好注意自己的费用就行了，人民的费用，可以任凭人民自己去管。如果他们的浪费，不会使国家灭亡，人民的浪费，哪里谈得上呢。"[1]

---

[1] 斯密：《国富论》（上），商务印书馆，1972年版，第319-320页

在论述限制从国外输入货物的问题时，斯密指出：

"如果政治家企图指导私人应如何运用他们的资本，那不仅是自寻烦恼地去注意最不需注意的问题，而且是攫取一种不能放心地委托给任何人、也不能放心地委之于任何委员会或参议院的权力，把这种权力交给一个大言不惭地、荒唐地自认为有资格行使的人，是再危险也没有了。"①

在论赋税的问题中，斯密指出：

"一个政府，向其他政府学习技术，其最快学会的，无过于向人民腰包刮取金钱的技术。

……

资本的所有者可以说是一个世界公民，他不一定要依附于哪一个特定国家。一国如果为了要课以重税，而多方调查其财产，他就要舍此他适了。他并且会把资本移往任何其他国家，只要那里比较能随意经营事业，或者比较能安逸地享有财富。"②

在论重农主义的问题中，斯密指出：

"一切特惠或限制的制度，一经完全废除，最明白最单纯的自然自由制度就会树立起来。每一个人，在他不违反正义的法律时，都应听其完全自由，让他采用自己的方法，追求自己的利益，以其劳动及资本和任何其他人或其他阶级相竞争。这样，君主们就被完全解除了监督私人产业、指导私人产业、使之最适合于社会利益的义务。要履行这种义务，君主们极易陷于错误；要行之得当，恐怕不是人间智慧或知识所能做到的。"③

由此可见，斯密思想的真正主旨在于：确立正义的宪政以限制政府的权力和解放个人的权利，并依此保证有益于我们全人类的这个自然的自由体系的顺利运行，遵循人性的感同身受的社会化演进和与此并存的道德扬弃所形成的道德规范以保障我们全人类社会生活的和谐发展。

至此，我们更需要政府还是市场呢？不用说，你已经明白了吧！

---

① 斯密：《国富论》（下），商务印书馆，1974年版，第27-28页
② 斯密：《国富论》（下），商务印书馆，1974年版，第408页
③ 斯密：《国富论》（下），商务印书馆，1974年版，第253页

二、经济上的利己与道德上的利他

斯密的《道德情操论》是一本关于道德伦理学的专著,而他的最著名的《国富论》是一本关于经济学的专著。由于在前者中斯密从人的同情本性出发并推导指出,在公正的旁观者的社会作用下,我们的自身利益总是与他人的赞同或否定的感情相关,因此在与社会相合宜的前提下产生了仁慈、正义和谨慎的美德,每个人的感同身受的同情之感在其中起着关键作用,由此人们一般地都认为《道德情操论》是把人的行为动机归结为同情,是利他主义的道德论;而在后者中斯密强调的是在个人利益的驱动和追求下由一只"看不见的手"的天然机制将每个人追求的个人利益导向社会利益的不断增进,或者说自我利益的驱动产生了社会利益增进的好结果,利己或自私成为人们之间经济关系和财富增进以及社会构架的关键,由此人们都认为《国富论》是把人的行为动机归结为自私,是利己主义或个人主义的经济论。所以,在19世纪中叶的德国历史学派的经济学家们就根据这两本书的分歧和矛盾提出了"亚当·斯密问题",从此之后,几乎所有人都把斯密看作是道德上的利他主义者,经济上的利己主义者。

其实,对斯密这个看法的批评之声也从来没有间断过,如在蒋自强等编译的中译本《道德情操论》的译者序言中就有论述。他们从《道德情操论》与《国富论》的交替创作、修订的关系中肯定斯密思想整体在本质上的一致性,从这两部书都是从人的利己本性出发来阐述斯密的道德伦理和经济思想来否定这两部书存在矛盾,从两部书对"看不见的手"的统一论述中确认这两部书的有机联系。总之,对肯定这两部书在本质上的一致性和体系上的完整性,批评所谓"斯密问题"的误解,其声势从上个世纪中后期到今天是与日俱增,成为我们建立市场经济体制和道德伦理秩序相融合的完美社会制度的强大呼声。

我们很难想象斯密在写作《国富论》时脑子里竟然会没有想到《道德情操论》,我们也很难想象斯密的《国富论》竟然会不涉及《道德情操论》的道德伦理。显然,《道德情操论》早于《国富论》,而且完成《国富论》之后又数次修改《道德情操论》,虽然两部著作的主题不同,但绝不可能提出完全不一致的思想。同时,《道德情操论》提出的自我利益、自然自由和"看不见的手"等观点恰恰在《国富论》中得到了充分的运用和诠释,斯密一定是以他的《道德情操论》作为《国富论》的道德基础,即从人们的天然情感出发去阐释其经济活动和经济行为,并以合宜的道德准则判断和认识它们的后果,进而得出一个在经济和道德上融合和俱进的社会形态。

关于自我利益。一些人认为斯密在《道德情操论》中自我利益更接近于自爱自我同情,从而同仁慈美德相联系,而在《国富论》中自我利益应该等同于自私,甚至具有贪婪的含义;还有一些人认为无论是《道德情操论》还是《国富论》都是从人的利己本性出发解释人类的道德伦理秩序和经济社会秩序的形成和结果,似乎每个人的每个行为都是源于自我利益的动机;还有的人简单解释自我利益就是不管他人只管自己的人,在经济生活中根本不考虑他人的利益。我以为上述看法均有不当之处,正确理解斯密的自我利益的应该是:第一,自我利益就是一种个人自身状况的改善和福利增加的愿望。人们对声誉和地位的欲望,对财富和物质享受的追求,都是自我利益的表现,这是自然的、天生的和正当的。自我利益本身既不是美德,也不是劣德,但在自我利益的激情和行为中会引导出美德的或者劣德的自我利益的评价。第二,自利并不等于自私,抑或等同贪婪,当然也不能看作是利他。反而,我们可以从自利中发现克制、节俭的谨慎美德,也可以看到利己动机的利他结果。自利的无限膨胀可能产生侵犯他人的自私和贪婪,导致不义的劣德,对此我们大可不必过度地担忧,一个自然、自由的正义社会总是给予极度地抑制和惩罚。第三,自我利益并不是斯密诠释人性的核心,更不是人们道德伦理秩序形成的源泉,绝不可以把斯密《道德情操论》出发点的同情本性偷换为利己本性。同情的感同身受产生了判断我们激情和行为是否合宜的公正旁观者,因而,同情他人的利他德行就成为我们仁慈的美德,得到至善至美的赞扬,而同情自己的利己德行就成为我们正当的道德,得到一般和普遍的肯定,而且斯密更强调的是同情的心理和社会机制所引生出的仁慈、谨慎和正义的美德。即使我们退一万步,也要不得不承认出于利他的社会激情和出于利己的私人激情在斯密那里是地位相同的,我们是不能作出《道德情操论》的出发点是源于人的利己之心,更不能作出我们人类一切行为的动机就是自我利益的判断。至于讲到《国富论》,就人们的经济活动和经济行为而言,普遍地倾向于自我利益的追求,自利成为我们经济行为的普遍动机,这种自利的德行在《道德情操论》中已经予以了肯定,因而两部著作之间并不矛盾。实际上我们消除误解的关键点是,在经济上,我们自利的个人行为会自然地产生利他的社会结果,利己必先利他的自然法则成为了我们行为的准则并引发出利他的道德倾向,最终发展和进步为一个完美的人类社会,由此《国富论》与《道德情操论》达到了高度的一致性。第四,自我利益的欲望激情和追求行为的合宜性要取决于公正旁观者的赞同或反对的感情,因而自我利益既受到赞同欲望的驱动,也受到它的限制。为了成为社会和他人的赞同对象,我们想方设法得到与此相匹配的财富、地位和荣誉,然而,人们更赞同是那些个人行为中的利他性,完全赞美的是仁慈、谨慎和正义的美德,厌恶那些极端自私和贪婪的自我利益,所以,人们自我利益的激情和行为的合宜性总是在个人与社会之间的一个中点上。同理,作为《国富论》中自利的理性经济人,也同样是一个与他人有着经济联系的社会人,因而,与成为和赢得赞同对象的欲望相联系,只有在经济上的相互合作和利益共享才有可能实现自我利益,否则就会成为他人谴责和厌恶的对象,即使满足了自私的欲望,但却失去了成人的资格,遭到世人的唾弃和正义的惩罚。所以,自利激情所产生的经济行为中不可避免地存在着社会激情和社会利益的作用,在一个自由、平等和正义的社会,个人利益的激情与社会利益的激情总是可以对我们的经济行为起到平衡的作用,使得利己与利他、个人与社会利益的共同实现。说到底,自我利益就是一种相似于自我保护自我改善的自然情感,是一种使自己更好更强的自然自由。人们对自我利益的欲望和追求不能理解为一定是自私的和非社会的,也不能说一定是贪婪的和邪恶的,也不能一概地排斥其中的社会激情和社会利益。

关于"看不见的手"。毋庸置疑,在斯密《国富论》中的"看不见的手"被解释为在自我利益的动机下驱使的个人经济行为往往会带来个人无意识的社会利益不断增进的结果,这种从个体到整体、从个人到社会的结果是由于一只"看不见的手"的自然作用。正是由于"看不见的手"实现了个人利益产生出社会利益的结果、利己产生了利他的结果,人们便把这只"看不见的手"道德化和人格化,认为"看不见的手"就是公正的旁观者。在这里我只想强调,"看不见的手"显然不是一个带有公正意识和感情色彩的人,也不具备对人类经济行为的理性判断力,是无道德的和非人格的。"看不见的手"只是市场经济中人们交换行为中自然形成的保证经济有序运行的一个机制,人们在这个客观机制的引导下通过公平和自由的竞争实现了交换双方的利益均衡,创造出最优化的低价格与高产出的经济增长。斯密之所以称其为自然法则,就在于它本身的无意识、无道德、无人性,但又是我们人类意志无法转移的必然机体,虽然我们看不见,摸不着,但只要存在人们之间的公平交换、自由竞争和开放的关乎当事人利益的价格,不论当事人是美德的还是劣德的,"看不见的手"就会以它自有的方式自然地发生作用。令人惊异的是,"看不见的手"作用的结果总是对劣德的惩罚和对美德的激励,因而斯密赞赏这是一只上帝之手,一只神圣之手。如果允许我偏激一些的话,我认为,我们今天所有优良的法律制度、道德准则和社会秩序都发源于这样的一只"看不见的手"和这样的另一只"看不见的手"即经济上的市场机制和道德上的社会机制,为此,在人类社会中我们就要意识到对"看不见的手"的敬畏和尊重。

关于经济行为的利己与利他。由于利己并不等同于自私和贪婪,由于同情他人的社会激情和社会利益与同情自己保护自己的私人激情和个人利益是同时并存的人之本性,那么我们就不能肯定所有的经济行为都是利己主义而毫无利他主义的元素。经济学家总是喜欢从理性经济人和功利主义的角度排斥经济人的道德性,伦理学家们总是以道德伦理和心灵品质的偏好厌恶经济人的物质性和利益性,所以,在经济学中是没有道德的,在伦理学中是没有利益的。实际上,斯密的《道德情操论》与《国富论》却在两者之间游刃有余,更强调的是经济的道德伦理性,不仅每个人是一个经济人,同时又是一个社会人;不仅有个人利益,同时兼顾社会利益;不仅有自爱激情,同时还有爱他之心和公共精神。从自我利益出发的《国富论》,其落脚点是社会利益,自我利益只是一个引子,最大的收获是与《道德情操论》一致的全人类的利益同担共享。我之所以这样理解,原因有三:一是《国富论》的财富既不是讲个人财富,也不是讲国家财富,而是讲国民财富,这个财富是一国民众甚至全体人类都可以共享的利益;不仅如此,斯密侧重于理解财富的生产性,也就是说以财富生产出更多的财富才是真正意义上的财富,这样才有了克己致富的资本属性,所以,斯密强调资本财富的积累和投入,强调生产性劳动的配置和分工。其核心就在于如何通过财富资本的不断积累生产出更多的财富,并且公平地分配到国民之中,使全体国民的福利不断增进。其中的经济伦理观显而易见,个人利益的社会利益结果,利己节制的利他结果。利他虽然不是一种美德,但还是一种倾向于仁慈美德的有益于社会的感情;谨慎和节制当然是一种美德,增进社会利益和国民福利也应该属于公共精神的范围,尽管它们在这里不是自愿的和无利益的。二是在我们追求个人利益的经济行为过程中,必然产生经济行为的社会化,发生生产者与生产者、生产者与消费者等各种相互之间的联系,因而相互之间的合作、协调和联合就成为我们的一种本性,同时,我们具有寻求并需要得到他人赞同的天然情感,这样在经济活动中的经济人就不单纯是一个自我利益驱动的和功利主义取向的,我们的所有经济行为就应该具有社会可以认同和接受的合宜性,相互之间合作的社会激情和有利他人的同情之感便成为确定我们经济行为的重要因素。实际上,感同身受的同情情感的社会化机制对人们的经济行为产生了一定的道德化影响,随着市场经济的发展在相当程度上显示出与经济利益日益紧密的相互促进作用。所以,斯密认为节俭、合作和公正不仅有利于促进我们长期的、明智的自我利益,而且它们还成为我们经济人本性的一部分。一个理性的人就是谨慎的、合作的、公平的,这不仅是因为我们社会激情的本性,而且还因为如此符合我们的自我利益。所以,一个具备了人们行为基本准则的法制社会可以实现社会的正常运行,而一个具备了美德的法制社会则可以实现社会的高效运行。三是即使出于私利的经济行为,在"看不见的手"的机制作用下,也巧妙地实现了社会利益最大化的有德结果，而这是与斯密《道德情操论》所期望的社会道德前景完全一致的，所以，斯密在《国富论》中极少谈论同情、仁慈和公正。"看不见的手"作为市场经济的机制可以自然和最终地把我们的个人利益引导出社会利益，把我们的自利引导为利他，这是斯密发现也是斯密最希望看到的结果。显然，斯密提出的自利不是一种美德，但也不是反道德或劣德的，利益成为"看不见的手"这一机制的中枢神经，在"看不见的手"的作用下，每一个经济人要想实现持续的、稳定的、优化的自我利益，就必须在交换中诚信，在经营中合作，在竞争中公正，在消费中节制，在自利中利他，而这些不恰恰是《道德情操论》的主旨吗！虽然斯密《国富论》的主题是经济社会，与《道德情操论》的主题相去甚远，然而这只是表面的，斯密在《国富论》中始终没有放弃他的理想道德，甚至以他的道德伦理观内在地、隐含地评价我们的经济行为和经济社会，最终在哲理上推导出我们人类文明社会的必然形成。

综上所述，斯密在人类历史上第一次说明了自由带来富裕、管制导致贫穷的逻辑。在个人的自利行为上，对社会作出的贡献最大，这一行为最终将使整个社会繁荣发展和实现民富国强。在个人的自利行为和社会富裕之间存在着一只看不见的手，自然而又神奇地把自利行为转化为社会富裕，并且达到人类幸福的终极目标。斯密《道德情操论》的道德利他心与《国富论》的理性利己心是一种相互补充的关系，其共同目的都是为了探索自利的人如何能够和实现在经济的发展中道德伦理上的和平共存。

利己是人之天性，利他也是人之天性，这两个看似矛盾的天性，实际上是和谐统一的。首先，利己是指自利，而不是自私。当一个人的行为侵犯了另一个与他同样拥有的权利时便产生了自私。当每个人为了自利而选择自己的行为方式时也就是利他行为的发生，每个人自利行为的目的实现也就产生了利他的社会结果，因为"自己"总是相对于"他人"而言的，没有"他"也就没有"己"，不能利他也就不能利己，只不过我们是从利己出发而不由自主地达到了利他的结果。其次，自利让人们对自己充满兴趣，对周围的环境也充满激情。当人们为了自己而选择自己的行为方式并由此实现了自利的目的时，进而也就引发了对他人的感激和同情，对他人的尊敬和友爱。因为每个人的自利不能离开他人的自利，正如一个买者和一个卖者的关系一样，二者都获得了自己的利益，也就产生了相互尊敬和感激的心情。人们在社会活动中清楚应该如何调节自己的行为才能保持与他人的和谐关系，非此方可增进自我利益。正当的人与人之间行为方式的发生无一不是促进着每个人的幸福的增进，并且可以最终实现幸福最大化的均衡。当然，实现这一点还需要必要的社会条件。再次，无论是利己还是利他的天性，可以因权力而膨胀，变成极端利己主义或者强制的道德主义。但是人的自由权力和对这一权力的保护会使人对利己的天性有所克制，对利他的天性也有所克制。因而，自由和平等是利己和利他合理性的必要社会条件。个人的自由选择权被解放得越多，权力对个人权利的束缚结束得越快，人们的福利和社会的财富也就增加得越快。市场经济的法治环境就是对个人自由和自利的最大保障，对个人自由选择权的最大保护和释放。当我们有了这些前提条件，自由和自利不仅不会导致混乱，而且会带来秩序与和谐。这就是斯密所言的在"看不见的手"引导下产生的符合人性的自然秩序。最后，每个人都在追求幸福的自利目的和动力下自由地选择、生产、交易和消费，形成了一个自发的经济体，在这个经济体内的每个人发挥着自己的作用，为了自利而努力工作和平等竞争，充满着活力和生机，通过给他人提供更好的服务来赢得自利，最后必然达到全社会每个人的自利。因而，利己是有利于社会发展和进步的，是可以充分发挥个人潜力的，进而创造出更多的社会财富以实现人人共享的自然社会。同样，富有同情的利他也让人产生道德和正义感，进而可以阻止伤害他人，充分理解自己和他人的感情和行为，产生自我控制的美德，有利于个人权利和财产的保护，利己实现利他，利他促进利己，二者互动，社会不断进步。正如斯密所说，与狂热分子和空想家们傲慢的理智相比，自由和天性是创建一个和谐共处、运行良好的社会更为可靠的向导。

　　自由导致混乱，自利导致冲突，人类社会果真如此吗？斯密源于他对人类社会实际运作机制的颠覆传统的理解而认识到，自由和自利并不一定产生上述结果，恰恰相反，自由带来了秩序，自利带来了和谐。有一只"看不见的手"引导人们必然在努力探索与他人共存、共事的过程中自然形成社会秩序和人类和谐。我们且不说自由和自利可以带来资源的优化配置和有效利用进而达到社会繁荣,单就人类本身而言,一个没有自由和自利的社会一定是一个丧失人性的社会,即使拥有再多的财富,也必定是短命的,是没有幸福可言的。斯密为我们指明了一条符合人性的"自然秩序"的前行道路——繁荣社会的秩序与和谐可以在人类天性的沃土上自然地生长。然而,为了更好地生长和更有效地运转,它需要没有强制和特权,可以自由贸易、开放竞争的市场经济,可以民主、民享的政治制度。正因如此,自由和开放的繁荣社会的"自然秩序"就需要相应的规则,诸如立法司法和伦理道德,这使"自然秩序"得以保障和持续,但这只是一般性的、非人格化的,绝不是重商主义那样的具体和带有针对性的干预措施,更不是专制和集权的。

过去和今天的人们总是认为自利或利己会带来坏的社会结果,现实和经验似乎也在证明着这一点。而斯密告诉我们,现实中所出现的坏结果,一定是社会的封闭和垄断、强权和专制的作祟。如果存在真正的开放和竞争且没有特权和强制,自利一定是经济发展的动力,利己也一定可以实现利他的和谐社会。在《国富论》中,斯密强烈地批判试图阻碍自由竞争的商人与为之提供帮助的政府,愤怒地抨击侵占他人利益而导致贫困群体的自私厂商和强权者,严肃地斥责以国家利益之名而巧取豪夺的君主和官宦。事实上,在那个时代,斯密心绪在社会现实的冲击中变得沉重和紧张,他痛苦地面对着一个自私自利的利己主义社会,而不是他的 self interested 的利己主义即合理的、适度的,是一种自然情感的利己主义,尽管斯密坚持他的好的利己主义一定会实现利他的好的社会结果。我以为,解决斯密心疾的良药就是要有一个正义的社会制度——保证所有人享有同等的自由,自由地选择自己的幸福方式。

三、建立我们可行的社会

如果我们把亚当·斯密称为经济自由主义和市场经济制度的奠基人,把他的《国富论》看作是在《道德情操论》和《关于法律、警察、岁入及军备的演讲》基础上关于在正义的法制下人们经济行为与自由公正互利关系的鸿篇巨作,尽管可能还不那么全面,但至少可以说是准确的。

在我们寻找一个可行的社会体制时,首先是要清楚我们人类是如何形成现在的这样一套社会体系,因此,有必要借助于斯密的历史哲学的思路来探寻和发现可能是我们无法逾越的社会体制。在斯密看来,人类社会的最初级、最粗野的社会形态是野蛮社会或狩猎社会,在这样的社会中既无国家也无君主。随后,人类社会进入到畜牧社会或游牧社会,他们自然要比野蛮社会进步,虽然没有国家但有了自己的部落酋长或君主。再进一步就是农业社会,虽然有了国家和君主,然而是封闭的、自给自足的、没有商业活动和制造业的家庭生产方式。最后就是商业社会,所有文明的特质就体现在这个最后的社会形态中。显然,斯密在这里并不是以帝王、君主、贵族和民主的政治制度来区别野蛮与文明的社会,而是以经济或生产的组织形式来划分的。我们人类在历史上曾生活在一个没有国家或君主而有社会的环境下,这就意味着随着文明社会的进程,人类建立了国家制度,以此为人类的社会服务。另一方面,这告诉我们社会形态的演变在于我们人类生产和生活的物质条件,在于我们经济组织的变化,这一切变化不是来自我们人为的设计,而是来自自然的过程。正是由于这样的变化便引起相应的社会形态的变化,而社会形态的变化实质上就是一种社会优劣层次的变更。所以,我们可以认定商业社会即市场经济社会形态是现时代的文明社会。至于讲到国家或社会制度,它则是不同人群在社会化经济活动中经常的矛盾和冲突所引起的一种人为选择,以确立统治的权力与责任的分配。社会形态的发展是与自然秩序基本吻合的,或者说是内在地必然地按照自然秩序的进程发展变化;而国家或社会制度则因为他的人为性而可能与自然秩序相背离,成为阻碍和干扰随着自然秩序而变化的社会形态的发展进程。显然,最能符合自然秩序所要求的社会形态就是最文明的社会,所以,商业或市场经济社会就是最高的社会形态,而所有的社会制度的选择和建立都必须从属于这样的社会形态。

一个社会就是一个自然的工具,当自然运用这个社会的工具可以实现其目的时,作为工具的社会所能达到的目的也就是符合自然所要实现的目的，这个社会就是一个最佳的社会或者是文明的社会。商业社会或市场经济社会就是这样的一个社会，因为到目前为止，这个社会是最能够提供人们生存的手段，最能够创造财富并且可以助于建立保卫人权和主权的防卫武力。

既然如此，商业的或市场经济的社会具有什么样的基本形式呢？自由和平等是自然秩序的第一个标志，而市场经济社会满足了这一个最重要和首要的要求。这里包含着每个人都可以运用生来具有的自由权利去寻找自我生活的手段而得到平等，这就要求每个人用合法手段取得的对事物的所有权获得确认，也就是说个人所有产权的神圣不可侵犯，如果没有这样的保证，所有权的不安全，自然的平等便是一句空话。同样，在合法的范围内，如果我们人人得以全面行使的自我生存的能力受到任何阻碍，即不能自由地行使自己的能力，人的平等也就不再存在。当我们完全可以消除妨碍我们个人发挥自我生存和保护能力的障碍就是自由的一面，其中最重要的是订立契约的自由，其之所以重要在于自由订约创制了正义，因而，社会正义的第一要素就是自由。显然，人能够全面发挥自我生存和保护的能力而没有任何限制与个人所有权不可侵犯即个人财富不被剥夺是构成自由的两大基本要素，任何统治者都不可公然无惧地侵犯和剥夺个人的财产，由此财产保护权的制度就与自由国家体制联系起来，要得到所有权的全面确认和自我生存权利的全面发挥，人们需要的就是一个自由国家体制的制度。而斯密认为商业社会或市场经济社会必备这样的条件，与此相适应的国家制度，斯密则偏好宪政与分权下的共和体制。

进一步看，自然秩序的自由标志的更广阔意义在于，个体不受高不可及的美德的约束，只是由自然的激情约束自己。每一个人都有不断改善自身境况和增加财富的激情，所以，应从慷慨好施与节制克己的美德约束中解放出来，在法律的保障下最有利的自由实现自己的激情，斯密认为，商业或市场经济的社会就是适应了这一点并且是建立在这样基础上的。可见，商业社会或市场经济社会既植根于自由又开出自由之花，自由化总是与商业社会或市场经济社会并驾齐驱。在这样自由的商业或市场经济社会中，首先是它消除了那些权贵和统治者专横的权力；其次是它又最不容易让严苛的特权滋生繁衍，因为人人自己管治自己时最容易推开束缚他们的陈规陋习甚至美德习惯；再次是自由与改善自身状况的激情结合，使得不断增添自我生存和保护的手段成为渴求改善自身状况的无休止的动力，使得从有效地制约所有其他人中去满足防止暴力冲突的需求，显然，前者有赖于每个人能够自由使用他的能力，后者有赖于每个人可以无限自由使用的能力被剥夺。可见，斯密的商业社会是一个以自由消除对自由的权威性抑制而成长出伴随自由而来的自然抑制，因而是一个真正自由的社会。同时，在商业社会或市场经济社会中的自由竞争直接取代了我们传统的美德，保证了生产和销售能够诚实公正，提供了价格的真实正确。所以，符合自然秩序的社会形态唯有商业社会或市场经济的社会，因为这样的社会满足了自然秩序的要求和目的。斯密在《国富论》中使用了大量的自然形成的度量来说明商业社会与自然秩序的相适性，如自由竞争的价格称为自然价格，工资、利润和地租的自然率等等。由此，斯密认为，凡是阻碍自由的一切非自然因素都应该是我们破除的对象，其中有两个方面是最重要的：威权政治的政府权力和精神统驭的宗教权力，这些权力不仅与人的自由相对立，而且与经济和政治自由相对立。所以，斯密理论的全部意义就在于建立一个符合自然秩序的新社会，这个新社会就是建立一个自由开放合乎人性的社会，就是要解除那些威权性管治的政治统治和摆脱权威宗教的支配力量以及对它的狂热迷信的社会；这个社会，在道德理念上，赞同激情先于理性；在政治制度的形式上，它是从自然之道和自我保护的合一中衍生；在每个人增进自己个人利益的欲求上，足以遏制他骄傲的自负和跋扈；在维护个人生命这至高的权利上，人人皆平等。这一切的基础就是斯密所讲的，每个人都可以无止境地追求财富利益的满足。为了实现这样的自由社会，就需要商业活动把人从传统美德的束缚中释放出来，就需要教育力量使每个人变得合人性和较理性，使我们的人民受此感染而变得温文尔雅。实际上，这就是今天的市场经济社会和制度，斯密时代称为的商业社会。

不仅如此，我们从《国富论》对重商主义体系的批判中也可以发现我们可行的社会蓝图。从15世纪开始，英国和欧洲大陆开始进入到资本最初的原始积累时期，构成了从中世纪到商业社会的过渡期，以实现财富积累和自由人社会的两个主要目标，为工场手工业乃至机器大工业的商业社会的建立奠定基础。通过贸易管制的方式实现财富的保存而不是真正增加的一系列的政策和思想，一般就被称为重商主义体系。

斯密《国富论》的第四篇第一章就是专门阐述"商业主义或重商主义的原理"的。依据斯密的观点，重商主义主要有四个主要论点：其一，财富由货币或者金银构成，"财富＝货币＝金银"是重商主义的财富等式，甚至土地和自然资源都被认为比货币和金银的价值低，因为重商主义者无法想象人们是可以利用土地或自然资源来增加财富。所以，斯密说，"有很多货币的人，被称为富人；只有极少一点货币的人，被称为穷人。俭朴的或想发财的人，被说成是爱货币的人；不谨慎、不吝啬的或奢侈的人，被说成是漠视货币的人。发财等于是有了货币。总之，按照通俗的说法，货币与财富，无论从哪一点看来，都是同义语。"[1] 其二，这也是最重要的论点，就是世界上的财富总是有限的，其数量是固定不变的，因此现实财富的增长根本是无稽之谈。所以，一国财富的增长只有通过获取他国的财富即此消彼长的关系才可以实现，对此，国外贸易是财富的源泉而国内贸易则不是。在重商主义者看来，"国内贸易既不能从外国带货币回来，也不能把货币带出国外。所以，除非国内贸易的盛衰可以间接影响国外贸易的状况，否则它就决不能使国家变得更加富裕或更加贫困。"[2] 其三，为了使自己国家得以保存并增加其财富，就必须保护自己的财产，努力从他国夺取财富。在重商主义者看来，贸易顺差是增加一国财富的唯一原因。因此，其四，重商主义提出的富国的两大手段就是奖励输出和阻抑输入，由此形成了极强的国家贸易管制和货币管制，构成了国家管制经济、干预经济的社会体制。在限制输入的方法上主要是高关税和绝对禁止，在奖励输出的方法上主要是退税、奖励金、优惠的通商条约和建立殖民地，斯密在这一篇用了六章分别考察了这六项重商主义政策对国内产业的影响，其中不利影响甚大，斯密一一予以批判。显而易见，上述种种重商主义提出的

---

[1] 斯密：《国富论》（下），商务印书馆，1974年版，第2页
[2] 斯密：《国富论》（下），商务印书馆，1974年版，第7页

国家政策以及相应的立法的核心在于使一国财富增多,为此国家控制经济和财富,监控个人经济活动,进而消除那些减少国家财富或对社会福利有害的经济活动。

斯密认为,重商主义所施加的各种限制和管制都是有害于经济的,相反,不管制的国家则为经济福利创造了更有利的环境。斯密断定,重商主义的政策严重违背了自然自由和平等相待,因而是不公正和不正义的。

在关于财富的定义问题中,斯密认为,货币固然是财富而且是便利的财富,但财富并非仅仅就是货币和金银,甚至金银并非我们必需的财富。金银的输入不是一国得自国外贸易的主要利益,更不是唯一的利益。金银和其他商品一样,价格也会波动,因此应该与其他商品一样地同等对待。如果我们今天把金银换为世界货币的纸币符号,在国家的贸易和外汇政策干预下以使其不断增大,这大概可以算作重商主义了吧,我们称为新重商主义。

在关于对外贸易政策中,斯密一针见血地指出,国家限制国际贸易对一国经济具有灾难性的影响,凸现了斯密是贸易自由主义的坚定捍卫者。斯密讲到,自由贸易可以使一国出口剩余产品,而进口有竞争性的产品,从而降低人民生活消费价格,平衡国内经济。自由贸易使国内制造业可以进口国内无法得到的生产要素,从而扩展用于出口产品的生产总量。与此相反,贸易保护和限制则导致了高价,限制了国内产业的扩张和多样化,从而也限制了就业。特别是特许某些制造商发展那些不允许进口的商品,则导致了垄断的形成,他们独占国内市场,抑制了竞争,可见国家管制经济是非常有害的。同样,奖励某些制造商或农民出口某些产品的作法也同样是有偏袒的不公正的政策。利用国家力量取得独占国内市场的垄断地位,无论是政府的产业还是私人的产业,对斯密而言都是深恶痛绝的,它们对一国经济只有百害而无一利。

国家对经济的管制和干预不仅损害经济,而且还限制了自然的自由,因为我们的经济生活受到了命令和管制的控制,而且限制和保护形成的国内市场的垄断同样是不公正的。所以,斯密说,"一国君主,对其所属各阶级人民,应给予公正平等的待遇;仅仅为了促进一个阶级的利益,而伤害另一阶级的利益，显然是违反这个原则的。"① 可见，经济自由在斯密那里是不可动摇的原则，这不仅因为它是自然法则，而且是人之本性所在。不仅如此，在《国富论》中对重商主义的批判很多都是针对国家管制和政府限制政策的，斯密认为这是一种专横压制性的、无效率的政治经济制度。重商主义的国家政策所产生的无效率、偏袒和经济不平等使斯密相信，国家干预主义在一般情况下既是不公平的，同时也比在没有这些干预政策的情况下效率更低。斯密明确提出，我们应该公平对待每一个群体而不是偏袒，我们应该保护和创造竞争而不是垄断，我们应该允许自由地交换和生产而不是限制，我们应该开放我们所有的市场而不是管制。增进财富、发展经济的最好办法就是自由的国内和国际贸易。针对重商主义对国内经济的破坏，斯密建议，我们要一步一步地把一切产业部门恢复到自然的、健全的并为完全自由制度所必然建立，也仅能由完全自由制度加以保持的状态，这就要消除管制，开放所有市场，一直到最大程度的自由为止，此时就是一个完全自由与正义的自然制度。这些问题，让我们的那些政治家和立法者们运用自己的智慧去认真地思考和解决吧！

斯密在对重商主义政策的批判基础上提出了一个新的经济制度，其核心就是个人自由选择是一切经济动机和经济活动的准则，正如斯密所说，"总之，一种事业若对社会有益，就应当任其自由，广其竞争。竞争愈自由，愈普遍，那事业亦就愈有利于社会。"② 可见，斯密是强烈地赞同自由主义的经济制度，赞成自然的经济自由的经济制度，赞成不加管制的"守夜人"的经济制度。在这个自然的自由经济制度中，个人利益自然地带来社会利益，利己的动机自然地带来利他的结果。虽然斯密没有提出政治自由，但仍然强调维护经济自由的宪政制度，起码不应是一个专制和民粹的政治制度。所以，斯密提出，我们每个人天生都能比他人更好地照顾自己，而那种既排除特权，又鼓励独立自我完善的自然自由的制度是最类似自己照顾自己的理想，我们现实的最好的经济制度就是自由商业制度，我们今天称为的市场经济制度。

---

① 斯密：《国富论》（下），商务印书馆，1974年版，第221页
② 斯密：《国富论》（上），商务印书馆，1972年版，第304页

斯密证明经济自由的政治经济制度是最好的社会制度,一是它最好地反映了自然秩序,二是它不公正的程度最低,三是它的效率最高。在这个制度中具有了自然秩序的最根本要素——自然自由、自然权利和自然法则,是一个没有限制的经济制度。斯密说,"在可自由而安全地向前努力时,各个人改善自己境遇的自然努力,是一个那么强大的力量,以至没有任何帮助,也能单独地使社会富裕繁荣,而且还能克服无数的顽强障碍,即妨害其作用的人为的愚蠢法律,不过,这些法律或多或少地侵害了这种努力的自由,或减少了这种努力的安全。"① 所以,在公正和正义的法制社会,经济自由产生符合社会利益的经济繁荣。

一个好的社会制度应该是最能够改善和促进社会生产力的制度,在商业或市场经济的社会中,市民社会的普遍人权,以及在现代工业社会中劳动力作为商品而进入市场,就必然承认每个人的自由,在决定劳动力价格时的交换双方就必须平等和自由地议价,同样,所有构成生产力的要素都自然地商品化和市场化,其价格的形成也必然应该是在平等和自由的交换中决定,这种普遍的自由权的实现是这个社会制度的根本特质,它最能保证每个人的自然自由。所以,在斯密那里,理想的社会经济制度就是普遍的经济自由、贸易自由和工业化的经济社会,尽管他没有认识到像欧美国家这样的现代市场经济国家后来那样的工业化程度,但正是斯密的经济制度的观念奠定了这些国家现代化的基础。

在斯密的论著中,我们看不到他把经济自由等同于政治自由,把不受管制的经济等同于自由放任主义,甚至在政治的取向上斯密并不相信政府形式的民主制度。斯密认为,人们尊敬富人的强烈倾向所构成的财富权威,其传统价值在于引起顺从和崇拜,从而保持和平与秩序。斯密还发现,在一个君主制的国家,它的最佳形式是议会立法权和司法权分离的制度,这样可以防止暴政或独裁,而议会的权力仅限于社会精英,特别是那些有闲阶层。斯密担心的是普通人的决策能力,虽然他们的利益与社会的一般利益最为紧密,但他们没有了解一般社会利益的能力,也没有理解本

---

① 斯密:《国富论》(上),商务印书馆,1972年版,第112页

身利益与社会利益的相互关系的能力。在斯密看来，唯有实业家才具有公共利益的指引，即便他们的自身利益在某种程度上不同于甚至相反于公共利益。民主决策的法律制度在斯密那里并不认同，甚至认为这对于社会和经济进步具有灾难性的后果。所以，斯密的自由更强烈地表现在经济自由上，个人对自己事物的决策自由，个人改善自己境况的自由，个人意志在个人行为方式上的选择自由，除了立法权，似乎在政治制度上并不包含自然自由和民主规则。不可怀疑的是，斯密显然不赞同民粹主义的民主政治，更是反对专制主义的独裁政治，而更倾向于宪政制度下的精英政治。正是由于斯密如此的政治制度观念和自由企业的经济制度观念，我们才称之为"现代资本主义之祖"。

斯密在对重商主义的政府管制的批判基础上，建立了他的经济自由主义，当然，这种自由主义包括个人主义、普遍主义。同时，斯密还建立了他的政府职能说，限定政府的保卫国家主权、保护个人安全、支持教育以及提供公共设施的三大职能，提出了政府税收的公平、确立、便利和廉洁的四大原则。这实际上就是我们今天所看到的国家和政府的职能：捍卫国家主权即安全的职能，保护个人人权即公正的职能，提供公共产品即公共的职能；这样就形成了一个最好的政府：廉洁、廉价、公正；上述所有的建立和完善均应建立在宪政制度的牢固基础之上。斯密提出的这个政治经济制度的方案，最大地平衡了私人利益和公共利益，使自然自由以及所有个人的机会最大化，同时增进经济和社会福利。

参考文献

亚当·斯密:《国民财富的性质和原因的研究》,商务印书馆,1974年。

亚当·斯密:《道德情操论》,商务印书馆,1997年。

坎南编:《亚当·斯密关于法律、警察、岁入及军备的演讲》,商务印书馆,1962年。

约翰·雷:《亚当·斯密传》,商务印书馆,1983年。

约翰·罗尔斯:《正义论》,中国社会科学出版社,1988年。

曼德维尔:《蜜蜂的寓言:私人的恶德 公众的利益》,中国社会科学出版社,2002年。

休谟:《人性论》,商务印书馆,1980年。

维尔:《宪政与分权》,三联书店,1997年。

帕特里夏·沃哈恩:《亚当·斯密及其留给现代资本主义的遗产》,上海译文出版社,2006年。

埃蒙·巴特勒:《解读亚当·斯密》,陕西人民出版社,2009年版。

唐纳德·温奇:《亚当·斯密的政治学》,译林出版社,2010年。

约瑟夫·克罗普西:《国体与政体——对亚当·斯密原理的进一步思考》,上海世纪出版集团,2005年。

詹姆斯·布坎:《真实的亚当·斯密》,中信出版社,2007年。

乔万尼·阿里吉:《亚当·斯密在北京》,社会科学文献出版社,2009年。

哈耶克:《通往奴役之路》,中国社会科学出版社,1997年。

阿马蒂亚·森:《伦理学与经济学》,商务印书馆,2000年。

吴敬琏:《当代中国经济改革教程》,上海远东出版社,2010年。

汪丁丁:《经济学思想史讲义》,上海世纪出版集团,2008年。

张维迎：《市场的逻辑》，上海世纪出版集团，2010年。

晏智杰：《古典经济学》，北京大学出版社，1998年。

李强：《自由主义》，吉林出版集团有限责任公司，2007年。

罗卫东：《情感　秩序　美德——亚当·斯密的伦理学世界》，中国人民大学出版社，2006年。

于中鑫编著：《亚当·斯密——经济学鼻祖》，人民邮电出版社，2009年。

后　记

　　亚当·斯密离开我们已经二百多年了，但他的思想却是永恒的。我的感觉不知是否正确——永远的 Smith，再见吧 Keynes。对于这位思想巨人，尽管我们有着太多的误读和误解，有时我们把他神秘化了，有时我们又把他简单化了，但是我们应该承认，他的《国富论》和《道德情操论》过去、现在甚至将来，都是我们无法绕开的经典，是我们财富创造和分配、我们德行得以至善至美的"指南"。

　　在世界文明的当代冲突中，在中国市场经济改革进程的困境中，在我们患得患失于效率与平等、发展与代价、物质与精神、自由与权力、国家与个人之间的现状下，重读亚当·斯密的著作，展示其思想，呈现一个真实的亚当·斯密，全景式地感悟亚当·斯密，一定会有很多新的启发和觉醒。确切地说，斯密是一位发现人类社会演进逻辑的伟大思想家，在他的思想宝库中蕴涵着一种自生自发秩序哲学观的广泛和深刻的宏大思想，并以此为我们展现了一个全面和完好的社会前景。毋庸置疑，斯密的思想力量恒久地推动和校正着我们人类社会的进步和发展，这是一个不争的历史事实。

　　别无他言，在此深深感谢身边同仁的大力帮助，特别是中国青年政治学院东方文化研究所的各位友人的启发和教诲，更有我家人的关心和爱护。

　　本书再版之际，真诚希望得到大家的批评指正，本人将深感荣幸。